本书出版获得中国社会科学院大学中央高校基本科研业务费资助支持

中国社会科学院大学文库

员工创新行为
生态系统研究

马　灿　著

32

社会科学文献出版社
SOCIAL SCIENCES ACADEMIC PRESS (CHINA)

"中国社会科学院大学文库"
总　序

　　恩格斯说："一个民族要想站在科学的最高峰，就一刻也不能没有理论思维。"人类社会每一次重大跃进，人类文明每一次重大发展，都离不开哲学社会科学的知识变革和思想先导。中国特色社会主义进入新时代，党中央提出"加快构建中国特色哲学社会科学学科体系、学术体系、话语体系"的重大论断与战略任务。可以说，新时代对哲学社会科学知识和优秀人才的需要比以往任何时候都更为迫切，建设中国特色社会主义一流文科大学的愿望也比以往任何时候都更为强烈。身处这样一个伟大时代，因应这样一种战略机遇，2017年5月，中国社会科学院大学以中国社会科学院研究生院为基础正式创建。学校依托中国社会科学院建设发展，基础雄厚、实力斐然。中国社会科学院是党中央直接领导、国务院直属的中国哲学社会科学研究的最高学术机构和综合研究中心，新时期党中央对其定位是马克思主义的坚强阵地、党中央国务院重要的思想库和智囊团、中国哲学社会科学研究的最高殿堂。使命召唤担当，方向引领未来。建校以来，中国社会科学院大学聚焦"为党育人、为国育才"这一党之大计、国之大计，坚持党对高校的全面领导，坚持社会主义办学方向，坚持扎根中国大地办大学，依托社科院强大的学科优势和学术队伍优势，以大院制改革为抓手，实施研究所全面支持大学建设发展的融合战略，优进优出、一池活水、优势互补、使命共担，形成中国社会科学院办学优势与特色。学校始终把立德树人作为立身之本，把思想政治工作摆在突出位置，坚持科教融合、强化内涵发展，在人才培养、科学研究、社会服务、文化传承创新、国际交流合作等方面不断开拓创新，为争创"双一流"大学打下坚实基础，积淀了先进的发展经验，呈现出蓬勃的发展态势，成就了今天享誉国内的"社科大"品牌。"中国社会科学院大学文库"就是学校倾力打造的学术品牌，如果将学校之前的学术研究、学术出版比作一道道清澈的溪流，"中国社会科学院大学文库"的推出可谓厚积薄发、百川归海，恰逢其时、意义深远。为其作序，我深感荣幸和骄傲。

高校处于科技第一生产力、人才第一资源、创新第一动力的结合点，是新时代繁荣发展哲学社会科学，建设中国特色哲学社会科学创新体系的重要组成部分。我校建校基础中国社会科学院研究生院是我国第一所人文社会科学研究生院，是我国最高层次的哲学社会科学人才培养基地。周扬、温济泽、胡绳、江流、浦山、方克立、李铁映等一大批曾经在研究生院任职任教的名家大师，坚持运用马克思主义开展哲学社会科学的教学与研究，产出了一大批对文化积累和学科建设具有重大意义、在国内外产生重大影响、能够代表国家水准的重大研究成果，培养了一大批政治可靠、作风过硬、理论深厚、学术精湛的哲学社会科学高端人才，为我国哲学社会科学发展进行了开拓性努力。秉承这一传统，依托中国社会科学院哲学社会科学人才资源丰富、学科门类齐全、基础研究优势明显、国际学术交流活跃的优势，我校把积极推进哲学社会科学基础理论研究和创新，努力建设既体现时代精神又具有鲜明中国特色的哲学社会科学学科体系、学术体系、话语体系作为矢志不渝的追求和义不容辞的责任。以"双一流"和"新文科"建设为抓手，启动实施重大学术创新平台支持计划、创新研究项目支持计划、教育管理科学研究支持计划、科研奖励支持计划等一系列教学科研战略支持计划，全力抓好"大平台、大团队、大项目、大成果"等"四大"建设，坚持正确的政治方向、学术导向和价值取向，把政治要求、意识形态纪律作为首要标准，贯穿选题设计、科研立项、项目研究、成果运用全过程，以高度的文化自觉和坚定的文化自信，围绕重大理论和实践问题展开深入研究，不断推进知识创新、理论创新、方法创新，不断推出有思想含量、理论分量和话语质量的学术、教材和思政研究成果。"中国社会科学院大学文库"正是对这种历史底蕴和学术精神的传承与发展，更是新时代我校"双一流"建设、科学研究、教育教学改革和思政工作创新发展的集中展示与推介，是学校打造学术精品、彰显中国气派的生动实践。

"中国社会科学院大学文库"按照成果性质分为"学术研究系列"、"教材系列""思政研究系列"三大系列,并在此分类下根据学科建设和人才培养的需求建立相应的引导主题。"学术研究系列"旨在以理论研究创新为基础,在学术命题、学术思想、学术观点、学术话语上聚焦聚力,推出集大成的引领性、时代性和原创性的高层次成果。"教材系列"旨在服务国家教材建设重大战略,推出适应中国特色社会主义发展要求、立足学术和教学前沿、体现社科院和社科大优势与特色、辐射本硕博各个层次,涵盖纸质和数字化等多种载体的系列课程教材。"思政研究系列"旨在聚焦重大理论问题、工作探索、实践经验等领域,推出一批思想政治教育领域具有影响力的理论和实践研究成果。文库将借助与社会科学文献出版社的战略合作,加大高层次成果的产出与传播。既突出学术研究的理论性、学术性和创新性,推出新时代哲学社会科学研究、教材编写和思政研究的最新理论成果;又注重引导围绕国家重大战略需求开展前瞻性、针对性、储备性政策研究,推出既通"天线"、又接"地气",能有效发挥思想库、智囊团作用的智库研究成果。文库坚持"方向性、开放式、高水平"的建设理念,以马克思主义为领航,严把学术出版的政治方向关、价值取向关、学术安全关和学术质量关。入选文库的作者,既有德高望重的学部委员、著名学者,又有成果丰硕、担当中坚的学术带头人,更有崭露头角的"青椒"新秀;既以我校专职教师为主体,也包括受聘学校特聘教授、岗位教师的社科院研究人员。我们力争通过文库的分批、分类持续推出,打通全方位、全领域、全要素的高水平哲学社会科学创新成果的转化与输出渠道,集中展示、持续推广、广泛传播学校科学研究、教材建设和思政工作创新发展的最新成果与精品力作,力争高原之上起高峰,以高水平的科研成果支撑高质量人才培养,服务新时代中国特色哲学社会科学"三大体系"建设。

历史表明,社会大变革的时代,一定是哲学社会科学大发展的时代。当代中国正经历着我国历史上最为广泛而深刻的社会变革,也正在进行着人类历史上最为宏大而独特的实践创新。这种前无古人的伟大实践,必将给理论创造、学术繁荣提供强大动力和广阔空间。我们深知,科学研究是永无止境的事业,学科建设与发展、理论探索和创新、人才培养及教育绝非朝夕之事,需要在接续奋斗中担当新作为、创造新辉煌。未来已来，将至已至。我校将以"中国社会科学院大学文库"建设为契机，充分发挥中国特色社会主义教育的育人优势，实施以育人育才为中心的哲学社会科学教学与研究整体发展战略，传承中国社会科学院深厚的哲学社会科学研究底蕴和 40 多年的研究生高端人才培养经验，秉承"笃学慎思明辨尚行"的校训精神，积极推动社科大教育与社科院科研深度融合，坚持以马克思主义为指导，坚持把论文写在大地上，坚持不忘本来、吸收外来、面向未来，深入研究和回答新时代面临的重大理论问题、重大现实问题和重大实践问题，立志做大学问、做真学问，以清醒的理论自觉、坚定的学术自信、科学的思维方法，积极为党和人民述学立论、育人育才，致力于产出高显示度、集大成的引领性、标志性原创成果，倾心于培养又红又专、德才兼备、全面发展的哲学社会科学高精尖人才，自觉担负起历史赋予的光荣使命，为推进新时代哲学社会科学教学与研究，创新中国特色、中国风骨、中国气派的哲学社会科学学科体系、学术体系、话语体系贡献社科大的一份力量。

（张政文　中国社会科学院大学党委常务副书记、校长、中国社会科学院研究生院副院长、教授、博士生导师）

目 录

前　言

　　我国经济发展长期以来依赖生产要素驱动，这种经济发展方式在发展初期对我国经济实力迅速壮大发挥了积极作用。然而，近十几年来，随着经济规模的扩大，要素瓶颈开始制约经济发展，生产要素驱动的不可持续性日益明显。在这种背景下，党的十八大首次提出"创新驱动发展战略"，指明了我国经济增长方式转变的方向；党的十九大强调"创新是引领发展的第一动力"，肯定了创新尤其是科技创新的重要作用；党的二十大要求"坚持创新在我国现代化建设全局中的核心地位"，首次将教育、科技、人才三大战略进行统筹部署，明确了创新攻坚的决心和顶层设计的思路。

　　创新的终端主体是个人，分布在组织中的个人就是员工，员工是创新的最终产出者。党中央要求的创新是创新的结果，创新的结果以发生创新的行为为前提。因此，本书将研究主题设定为员工创新行为会受到哪些外部因素的影响，以及我们是否可以和如何干预这些因素以促进员工创新行为水平的提升。本书以员工的创新行为为研究对象，自下而上地追溯创新结果产生的条件，试图从微观向宏观探索产出创新结果的策略。

　　人的行为受到很多因素的影响，单独讨论某一种或者某一类因素有助于我们了解特定因素的作用细节与边界条件，然而也容易使我们忽略其他因素的伴生影响，忽略因素之间的相互作用以及它们最后的影响，忽略有主观能动性的人对外部因素的改造与适应，是静态的和局部的研究，难以展示影响员工创新行为的环境因素的全貌和变迁。要系统地和动态地理解员工创新行为的规律并给出相关问题系统的解决方案，我们需要借助一个更宏大且包含时间概念的理论框架。

本书发现布朗芬布伦纳提出的生态系统理论符合研究要求。该理论在名称上容易与"创新生态系统"混淆,然而,二者是截然不同的理论。在研究领域上,前者是描述人类行为发展外部影响规律的理论,后者则是解释企业创新需要的外部环境条件的理论;在研究对象上,前者按照外部因素与个体的作用距离对系统进行了分层,不仅讨论了系统对个体的影响,也讨论了系统之间的相互作用,而后者将所有外部因素置于同一水平上,只分析这些因素对企业的影响,不涉及因素间的互动;在内容机制上,前者强调的是近端机制,后者强调的是价值共创和协同创新。

布朗芬布伦纳的生态系统理论包括三大主要观点,第一,人类的行为与发展受外部环境的影响;第二,外部环境的影响需要通过近端过程才能实现,个体的作用因此而体现;第三,作为一个生态整体的外部环境是分层的,从内到外依次是微系统、中系统、宏系统、外系统以及历时系统,历时系统是动态系统,系统之间可以相互作用。可见,这个理论有两个特点:一是集成性,将外部环境看作一个层层包裹且彼此作用的系统;二是动态性,考虑了事件经历对人的影响。该理论使我们可以系统地和动态地对员工创新行为的表现做出解释。

生态系统理论为本书提供了一个很好的框架,本书的章节安排大致根据生态系统的分层展开。第一章和第二章重点介绍基本概念和理论基础,第三章到第八章重点运用理论对创新行为生态系统的作用进行分析,第九章根据研究结果,循证地给出改善创新行为生态系统的建议。具体如下所述。

第一章介绍本书的研究对象。对创新和员工创新行为进行界定,明确创新与员工创新行为的区别,说明员工创新行为对于创新的意义,重点介绍员工创新行为的定义、测量方式、影响因素以及创新行为产生的基本过程。

第二章对本书的依托理论——生态系统理论进行介绍。内容包括理论的演进过程、理论最新进展与不足、理论对本书的适用性以及理论的主要观点。

第三章到第八章讨论了不同层次创新行为生态系统对员工创新行为的影响方向以及影响机制。由于微系统涉及的因素比较多,影响力比较直接,因此安排两章内容用于阐述不同场所微系统的影响。

第三章主要分析的是工作场所微系统对员工创新行为的影响。该部分涉及的外部因素包括工作场所的物理环境，工作特征、组织特征、领导者、培训制度等管理环境，以及同事关系、员工顾客关系、组织文化与氛围等人际环境。

第四章主要分析的是非工作场所微系统对员工创新行为的影响。该部分讨论了不与其他系统交互的、家庭单方面的影响以及社会网络、校友等松散的非正式群体的影响。

第五章聚焦于中系统对员工创新行为的影响。该部分涉及了两个中系统，分别是工作家庭中系统以及领导同事中系统。

第六章按照外系统的连接主体对外系统进行了分类，分别讨论了来自领导、同事、组织、配偶以及社会的五种外系统对员工创新行为的影响，并对创新行为外系统研究中的不足和发展方向进行了分析。

第七章讨论的是宏系统对员工创新行为的影响。该部分主要讨论的宏系统包括文化宏系统、政治宏系统以及技术宏系统。

第八章讨论的是历时系统对员工创新行为的影响。该部分涉及的历时系统包括学习教育经历以及职业经历等多样性经历、情感型与结果型失败经历以及职业冲击事件。

第九章对如何改善员工创新行为的生态系统进行了思考，总结出创新行为生态系统发挥作用的近端过程中的动机和态度等两条路径，提出政府、组织、员工及家庭都是改善创新行为生态系统的责任主体。从政府、组织、员工出发，分别从动机改变和态度改变两个角度给出了创新行为生态系统优化的建议。

和前人研究相比，本书具有以下四个方面的特点。

首先，本书讨论了不同层次、不同影响效能的多种外部因素的影响，比较完整地描绘出了员工创新行为的外部环境图景。与多数研究一样，创新行为研究也希望找到影响力最大的前因和作用最稳定的影响机制，因而忽略了那些作用间接、隐含或者微弱的因素。然而要更多地掌握创新行为发生发展的规律，我们应力求全面。因此，本书除研究了常见的影响因素，如员工的工作环境、家庭环境、社会环境等以外，还论述了与员工没有直接关系的，但会通过领导、同事、配偶、组织等的传递产生作用的外系统因素。

其次，本书依据生态系统理论将当前分散的员工创新行为前因研究进行了整合，提高了创新行为研究的系统性。例如，在创新行为研究中，关于工作家庭冲突或增益的影响只是单纯地从资源保存的角度进行论述；领导同事交换多从圈层关系的角度分析。这些研究视角很难看到冲突或者圈层排斥的本质是不同微系统之间的相互作用，因而无法与其他创新行为研究形成联系。而本书采用系统研究的视角，用中系统来解释微系统的互动，将上述研究与其他创新行为研究纳入了同一个系统框架。

再次，得益于生态系统理论关于历时系统的观点，本书得以表达员工创新行为受环境影响的动态性特征。大部分创新行为研究热衷于讨论外部环境或是员工内在生理和心理因素的作用，很少关注员工所经历事件本身的影响。例如，一个员工"跳槽"了，外部环境研究关心的是导致他"跳槽"的因素，如同事关系、职业特征、不匹配的领导风格会对这个员工的创新行为造成何种影响，却很少意识到"跳槽"事件本身、从一个组织到另一个组织的变换过程也会对员工的创新行为有影响。将员工特殊的个人经历、员工工作生活中遇到的特殊事件纳入历时系统，并讨论历时系统对创新行为的作用弥补了当前研究缺乏动态性的遗憾。

最后，生态系统对创新的重要作用在学界已达成共识，许多学者从不同角度提出了很多很好的建议。本书是从行为发生的微观机制角度去考察和提出建议。在创新行为生态系统的改善主体方面，大部分研究将之归结为政府或是组织，忽略了员工的主观能动性。本书提出员工及其家庭也是创新的受益者，也可承担相应的责任，从而扩大了创新生态系统改善主体的范围。本书认为，无论政府、组织还是员工所做出的改善创新行为生态系统的动作，都必须通过近端机制才能发挥作用，即能够改变员工的动机或者态度的举措才是有效的。本书给出的建议遵循这一原则，并以相应的实证研究为支撑。

第一章　创新与员工创新行为

　　创新与创新行为是密切相关的两个概念，但两者并不等同。创新行为属于创新过程而非结果，因此创新行为既可能带来创新实效也可能只是停留在行动层面而无法带来结果，即便如此，创新的结果也必须以创新行为的发生为直接前提。尽管人们更关注创新的结果，但为了厘清创新机制，研究者从创新意愿、创新能力、创新行为、创新结果等多个角度提出了对创新的理解。研究创新无法回避对创新行为的研究，因为，创新行为是产生创新结果最直接的因素。本章将解释创新、创新行为以及员工创新行为的概念，澄清本书的研究对象。

第一节　创新的内涵与分类

一　创新概念的提出与发展

　　经济研究一般认为，美国经济学家熊彼特（Joseph Alois Schumpeter）于1912年在他的代表性著作《经济发展理论》中最早提出了"创新"的概念，熊彼特认为创新是把一种新的生产要素和生产条件的"新结合"引入生产体系，可以体现为五种形式——引入一种新产品、引入一种新生产方法、开辟一个新市场、获得原材料或者获得半成品的新供应来源。

　　在我国，对创新的研究存在两个明显的增长节点：一个发生于1998年前后，另一个发生于2006年前后。

在 1996 年前，我国对于创新的研究集中在繁荣市场经济和企业制度创新方面，彼时的创新更多指的是制度创新。中国社会科学院的盛洪①以及香港大学的汪丁丁②等一批经济学家对科斯的交易成本理论和制度创新的人为降低交易成本本质进行了阐释，为中国现代企业制度建立找到了理论依据。

1996 年 8 月，国家经济贸易委员会和国家科学技术委员会决定实施技术创新工程；1998 年，中国科学院开始实施知识创新工程。两大工程的实施激活了研究者对技术创新的研究热情，关于创新的研究数量在 1998 年出现了快速增长，从学术上对邓小平提出的"科学技术是第一生产力"做出了热烈回应。这一阶段创新研究的重点发生变化，制度创新尽管仍然是研究热点之一，但从发文数量来看，已经远远落后于对技术创新和知识创新的研究了。这一阶段，清华大学的陈劲、吴贵生，西安交通大学的李垣等学者从技术创新的能力、过程、活动表现等方面做出了论述。

2005 年 10 月，党的十六届五中全会通过的《中共中央关于制定国民经济和社会发展第十一个五年规划的建议》提出，要把增强自主创新能力作为科学技术发展的战略基点，引发了中国创新研究的第二个增长期。如果用"快速"形容 1998 年后创新研究数量的增长势头，2006 年后则需要用"井喷"才足以描述相关研究数量的爆发式增长，且这个态势延续至 2020 年才有所减缓。为了形象地说明这一差别，笔者以"创新"为主题词搜索了知网中文文献篇关摘，发现 2006 年发表的文献数有 6.2 万多篇，比 2005 年的 4.7 万多篇增加了约 1.5 万篇，而 2005 年发表的文献数仅比 2004 年增加了 0.3 万篇。这一阶段，技术创新仍然是研究的最大热点，不同的是，自主创新的研究开始成为新的研究热点。此外，创新研究也更加务实，创新绩效、创新产出被广泛讨论；个体、企业甚至政府的创新主体地位得到认同；创新人才培养和创新教育研究开始涌现；创新的不同形式例如制度创新、技术创新、理论创新、模式创新等被不断发现和讨论；在研究方法上，实证研究开始受到重视。

那么，到底什么是创新？《大辞海》网络版的管理学卷等四种卷目均收录了"创新"一词。其中，语词卷中的创新是指"抛开旧的，创造新的"。政治学社

① 盛洪：《外部性问题和制度创新》，《管理世界》1995 年第 2 期。
② 汪丁丁：《制度创新的一般理论》，《经济研究》1992 年第 5 期。

会学卷是从越轨的角度解释创新，即"个人适应'文化所诱发的过高愿望同阻止这些愿望实现的社会结构性障碍之间'的断裂所采取的五种方式之一。即接受社会倡导的目标，而拒绝采用制度化手段"。哲学卷中的创新是"人类的创造性活动。人类自觉能动性的集中体现"，此外，哲学卷也指出人们对创新的理解经历了从与科学发现和技术发明混为一谈到分离的过程，以及其不仅包括技术创新，也包括社会创新、制度创新、知识创新、理论创新、文化创新等多种创新形式的现状。管理学卷中的创新有三种界定，一是"泛指以新事物的构想的产生为起点、以新事物成为现实并实现预定目的为终点的创造过程"；二是"特指以新产品、新过程或新服务的构想的产生为起点，以新产品、新过程或新服务的商业化为终点的过程"，而商业化的关键在于被市场所接受；三是"前述过程的产出——商业化的新的或改进的产品、过程或服务"。①

从《大辞海》多个卷目对"创新"存在不同解释，甚至在同一个卷目中"创新"都存在不同含义可以看出，人们对"创新"的定义不仅存在学科视角上的差异，即使在学科内部，也存在对"创新"内涵的不同理解。本书将在管理学范畴内展开研究，因此，在此继续讨论管理学中三种创新内涵的联系与区别以及本书所支持的创新定义。

从字面上看，管理学卷收录的三种定义均涉及了新产品、新过程以及新服务，这就对管理学创新研究的范围进行了明确：作为一门具体务实的学科，管理学研究的创新仅限于与组织生产有关的创新，而不包括社会制度层面的创新。从这个概念出发，可以衍生出产品创新、服务创新、商业模式创新、（与生产相关的）技术创新、组织创新以及（商业）制度创新等多个子概念。

创新到底是结果还是过程，在管理学研究中存在分歧。管理学卷收录的对创新的第三种定义将创新视为改变后的结果，并未涉及为何以及如何得到这个结果的过程，因此，是从结果视角做出的界定，代表了创新绩效论者的观点。但该卷册收集的前两种定义都将创新定义为创造新事物的过程，重点并不在结果而在形成结果的中间阶段，因而是过程取向的，代表了创新行为论者的观点。这两种定义的区别在于，第一种定义以新事物的产生为终点，而第二种定

---

① "创新"，大辞海网站，http://www.dacihai.com.cn/search_index.html?_st=1&keyWord=%E5%88%9B%E6%96%B0&itemId=87413。

义则对新事物的推广和被广泛使用做出了要求，也就同时将创新的行为主体从生产和研发部门扩展到更广泛的营销甚至一般性行政部门。

本书认为，创造价值是企业存续与发展的基本保证，因此追求创新成果最终得以商业化和受到市场的认可无可厚非，但生产研发等前端部门的创新与营销推广创新在能力要求、创新过程以及表现形式等方面均存在较大差异，将两类创新分开研究更有利于探索其内在规律性，因此，本书所述创新不涉及创新商业化过程。此外，尽管创新的结果非常重要，但对创新结果的片面强调在实践中会抹杀创新主体奋斗过程的意义，在研究中则容易限制对创新机制的深入探索；更重要的是，创新结果除了受到创新者因素影响以外，还会受许多不可控因素的影响，而这些因素极可能带来随机误差的异方差性，造成创新结果因果推断的虚假结果。可以肯定的是，创新结果一定建立在创新过程的基础之上，因此，本书将研究中心前移，将研究重点放在可控性更强的创新过程上。综合上述立场以及作者感兴趣的管理学领域，本书支持管理学卷对于创新的第一种定义，即"以新事物的构想的产生为起点、以新事物成为现实并实现预定目的为终点的创造过程"。

二 创新的分类

上述管理学卷对创新的界定非常粗放，我们不难发现许多同为创新的事物迥然不同。例如，为了发明出一种新的技术，创新者需要经历研发过程，需要突破现有知识的限制进行原始创新。而对于诸如组织创新和市场创新之类非研发创新活动，不需要经过研发过程，所提出的新的解决方案，也无法从技术专家的角度给予新颖的评价。[①] 此外，通过人力资源整合、外部知识搜索等进行的管理创新也不涉及科学技术，更多地体现在对流程与模式的重整上。新事物的类型不同，促成新事物成为现实的过程很可能存在差异。因此，下文将对管理学研究中常见的创新形式做出梳理。

值得注意的是，尽管人们常常将经济与管理的文献归入一类，但经济学与

---

① 杨桂菊等：《被忽视的创新：非研发创新研究述评及展望》，《科技进步与对策》2015年第16期。

管理学的创新研究在研究范式上有较为明显的区别。创新的经济学研究主要围绕技术创新与制度创新展开，通常通过实证与计量模型，从资源配置的角度来推演技术与制度为何产生和变化，以及技术变革与推广、制度形成与变革等的经济结果。而创新的管理学研究则主要围绕发现和定义创新的不同形式、创新的微观机制以及如何推动创新的发生展开，因此管理学的创新研究更加注重微观层面的创新实践，相较经济学的创新研究，其内容与主题以及研究方法都体现出更加多元的特征。例如，产品创新、服务创新、商业模式创新、组织创新都可划归为管理学范畴，甚至一部分技术创新研究也可归入管理学范畴。

（一）技术创新

技术创新是经济学与管理学研究中最早也是最主要的创新概念。熊彼特认为，技术创新的本质是企业方抓住经济机会、重新组合生产要素，以追求最大利润的过程。[①] 因此，技术创新是研发活动和经济活动彼此组合的结果，具体包括新技术的产生—新技术的应用—新技术的推广三个环节。其中，研究开发环节负责新技术的产生，大学、科研院所是这个环节的主要力量；企业负责借助资本的力量将新技术转化成产品或服务，即新技术的应用；最后再由企业通过推动市场接纳使用了新技术的产品与服务实现新技术的推广。在这个定义中，研究者非常强调技术创新的市场化结果，提出技术创新就是工业中产生新的或改进的产品、工艺的过程，包括新的或改进的产品、工艺与服务从思想的产生、研究、开发及商业化到整个经济中扩散等一系列活动，并指出技术创新必须同时实现研究开发与经济活动的两个循环，只有研发的技术创新不能被称为创新。[②] 尽管在定义上，研究者非常重视技术的商业化，但在实证测度上，研究者更倾向于使用研发支出的绝对值或相对值等创新投入指标而非新产品数量、专利数量等创新产出来衡量企业技术创新的水平，这使我们更加难以剥离新产品或新服务的市场化程度。[③] 因此，有关技术创新的结论，在创新的终点究竟是产品化还是商业化上的分野并不明显。

---

① 约瑟夫·熊彼特：《经济发展理论——对于利润、资本、信贷、利息和经济周期的考察》，何畏、易家详等译，商务印书馆，1990，第73~75页。

② 刘文洋：《技术创新：一个应当重视的研究领域》，《科学学研究》1989年第4期。

③ 冯根福、温军：《中国上市公司治理与企业技术创新关系的实证分析》，《中国工业经济》2008年第7期。

（二）管理创新

管理创新在 20 世纪 80 年代由美国学者 Stata 明确提出，随后，研究者开始强调在市场和技术之外，尚存在关乎组织结构、流程、具体实践变化的管理创新，这种创新是与技术创新截然不同的创新形式，而且是企业发展的真正瓶颈。与技术创新相比，管理创新具有鲜明的特点，例如结果的模糊性、过程的渐进性、知识经验的稀缺性、动力的外部依赖性以及受决策者对不确定性接受程度的影响。国内学者苏敬勤和林海芬将管理创新定义为根据组织面临的具体问题和内外部环境，自主创造或引进已有的管理理念或实践、过程、技能和结构，加以整合、修正并实施，以实现更有效地利用资源和持续提升组织效率与绩效的过程。[①] 管理创新对绩效的积极作用得到了大部分研究者支持，其通过优化组织结构与流程，助推生产创新的作用机制也被证明。[②] 同时，管理创新的影响因素，例如宏观政策制度、组织文化、人力资源管理实践、技术变革等内外部环境因素以及管理者等创新主体的受教育程度、创新思想也得到了广泛研究。

管理创新概念的提出，开拓了创新研究的新领域。研究者沿着生产流程，将着眼点放到其中的诸多环节上，探索这些环节各自的内涵、机制与结果，从而衍生出产品创新、服务创新、组织创新、模式创新、价值创新、顾客创新等多个更加细化的创新概念。

（三）产品创新

产品创新是以生产结果为研究重点的管理创新研究。胡树华在对国内外产品创新研究进行整合后，提出产品创新是建立在产品整体概念基础上的，以市场为导向的系统工程。产品创新可以从单个项目分析也可以从整体上分析，从单个项目看就是产品技术参数的突破与提高，从整体上看就是为了开发新产品或改进老产品而进行的功能创新、形式创新以及服务创新的总和。[③] 早期的产品创新研究多聚焦于工业企业的产品，经过多年的发展，关于产品创新的研究早已突破了这个范围，服务业中的产品创新层出不穷，例如，新闻行业在传统

---

① 苏敬勤、林海芬：《管理创新研究视角评述及展望》，《管理学报》2010 年第 9 期。

② Armbruster, H., et al., "Organizational Innovation: The Challenge of Measuring Non-technical Innovation in Large-scale Surveys," *Technovation* 28 (2008): 644−657.

③ 胡树华：《国内外产品创新管理研究综述》，《中国管理科学》1999 年第 1 期。

上注重的是内容，而在新媒体时代，则除了保证新闻内容的高质量，还需要通过产品创新吸引公众参与新闻互动、使用新方法优化新闻信息的传递等[1]；酒店行业通过对市场需求的细分，开发出经济型的商务酒店、延时居住酒店、观光酒店、汽车旅馆以及青年旅社等五种经济型酒店产品[2]；金融行业以产品创新为核心内容，在放松管制以及追逐金融市场潜在盈利机会的驱动下，通过不同类型金融机构间的业务交叉，开发风险与收益更加平衡的金融产品，满足客户个性化与简单化的理财需求[3]。

（四）服务创新

服务创新本质上也是以生产结果为研究中心的管理创新研究，但是生产的结果体现为无形的服务。尽管一些学者将对服务行业最终产品的创新归为产品创新，但也有一些学者将产品和服务区别对待，从而分化出服务创新和产品创新两个概念。Gadrey 等将服务定义为"寻求一个问题的解决办法（一项措施，一个运作过程），它并不提供实物产品，而是将很多不同能力（人力、技术、组织等）集中起来以获取针对顾客和组织问题的解决方案，而这种解决方案的准确度会在很大的范围内变化"[4]。可见，服务不仅无须体现为具体物品，而且也不完全依赖于技术，因此，服务创新的内容和表现形式与产品创新大不相同。Bilderbeek 和 den Hertog 提出的服务创新"四维度模型"从新服务概念、顾客界面、服务传递系统以及技术选择四个维度对服务创新的表现做出了描述。[5] 根据该模型，运用服务现有的特性知识提出一个本市场的新概念，发展一个供应商与顾客间或者顾客内部彼此进行交流合作的新方式，调整组织管理与员工能力以提供新解决办法，使用技术提高服务效率以及四个维度的组合都可视为服务创新。

---

[1] 刘义昆、赵振宇：《新媒体时代的新闻生产：理念变革、产品创新与流程再造》，《南京社会科学》2015 年第 2 期。

[2] 沈涵：《经济型酒店的产品创新与市场细分》，《旅游学刊》2007 年第 10 期。

[3] 韩明、姜洋：《银行金融产品创新的特征与趋势》，《中国金融》2012 年第 17 期。

[4] Gadrey, J., et al., "New Modes of Innovation: How Services Benefit Industry," *International Journal of Service Industry Management* 6 (1995): 4-16.

[5] Bilderbeek, R., den Hertog, P., "Technology-based Knowledge-intensive Business Services in the Netherlands: Their Significance as a Driving Force Behind Knowledge-driven Innovation," *Vierteljahrshefte zur Wirtschaftsforschung* 67 (1998): 126-138.

（五）商业模式创新

创新概念提出后，大部分研究集中在技术创新与产品创新方面，如果说技术创新突出的是生产的过程，产品创新和服务创新是从生产结果的形式对创新进行了区分，那么商业模式创新则完全跳出了生产领域。与上述创新类型或多或少对技术的依赖不同，商业模式创新本身不依赖技术，其本质是对价值理念的全新思考，以此推动业务思维发生改变，进而对问题和游戏规则做出重新定义。[①] 此外，商业模式创新也具有企业战略性、顾客价值导向性以及创新内容系统性等其他单方面特征。[②] 具体而言，商业模式创新就是能给组织带来价值提升的产品（价值主张）、目标客户、供应链（或伙伴关系）以及成本与收益模式这四个要素中的一个或几个所产生的变化。根据这些要素的变化情况，一些学者对商业模式创新的程度进行了区分，例如挖掘型、调整型、扩展型与全新型模式创新，或者是存量型、增量型以及全新型模式创新，[③] 以反映商业逻辑从质到量的变化。一旦肯定量变式商业模式创新的意义，这种创新就变得有规律可循和有经验可以借鉴，因此，一些学者探索了商业模式创新的演化规律，发现了现代商业模式创新存在合作经营以建立外部生态系统的趋势。[④]

（六）组织创新

相对技术创新等创新概念，组织创新的启动时间较晚，从目前国内研究看，对组织创新的理解存在较大分歧。一部分学者从客体视角定义组织创新，认为组织创新是对组织的结构或组织方式的创新。例如，郑明身认为组织创新就是组织的职能结构、管理体制（组织体制）、机构设置、横向协调、以流程为中心的管理规范、运行机制和跨企业联系等七个方面的主动变革。[⑤] 经济合作与发展组织（OECD）也给组织创新做过一个定义，即在本公司工作场所以及在处理本公司

① 谢德荪：《源创新：转型期的中国企业创新之道》，五洲传播出版社，2012，第37页。
② 王雪冬、董大海：《商业模式创新概念研究述评与展望》，《外国经济与管理》2013年第11期。
③ Osterwalder, A., The Business Model Ontology-A Proposition in a Design Science Approach (Ph. D. diss., University Lausanne, 2004), p. 55.
④ Venkatraman, N., Henderson, J., "Four Vectors of Business Model Innovation: Value Capture in a Network Era" in Pantaleo, D., and Pal, N., eds., *From Strategy to Execution: Turning Accelerated Global Change into Opportunity* (Berlin: Springer, 2008), pp. 259-280.
⑤ 郑明身：《企业组织创新与竞争力》，《经济管理》2002年第11期。

与外部组织之间关系的经营管理过程中引入新的组织方法。① 另一部分学者从主体视角定义组织创新,将组织内发生的、由组织中的人实施的创新当作组织创新。例如,将组织中所发生的产品创新、流程创新、领导激励创新以及计划与控制创新统统视为组织创新。② 显然,第二种定义方式将多种创新混合在一起,难以刻画不同创新的独特规律,在内容上也与本节其他概念存在重合,因此本书倾向于第一种客体视角的定义方式。组织创新通过对组织结构和组织各部门运行关系的调整,建立起科学合理的分工协作体系,实现了部门的资源整合并加强了组织对外部环境的适应能力,改善了组织经营管理的内部环境甚至是边界环境,为组织获得可持续竞争优势创造了条件。各类新型组织形式层出不穷,对于无边界组织、扁平化组织、平台型组织、网络型组织的讨论成为热点。尽管对创新的研究绝大多数集中在企业类组织方面,但在组织创新议题下,以政府部门、高校等为对象的研究也占有一定比例。例如,澳大利亚、新西兰、加拿大、美国等国家为了改变政府部门主义、视野狭隘和各自为政的局面,开始以结果和目标而不是部门功能为中心进行组织设计和创新,即"整体政府"的改革运动,这项运动激发了关于政府组织创新工具、创新内容以及创新方法的研究。③ 也有一些学者研究高校的组织创新,例如,如何建设实体型与虚体型共存的跨学科研教组织,如何健全跨学科组织的制度体系④;如何向发达国家学习,通过高校组织结构创新,与地区政府以及高新产业形成紧密互动,实现产学研一体化⑤。

三　个体层创新过程变量与创新行为的发生

在对不同种类创新的概念进行梳理后,我们不难发现,尽管这些概念都承认创新的过程性,但它们无一例外更重视创新的结果性,正如管理学卷对创新的

---

① 王喜刚:《组织创新、技术创新能力对企业绩效的影响研究》,《科研管理》2016 年第 2 期。

② 简兆权等:《吸收能力、知识整合对组织创新和组织绩效的影响研究》,《科研管理》2008 年第 1 期。

③ 曾维和:《当代西方"整体政府"改革:组织创新及方法》,《上海交通大学学报》(哲学社会科学版) 2008 年第 5 期。

④ 朱永东:《研究型大学学科组织结构创新探析》,《高等工程教育研究》2021 年第 4 期。

⑤ 薛新龙等:《创新高地的高等教育组织结构变革研究——以美国旧金山湾区为例》,《中国高教研究》2021 年第 9 期。

第一种定义，创新是一个过程，但这个过程必须以存在目的终点为前提。如此，就产生了创新结果和创新过程的区别。创新过程不再以创新结果为研究核心，而是强调为了实现创新而必然经历的过程以及这个过程中涉及的要素。不同的学科所关心的创新的过程具有不同的层次，这些层次即使在管理学学科内也泾渭分明。例如，一些研究者偏爱从社会层面来研究创新的过程，政策与文化是该层的核心要素；一些研究者偏爱从组织层面来研究创新的过程，组织制度与结构是该层的核心要素；还有一些研究者偏爱从个体层面来研究创新的过程，认知、情感与行为是该层的核心要素。本书是从个体微观层的变动来考察生态环境的作用，重点在个体层面的创新，因此，下面的部分将重点介绍个体层面创新过程所涉及的常见变量。

如果以个体创新成果为创新的目的终点，那么这个成果的诞生一定建立在个体实施创新行为的基础上，尽管创新行为不能保证创意变成现实，但作为个体可控的创新过程概念一定包括个体的创新行为是毋庸置疑的。

那么还有哪些个体层面的因素会影响创新呢？根据对人类一般行为过程的理解，认知、情感与行为意向可以对行为产生影响，因此态度类因素可以对创新行为产生影响。人的行为还会受到先天条件的影响，因此人格特质、身体素质等先天禀赋也可归入个体层面的创新过程概念。除此之外，人的内在冲突也可能成为创新的契机。

显然，在这些过程变量中，创新行为与创新结果的联系更加直接和紧密，其他变量不能直接带来创新的结果，而必须通过创新行为才能对创新结果产生间接的影响，因此，创新行为是个体层面创新过程概念中的关键变量。下面，本书将按照先天禀赋与内在冲突、认知、情感和行为意向、行为的顺序来介绍个体层面的创新过程概念。由于本书重点研究员工的创新行为，因此，专门设立一节内容，单独阐述员工创新行为。

（一）先天禀赋与内在冲突

1. 创新型人格（creative personality）

心理学家对人格与创新的关系充满兴趣，自20世纪中叶开始，人们就对创新型人格展开了研究。[①] 在心理学中，人格是指一个人独特的相对持久的心

---

① 李兴光等：《创新人格特质的基本理论及研究述评》，《现代管理科学》2018年第11期。

理行为模式，在既定人格下，个体的情感、思想、动机以及行为都有迹可循。

Feist 提出了创新型人格的功能模型，从心理学特别是生物学的视角解释了人格特质激发创新意识与行为的机制，并对创造型人格特质进行了分类。Feist 认为遗传与表观遗传（epigenetic）因素会影响人脑的品质，而人脑的品质又会带来特质的分化并最终导致不同个体在创新思想及创新行为方面的不同，具体而言，这些能够影响个体创新行为的特质可以进一步细分为与认知有关的特质、与社会有关的特质、与动机和情感有关的特质以及临床人格特质。①

无论研究者认为人格是如何形成的，他们大多数同意特定人格与创新行为之间存在密切联系。许多研究者探索到底何种人格最多和最有效地产生创新行为，例如 Maslow 提出具有自发性、表现力、对未知的接受程度较高以及勇敢等特质的人更容易去创新②，Storr 发现了思想独立性的重要作用③，Runco 提出创造型人格是由多种人格混合而成的组合型人格，其中包括自主性、弹性、对复杂性的偏好、经验的开放性、敏感性、游戏性、对模糊的容忍性、对风险的容忍乃至偏好、内部驱动、双性化人格、自我效能感、广泛的兴趣以及好奇等④。这些学者所发现的人格特质大多给人以积极的印象，但是 Getzels 发现创新人才一般远离社会、激进以及不合常规，这提示了给人消极印象的人格特质也可能具有激发创新行为的作用。⑤

2. 企业家精神

与创新有关的先天禀赋除创新型人格外，还有一个常见概念，即企业家精神（entrepreneurship），也称创新精神。企业家精神和创新型人格一样，也是由多种要素组合而成的，不同的是，企业家精神还包括除人格这一先天禀赋之

---

① Feist, G. J., *The Function of Personality in Creativity: The Nature and Nurture of the Creative Personality* (Cambridge: Cambridge University Press, 2010), pp. 113-130.

② Maslow, A. H., "Cognition of Being in the Peak Experiences," *The Journal of Genetic Psychology* 94 (1959): 43-66.

③ Storr, A., *The Dynamics of Creation* (London: Martin Seeker and Warburg, 1972), p. 256.

④ Runco, M. A., *Creativity Theory and Themes: Research, Development, and Practice* (Amsterdam: Academic Press, 2007), p. 225.

⑤ Getzels, J. W., Csikszentmialyi, M., *The Creative Vision: A Longitudinal Study of Problem Finding in Art* (Chichester: John Wiley and Sons Ltd., 1976), p. 79.

外的后天条件，例如价值观和能力等。此外，企业家精神的主体也并不局限于个体层面，一些研究讨论了组织层面、产业层面甚至国家层面的企业家精神。[①]

企业家精神的含义如此之广，难以一言以蔽之，但从个体层面看，学者们还是达成了一定程度的共识。

首先，创新性是企业家精神的核心内容。例如，有研究者认为企业家精神是将变革和创新结合在一起的创业和开拓精神[②]，或是以创新为核心的文化资本积累[③]，或是将一系列独特的资源集中在一起挖掘新机会的过程[④]。如 Bolton 和 Thompson 的企业家水晶模型包括创造力、优势、聚焦、自我、团队以及社会等六个因素，在这些因素中，创造力是创意和机遇的源泉，他们通过三个独立的调查发现，对于高增长的创业企业而言创造力是最重要的因素。[⑤]

其次，气质、人格、性格等具有禀赋特点的因素是企业家精神的重要组成部分。例如，美国国家经济研究局的一项调查发现美国公司经理人员更愿意承担风险、很少担心失败、行为偏重长期导向性。许多研究也发现具有企业家精神的人在气质上往往容易冲动、精力充沛，在人格上往往偏好风险、突破规则、天性乐观，在性格上果断、自信，在动机上权力需求和自主需求比较高。[⑥]

最后，企业家精神具有后天习得性。尽管气质与人格大概率与遗传有关，但企业家精神还具有价值观与能力等后天内涵。例如，经济资源的组织与配置能力、机会洞察能力、解决争端的能力与学习能力以及经济型价值观。这一观点极大地推动了创业类培训的发展。

---

① 时鹏程、许磊：《论企业家精神的三个层次及其启示》，《外国经济与管理》2006 年第 2 期。

② 叶勤：《企业家精神的兴起对美国经济增长的促进作用及其启示》，《外国经济与管理》2000 年第 10 期。

③ 高波：《文化、文化资本与企业家精神的区域差异》，《南京大学学报》（哲学·人文科学·社会科学版）2007 年第 5 期。

④ 张玉利：《创业与企业家精神：管理者的思维模式和行为准则》，《南开学报》2004 年第 1 期。

⑤ Bolton, B., and Thompson, J. L., *The Entrepreneur in Focus: Achieve Your Potential* (Boston: Cengage Learning, 2002), pp. 155-201.

⑥ van Gelderen, M., Jansen, P., "Autonomy as a Start-up Motive," *Journal of Small Business and Enterprise Development* 13 (2006): 23-32.

3. 内在冲突

冲突是创新的契机，人们会因为冲突的存在而进行创新以解决冲突。冲突不一定都发生在外部，也可能发生在人的内心。罗杰斯的自我理论将自我划分为理想自我、自我概念和真实自我，其中理想自我是指自己希望变成的样子，自我概念是自我觉察到的样子，真实自我是自己本身实际的情况，三者的不一致就会导致内在冲突。理想自我与自我概念的冲突会带来内源冲突，从而导致个体以降低理想自我目标或者针对差异改善自我概念的方式进行创新。自我概念与真实自我的冲突会带来外源冲突，从而导致个体以针对差异改善自我概念和强化创新主体间沟通交流的方式进行创新。理想自我和真实自我的冲突会带来交叉冲突，从而导致以降低理想自我、强化创新主体间沟通交流或者针对差异改善自我形象的方式进行创新。①

（二）认知

心理学的研究表明，认知特别是对自我的认知是个体行为的重要决定因素，因为人们一旦明确了自己的身份，就总会采取行动以强化这种身份。由此可见，自我认同（自我对身份的认同）是影响个体行为的重要内在因素。

Karwowski 开发了一个创新自我认同（Creative Personal Identity，CPI）测量工具，具体内容包括创造力的总体自我评价、创造力对自我的总体或局部的重要程度、对成为创新人才的重视程度以及对聪慧天赋的重视程度等四个方面。② 可见，创新自我认同是自我认同概念在创新领域的具体化，是个体对于自己在创新方面属性的确信。

与自我认同对行为的作用机制相同，创新自我认同也是通过提供内在动力来激发个体创新行为。基于维持自尊和自我概念一致的需要，将创新视为自我概念重要部分的个体会努力在工作中寻找可以发挥创造力的机会，这种行为甚至不受工作场所的限制，可以扩散到工作以外的其他场所。研究者发现，如果人们高度认同自己作为创新者的身份，他们的确会更加积极地实施

---

① 游静、罗慧英：《基于自我理论的协同知识创新冲突研究》，《科技与管理》2017 年第 2 期。
② Karwowski, M. , "Did Curiosity Kill the Cat? Relationship between Trait Curiosity, Creative Self-efficacy and Creative Personal Identity," *Europe's Journal of Psychology* 8 （2012）: 547-558.

创新行为。① 作为创新研究重要理论——创造力成分理论的提出者，Amabile 也高度重视个体内在动机对于创新的意义，对内在动机给出了是激发个体创新的，仅次于人格特质的"第二把钥匙"的评价。②

然而创新自我认同研究也受到了挑战，一些研究认为其与创造力自我效能感的区分度不够明显。尽管 Kaczmarek 等在早期的多个研究中都论证了创新自我认同与创造力自我效能之间的区别，③ 然而，Snyder 等则发现在层次聚类中，自我创新认同和创造力自我效能感是按照领域（例如数学、艺术）汇聚而不是按照内容汇聚的，④ 也就是说这两个变量可能难以区分。Karwowski 等在近年的研究中改变了自己的想法，转而将这两个变量合并成了创新自我（creative self）的概念。⑤ 不过，仍然有很多学者在继续从事自我创新认同的研究。

（三）情感

就认知对行为驱动作用的研究已有很多成果，但关于情感对行为作用的研究则相对较少，不过，已经有越来越多的学者投入情感与行为关系的研究中去。人们发现，情感可以影响行为，例如，在情绪激动的情况下，员工更容易实施过激行为，行为对情感也具有反作用。

1. 情绪紊乱疾病

研究者对情感与创新的关系始终保有兴趣。但在较早的时期，研究者首先关注的是某些情绪紊乱疾病与创造力的关系。一些精神疾病，例如躁郁症，以情绪状态的剧烈波动为典型症状，但正是这种反常的情绪起伏与创造性作品高产间稳定的联系使研究者开始思考创造性生产在心理上与躁郁症属于同一个思维过程的可能性。在过去的 40 年中，研究者主要考察了躁郁症这一创造力情

---

① Shamir, B., "Calculations, Values, and Identities: The Sources of Collectivistic Work Motivation," *Human Relations* 43 (1990): 313-332.

② 特蕾莎·阿马比尔：《情境中的创造力》，刘艳、付晗晓译，四川人民出版社，2016。

③ Kaczmarek, L. D., et al., The Curiosity and Exploration Inventory-II: Validation of the Polish Version (paper represented at the 5th European Conference on Positive Psychology, 2010), pp. 23-26.

④ Snyder, H. T., et al., "The Creative Self: Do People Distinguish Creative Self-perceptions, Efficacy, and Personal Identity?" *Psychology of Aesthetics, Creativity, and the Arts* 15 (2021): 627-643.

⑤ Karwowski, M., et al., "Measuring Creative Self-efficacy and Creative Personal Identity," *The International Journal of Creativity & Problem Solving* 28 (2018): 45-57.

感影响因素，近年来，他们的研究兴趣转向了另一种疾病——精神分裂症。

虽然研究者证明了这些疾病与创造力之间的相关关系，甚至两者之间存在的共同基因基础，[①] 但是研究者也不得不承认，现有研究只是发现了极端情绪变化的确能够影响病人的工作激情和作品数量，但不能影响作品的质量，因此很难说明精神疾病对创造力有促进作用。

2. 积极情绪

与那些对情绪病症感兴趣的学者不同，Isen 等从积极情绪角度探索情感与创新的关系。Isen 等进行了多项实验研究，其中部分实验是通过让大学生观看喜剧电影或者给予意外奖品来诱导积极情绪，然后考察大学生的联想能力和解决问题的能力。实验发现，在产生积极情绪后，大学生联想到更多的词汇，从而证明了积极情绪对创造力的促进作用。Isen 等对此的解释是：积极情绪可以激活记忆线索，这些线索彼此联系起来，为大脑的创造过程提供服务。[②]

3. 创新自我效能感

创新自我效能感是 Tierney 和 Farmer 将社会认知理论运用于创新研究所提出的概念，他们认为，创新自我效能感即"个体对自己有能力产生创新性结果的信念"[③]。心理学认为，信念是情感、认知与意志的统一体，是人们在一定认识基础上确立的对某种思想或事物坚信不疑并身体力行的心理态度和精神状态，因此，严格来说，情感是创新自我效能感的主要构成部分而不是全部。但是，三者在创新自我效能感中的作用不同，创新自我效能感产生于对自己的综合评价，但最终反映为个体的精神状态。在实际研究中，将起因与结果置于同一量表施测的情况非常罕见，最常用的创新自我效能量表实际测量的也只是其中情感的部分。

我们很容易联想到作为情感的创新自我效能感与先天禀赋以及认知的关系，

① Richards, R., et al., "Assessing Everyday Creativity: Characteristics of the Lifetime Creativity Scales and Validation with Three Large Samples," *Journal of Personality & Social Psychology* 54 (1988): 476-485.
② Isen, A. M., et al., "Positive Affect Facilitates Creative Problem Solving," *Journal of Personality & Social Psychology* 52 (1987): 1122-1133.
③ Tierney, P., and Farmer, S. M., "Creative Self-efficacy: Its Potential Antecedents and Relationship to Creative Performance," *Academy of Management Journal* 45 (2002): 1137-1148.

研究发现，经验的开放性与创新自我效能感正相关①，对创造力持可塑性观点②以及通过创造力的培训获得创造性经验都有助于提高个体的创新自我效能感③。创新自我效能感对于员工创新的作用也得到了多个研究的肯定，例如Puente-Díaz 在对多项实证研究进行总结后发现，高水平的创新自我效能感不仅与来自领导、同事以及自我的创新评价有正向关系，也会带来与创新有关的奖励、创新成果的增多，即创新自我效能感与评价或实际的创新都存在正向相关性。④

4. 工作投入

工作投入最早由 Kahn 提出，当时工作投入包括生理投入、认知投入和情绪投入，但 Schaufeli 重新对工作投入进行了定义，他将工作投入建立在快乐和激发这一幸福感分类系统的基础上，⑤ 这样，新的工作投入定义就具有了强烈的情感特征。Schaufeli 的工作投入量表是目前测量工作投入最为常用的工具，包括活力、奉献和专注三个维度。

工作投入常被用来解释和预测组织承诺以及组织公民行为，较少用于创新研究，但仍有研究结果支持工作投入对创新的积极作用。⑥ 工作投入对创新的影响可能来自两种力量。首先是一般性情绪的力量，高投入的个体更加开放、情绪更积极、身体更健康，因此，他们能更好地创造工作和个人资源并得以提高周边工作投入。⑦ 其次是依恋和熟悉的力量，工作投入度高的员工，将工作视为人生重要的内容，因此有动机促进工作技术的进步，他们对工作也更加熟悉，而这种熟悉是产生顿悟的前提。

---

① Karwowski, M., et al., "Big Five Personality Traits as the Predictors of Creative Self-efficacy and Creative Personal Identity: Does Gender Matter?" *The Journal of Creative Behavior* 47 (2013): 215-232.

② Karwowski, M., "Creative Mindsets: Measurement, Correlates, Consequences," *Psychology of Aesthetics, Creativity & the Arts* 8 (2014): 62-76.

③ Mathisen, G. E., and Bronnick, K. S., "Creative Self-efficacy: An Intervention Study," *International Journal of Educational Research* 48 (2009): 21-29.

④ Puente-Díaz, R., "Creative Self-efficacy: An Exploration of Its Antecedents, Consequences, and Applied Implications," *The Journal of Psychology*, 150 (2016): 175-195.

⑤ 李锐、凌文辁：《工作投入研究的现状》，《心理科学进展》2007 年第 2 期。

⑥ Suahsti, A., and Sudarma, K., "The Role of Mediation in Increasing Intellectual Capital Based Innovative Behavior," *Management Analysis Journal* 8 (2019): 425-433.

⑦ Bakker, A. B., et al., "Work Engagement: An Emerging Concept in Occupational Health Psychology," *Work and Stress* 22 (2008): 187-200.

不过，专注的作用与活力和奉献的作用可能存在不同的机制，例如，在核心自我评价对员工创新行为作用机制的研究中，只有活力与奉献可以发挥中介作用。①

（四）行为意向

1. 创新意愿

行为意愿是个体执行特定目标行为的意愿，反映了个体完成特定行为的意愿强度。创新意愿即在一定情境下，个体愿意进行创新的动机与创新愿望的强度。行为科学认为意愿是比天赋、认知与情感更接近行为的前因，因此，创新意愿因其对创新行为潜在的强大预测作用在近年来开始受到研究者的关注。但总体而言，或许是缺乏权威的量表，或许是缺乏贴切的理论依据，也或许是创新意愿与创新行为的关系密切到无须论证，其尚未成为研究热点。在现有研究中，绝大部分研究的是个体层员工的创新意愿，也有少数研究讨论了企业家的创新意愿以及组织层的创新意愿。②

创新意愿对创新行为的积极作用在数个独立的研究中均得到了验证，如赵斌等对科技人员的研究证明了创新意愿对创新行为态度、主观规范、知觉行为控制与创新行为关系的中介作用③，台湾学者 Hsiu-Ching Shih 等对学生的研究证明了创新意愿对创新绩效的正向作用④。赵斌以计划行为理论为依据，从内在动机的角度对创新意愿的作用机制做出了解释，他的想法与 Shin 等不谋而合。此外，苏敬勤和耿艳通过数个案例，论证了企业家以及利益相关者的创新意愿转化为企业创新行为的内在机理。⑤

一些学者还研究了创新意愿的前因变量，例如赵斌等依据计划行为理论，

① 苏伟琳等：《核心自我评价对员工创新行为的影响机制——工作投入的中介作用》，《软科学》2018 年第 7 期。
② 王娟茹、张渝：《环境规制、绿色技术创新意愿与绿色技术创新行为》，《科学学研究》2018 年第 2 期。
③ 赵斌等：《科技人员创新行为产生机理研究——基于计划行为理论》，《科学学研究》2013 年第 2 期。
④ Shih, H. C., et al., Facilitating the Creative Performance of Mechanical Engineering Students: The Moderating Effect of Creative Experience (Paper Represented at the TALE Convention, Wellington, December 2014), 258-262.
⑤ 苏敬勤、耿艳：《政策作用下创新意愿转化为创新行为的机理研究》，《科学学与科学技术管理》2014 年第 5 期。

假设行为态度、主观规范以及知觉行为控制能够影响个体创新意愿，其中内生态度、示范性规范、自我效能以及控制力对创新意愿的作用得到了验证。张毅和游达明按照类似的思路，细化了计划行为理论的自变量，得出了类似的结论。① 此外，国外的研究发现护士实施创新活动的意愿会受到之前活动经验的影响，② 也支持了赵斌等的结论。

2. 创新自我期待

个体的期望代表个体的目标，目标设置理论认为目标本身就是行为的动机，当个体对自己进行创新有所期待时，他就会将这个期待解读为自己的目标，并自觉调动内在和外在资源去实现这个目标。当这个目标是创新时，个体就产生了创新自我期待。皮格马利翁效应有助于解释创新自我期待的作用——创新自我期待可以促进员工培养和开发自身潜力，提高创新能力，随着创新能力的提高，人们对于自己实施创新的信心就会大大增强，也就会更加坚定地按照自己的信念实施创新行为。③

Kark 和 Carmeli 将创新自我期待定义为员工感知到自身所从事职业的工作环境和任务特性对自身创新行为的内在要求，并将这种外在感知内化为自我预期和驱动力，进而付诸相应的创新举措。④

曲如杰等对自我期待促进员工创新的机制进行了研究，他们发现了三种可能的机制。⑤ 首先，自我实现机制。当员工具有较高水平的自我创新期待时，就会认为创新对自己的工作非常重要而且相信自己有创新的能力，如果他们能够取得与创新自我期待相符的成果，就能满足成长需求，并产生胜任感和成就感，这样的正向反馈促使员工不断创新。其次，复杂性机制。人们对自己成功

① 张毅、游达明：《科技型企业员工创新意愿影响因素的实证研究——基于 TPB 视角》，《南开管理评论》2014 年第 4 期。
② Drori, T., et al., "Nurse Intention to Implement Creative Group Activities Among Psychiatric Patients," *Perspectives in Psychiatric Care* 50 (2014): 264-270.
③ Tierney, P., Farmer, S.M., "The Pygmalion Process and Employee Creativity," *Journal of Management* 30 (2004): 413-432.
④ Kark, R., Carmeli, A., "Alive and Creating: The Mediating Role of Vitality and Aliveness in the Relationship between Psychological Safety and Creative Work Involvement," *Journal of Organizational Behavior* 30 (2010): 785-804.
⑤ 曲如杰等：《组织创新重视感与员工创新：员工创新期待与创新人格的作用》，《管理评论》2019 年第 12 期。

的期望越大，在处理复杂任务过程中的表现便会越好，个体对复杂性认知能力的提升有助于创新想法的提出。最后，动机性信息加工机制。根据动机性信息加工理论，人们会选择性地注意、编码，进而保留与其关注的问题相关的信息。具有高自我创新期待的员工对创新相关的事物更加关注，会将认知资源更多地运用到创新性工作中，因此更容易发现和识别潜在的问题与创新机会，而且，他们也更倾向于继续收集、加工与创新问题相关的信息，探索更多的备选方案并反复推敲。

Carmeli 和 Schaubroeck 讨论了创新自我期待的前因。他们认为皮格马利翁效应的发挥并非一蹴而就，参照群体的期待不能立竿见影地带来个体行为的变化，而是首先通过改变个体的期望，进一步对行为产生影响。因此，他们选择了来自家庭、顾客和领导三个规范参照群体的期望，发现它们都对个体的创新自我期待有正向影响，其中领导的作用最为明显。①

尽管行为意向与行为的密切关系早已得到普遍认可，创新意愿与创新自我期待对创新的积极作用也得到若干实证研究的支持，但总体而言，关于创新行为意向与创新行为关系的研究仍然非常薄弱，创新行为意向的前因以及发挥作用的可能边界条件有待进一步探索。

（五）行为

创新行为是创新结果的直接原因，也是创新研究中最重要的过程概念。根据创新行为实施主体的不同，可将其分为政府创新行为、企业（机构）创新行为、团队创新行为等组织层面的创新行为和企业家创新行为、用户创新行为以及员工创新行为等个体层面的创新行为。组织层面的创新离不开个体层面的创新，但组织层面的创新具有与个体层面的创新完全不同的规律，这超出了本书研究的范畴。

在个体层面创新行为的研究中，对企业家及员工创新的研究较多，用户创新则是随着网络社区、社交媒体等社会化网络平台的完善而涌现的企业创新的新来源。

---

① Carmeli, A., and Schaubroeck, J., "The Influence of Leaders' and Other Referents' Normative Expectations on Individual Involvement in Creative Work," *The Leadership Quarterly* 18 (2007): 35-48.

1. 企业家创新行为

企业家、雇员和用户的创新行为有各自鲜明的特点。由于创新研究的始祖熊彼特将创新活动的主体规定为企业家，因此企业家创新行为被视为企业家精神的实际体现和企业创新的关键因素。

究竟何为企业家创新行为？李楠认为，企业家创新行为是与常规行为相对应的一种行为，是企业家在超出已有经验范围，面对新的环境和新的问题时，以开创新的思维结果为终点的，使用新的认识方法、新的解决手段、新的技术的行为。[①] 李苑凌等将企业家创新行为归纳为企业战略、生产经营、管理制度、企业文化、信息收集、支持的寻求以及创新操作等七个方面。[②]

个人特质及制度背景均会对企业家创新行为造成影响。首先，心理学研究了企业家群体稳定的个性、心理状况、风险偏好等先天特质的影响。其次，认知行为理论引入了经验、受教育程度、成长环境等认知的社会路径以及企业家与环境的互动等后天因素。再次，机会发现模型将奥地利经济学派关于机会发掘的假设与认知行为理论相结合，分析信息收集和机会发现过程，解释了先验知识、认知能力、战略等先后天因素的作用机制。最后，研究者还讨论了资源和制度对企业家创新行为的影响。制度可以规范行为，从而缩小创新行为的选择空间，为提高创新效率提供了必要的社会秩序；制度还可以制约机会主义行为，降低创新的内在风险。具体而言，企业家创新行为需要自由的市场准入，有效的市场秩序以及肯定企业家所得的制度[③]，便利的科技资源供给网络、融资渠道以及人力资源供给系统等资源保障[④]。

2. 用户创新行为

传统上，人们认为创新是由制造商完成的，但是制造商主导的创新在把握用户需求方面存在一定问题。制造商的创新因受到市场化和成本收益的限制，一方面，在创新的早期，对于具有复杂性的突破性技术创新运用

---

① 李楠：《民营企业家创新行为的本质分析》，《商业经济与管理》2008 年第 4 期。
② 李苑凌等：《企业家创新行为现状的调查研究》，《重庆大学学报》（社会科学版）2010 年第 4 期。
③ 方世建、秦正云：《2006 年度瑞典创业与小企业研究奖获得者——柯兹纳的企业家发现理论述评》，《外国经济与管理》2007 年第 3 期。
④ 贺立龙等：《民营企业家创新行为障碍探析》，《科技管理研究》2009 年第 8 期。

动机不足；① 另一方面，制造商的创新方向不会顾及所有用户的差异性需求，而只会选择满足市场份额较大的那一部分用户需求。同时，消费者的观念与企业的创新理念也在发生改变，用户不再是产品和服务的被动接受方，他们可以作为创新的主体参与企业创新过程。因此，麻省理工的 von Hippel 提出了用户创新的概念，即用户对其所使用的产品、工艺的创新，包括为自己的使用目的而提出的新设想和实施首创的设备、工具、材料、工艺等，以及对制造商提供的产品或工艺的改进，用户被增列为继制造商、供应商之外的第三个创新源；此外，von Hippel 还采用将设计、构建产品原型以及测试反馈打包为用户创新工具箱的方式形象地说明了用户创新的过程及其与传统创新方法的不同。②

用户创新存在不同的形式，例如，根据创新意愿、创新能力、代理成本、制造商支持以及项目的复杂程度可以将用户创新分为用户主导创新、用户合作创新以及用户自主创新三种范式。③

用户创新对企业创新的作用在多个研究中得到了证明。Gales 和 Mansour-Cole 证明，当用户参与程度与项目的不确定程度以及环境匹配时，用户参与创新项目与创新项目的成功率有显著的正向关系。④ 黄曼慧和谢康将研究对象聚焦为关键用户，发现关键用户创新对信息系统绩效也有正向影响，当业务部门与信息技术部门的互动良好时，这种影响力更大。⑤ 朱陈松等在讨论用户创新的社区形态与创新效率关系的时候，发现无论是线上还是线下的创新社区形态都对企业创新绩效有促进作用，⑥ 这一结论同样支持了用户创新在企业创新中的积极作用。

研究者还对用户创新的条件与影响因素进行了探索。研究发现用户的需

① Lettl, C., et al., "Users' Contributions to Radical Innovation: Evidence from Four Cases in the Field of Medical Equipment Technology," *R & D Management* 36 (2006): 251-272.
② von Hippel, E., "The Dominant Role of Users in the Scientific Instrument Innovation Process," *Research Policy* 5 (1976): 212-239.
③ 董艳等:《用户创新的条件和范式研究》,《浙江大学学报》(人文社会科学版) 2009 年第 4 期。
④ Gales, L., and Mansour-Cole, D., "User Involvement in Innovation Projects: Toward an Information Processing Model," *Journal of Engineering and Technology Management* 12 (1995): 77-109.
⑤ 黄曼慧、谢康:《用户创新与 IS 绩效:基于部门层面的跨层交互模型》,《管理评论》2017 年第 6 期。
⑥ 朱陈松等:《用户创新社区建设对企业创新效率提升的实证检验》,《统计与决策》2020 年第 22 期。

求、用户的能力以及制造商的供给不足①是开启用户创新的先决条件。当用户创新处于不同阶段时，关键条件存在差异，例如，用户创新在需求创意阶段的关键影响因素是信息黏性、创新意愿和创新能力；用户创新在产品设计阶段的关键影响因素是创新能力、制造商支持、项目复杂度；而制造商支持、代理成本和创新能力则是影响产品开发阶段和产品测试阶段用户创新程度的关键因素。

3. 员工创新行为

企业经营过程是员工价值创造的过程，员工创新对企业创新的重要性不言而喻。然而在学术研究中，长期以来，受熊彼特的影响，研究者更加关注企业家创新。随着政府对"大众创业、万众创新"的倡导，我国学术界对员工创新研究的热情也逐步攀升。员工创新是本书的关注焦点，因此，本书将为员工创新行为设立一节内容，集中论述。

第二节　员工创新行为

一　员工创新行为研究概览

为了反映员工创新行为在中国的研究状况，本书以"员工创新行为"和"雇员创新行为"为主题词在知网中进行了检索。基于提高被检索文献质量的考虑，本次检索仅覆盖 CSSCI 以及 CSCD 期刊库。检索不设起始时间，截止时间为 2021 年 11 月 22 日。最终获得 484 篇中文文献，其中有 7 篇为网络首发，尚未正式出版。文献发表的年度分布如图 1-1 所示。由图 1-1 可见，国内员工创新行为研究的兴起时间不长，2003 年才有第一篇高质量成果公开发表，在 2003~2007 年共五年的时间里，仅有三篇文章面世，但这一状况从 2008 年开始发生了转变，2008 年以后，该主题研究数量逐年稳步增长，其中 2020 年全年共发表 62 篇文章，截至 11 月，2021 年共发表 54 篇（含网络首发），发

---

① 吴贵生、谢韩：《用户创新概念及其运行机制》，《科研管理》1996 年第 5 期。

表数量稳定在较高水平。这一转变发生在 2005 年中共中央提出要把增强自主创新能力作为科学技术发展的战略基点之后必要的时滞期内，是组织行为研究者对国家创新战略的积极反馈。

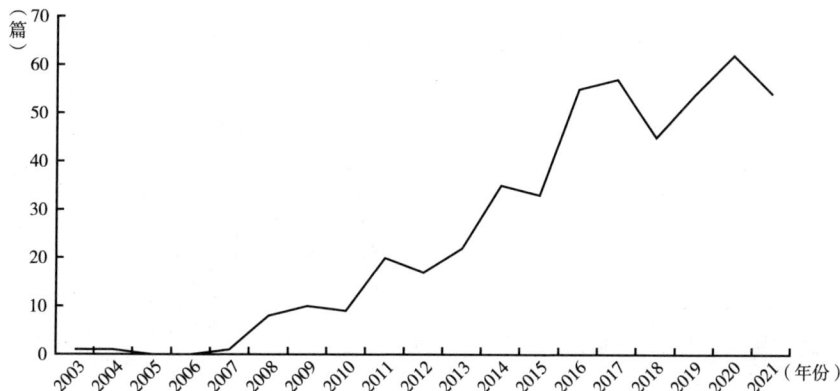

图 1-1 员工创新行为文献发表的年度分布

为了了解这些研究的基本主题，本书对这 484 篇中文文献的关键词进行了统计，共得到关键词 950 个。

布拉德福定律描述了文献分散的规律，即将科学杂志按期刊载某学科主题的论文数量，以递减顺序排列，就可在所有这些杂志中区分出载文率最高的核心部分和包含与核心部分等数量论文的随后几区，这时核心区和随后各区中所含的杂志数呈 $1:n:n^2$ ……的关系。布拉德福定律的实质就是二八定律，但在重要主体的确定上更加精确。因此，本书将布拉德福定律运用于重要关键词的筛选。其具体做法为，按关键词出现的次数将关键词划分为核心型、相关型和边缘型三大类，根据布拉德福定律计算出核心关键词数量为 30 个。由于某些关键词存在语言表述的差异，但在内容上一致，因此本书对这些关键词进行了合并，这些合并包括"员工创新行为"与"创新行为"的合并，"创新自我效能感"与"创新效能感"以及"自我效能感"的合并，"组织创新氛围"与"组织创新气氛"以及"创新氛围"的合并，"知识共享"与"知识分享"的合并，"领导成员交换"与"领导-成员交换"以及"领导—成员交换"的合并。需要说明的是，从概念上看，"创新自我效能感"并不等同于"自我效能感"，它只是一般自我效能感在创新中的特殊表现。然而，在本书涉及的被检索文献中，作者为了表述简便，将"创新自我效能感"简称为"自我效能感"，因此本书将两个关键词进行了合并。合并会导致关键词和核心关键词数量的动态变化，本书仅列出原 30 个核心关键词合并后的结果，实际呈现的关键词数量略少于 30 个。这些关键词及其出现频次如表 1-1 所示。

表 1-1　员工创新行为核心关键词及其出现频次

单位：次

关键词	员工创新行为 & 创新行为	创新自我效能感 & 自我 效能感 & 创新效能感	组织创新氛围 & 组织 创新气氛 & 创新氛围
频次	364	50	45
关键词	知识共享 & 知识分享	知识型员工	领导成员交换 & 领导-成员 交换 & 领导—成员交换
频次	31	20	20
关键词	心理授权	创新绩效	变革型领导
频次	19	19	18
关键词	心理资本	组织认同	组织支持感
频次	17	15	14
关键词	工作投入	主动性人格	内在动机
频次	13	12	12
关键词	员工创新	内部人身份感知	组织自尊
频次	12	11	10
关键词	心理安全感	包容型领导	情感承诺
频次	9	9	9
关键词	越轨创新	真实型领导	创新意愿
频次	9	8	8
关键词	组织承诺		
频次	8		

由于本书的搜索主题是"员工创新行为"，因此"员工创新行为"或"创新行为"这两个关键词出现的次数远远多于其他关键词。除此以外，出现频次较高的核心关键词还包括创新自我效能感（50 次），组织创新氛围（45 次），知识共享（31 次），知识型员工（20 次），领导成员交换（20 次），变革型领导、包容型领导、真实型领导等多种类型的领导（35 次）以及心理授

权、心理安全感、内部人身份感知、组织支持感等涉及创新行为实施心理过程的若干概念。通过表 1-1 可以对员工创新行为研究的主要内容形成初步认识。

二　员工创新行为的界定

早期研究中，创造与创新常常混用，这种混用也影响了对创新行为的界定。创造（creativity）一般与知识或者想法的首创关联，例如 Amabile 认为员工创造是员工产生新颖的，有益的构想；而创新（innovation）则不要求新事物的突破性进展，哪怕只是细微的优化，只要改变了产品或流程，就可称之为创新，此外，创新也不只停留在观念和构想方面，还包括实践这些想法。因此，当采用二元的观念来理解创新行为时，创造性的想法可以被视为创新行为的前摄变量，创造作为创新行为的第一个子阶段与创新概念实现了整合。[①]

Scott 和 Bruce 是创新行为二元观的拥护者，他们吸收了 Woodman 以及 Kanter 等学者的思想，将创新行为划分为三个阶段：第一个阶段是发现问题和产生想法，第二个阶段是为实现想法寻求支持和形成创新同盟，第三个阶段是形成模式，实现创新产品、流程、做法等的大规模推广。由于创新行为是阶段性的而非连续性的，因此，个体可以同时处于这些阶段中的一个或者多个。在这个概念的基础上，两位学者开发了迄今为止，使用最为广泛的员工创新行为量表。[②]

还有一些研究者强调了员工创新行为的目的，既然创新行为的主体是员工而不是其他人，那就必须体现员工角色与其他角色的不同，因此，Janssen 提出那些围绕有利于提高个体、团队与组织绩效的新想法的行为才可视为员工创新。[③]

在创新行为有别于创新想法产生的基础上，一些学者对员工创新行为的具体内涵进行了探索。

---

① 特蕾莎·阿马比尔：《情境中的创造力》，刘艳、付晗晓译，四川人民出版社，2016。

② Scott, S. G., and Bruce, R. A., "Determinants of Innovative Behavior: A Path Model of Individual Innovation in the Workplace," *Academy of Management Journal* 37 (1994): 580-607.

③ Janssen, O., "Innovative Behaviour and Job Involvement at the Price of Conflict and Less Satisfactory Relations with Co-workers," *Journal of Occupational and Organizational Psychology* 76 (2011): 347-364.

Kleysen 和 Street 对 289 种创新行为进行了编码，归纳出创新行为具有探索创新机会、产生创新想法、测试与调研创新想法、推动创新落实、实现创新应用等五个具体内涵。[①]

Asurakkody 和 Shin 则通过更大范围和规模的文献筛选，从最终 51 份合格文献中归纳出八个员工创新行为内涵。一是机会探索，代表诸如发现、寻找、创造、解决问题等识别机会的行为。二是产生想法，代表员工发现问题并提出创新方案来解决问题。三是寻找想法，代表员工在现有环境所提供的知识基础上寻找新的想法。四是交流想法，代表员工拿出创新的想法与管理者进行交流。五是推销想法，代表员工说服领导接受自己的想法并认同自己想法对于组织的价值。六是想法制胜（idea championing），代表员工在创新想法上不遗余力，随时准备在非结构的环境中积极预测、周密计划、广寻资源。七是应用，代表将创新想法变为常规的工作流程或是变为商业化的服务或产品。八是克服困难，代表员工调整想法或策略以增强产品、服务或流程质量。[②]

整体而言，研究者认为员工创新行为与创意的产生是具有包含关系的两个不同概念，创新行为可以体现为多种行为方式，这些行为方式覆盖了从创意产生到创意实现的全过程。

三　员工创新行为的测量

按照 Woodman 以及 Kanter 的思想，员工创新行为可以分成多个阶段，表现为多种行为，因此，许多学者致力于开发出多维度的员工创新行为量表。然而，实际情况是大多数尝试以无法剥离出多个维度而告终。

Scott 和 Bruce 的量表[③]使用最为广泛。该量表前五个题项包括获取信息、产生创意、推广创意、寻求资助、制订创新计划等，最后一个题项是总结评

① Kleysen, R. F., and Street, C. T., "Toward a Multi-dimensional Measure of Individual Innovative Behavior," *Journal of intellectual Capital* 2 (2001): 284-296.

② Asurakkody, T. A., and Shin, S. Y., "Innovative Behavior in Nursing Context: A Concept Analysis," *Asian Nursing Research* 12 (2018): 237-244.

③ Scott, S. G., and Bruce, R. A., "Determinants of Innovative Behavior: A Path Model of Individual Innovation in the Workplace," *Academy of Management Journal* 37 (1994): 580-607.

价，5级打分。从设计之初，该量表就是一个单维度量表。在两位学者公开量表的研究中，该量表信度为0.89，在其他研究中，该量表也体现出较好的信度和效度。

Janssen 和 Demands 认同创新行为是从想法产生到想法实现的三阶段行为，因此，他设计了一个包括九个题项的员工创新行为问卷，但是在他的研究中，代表三个阶段的子行为相关性较高，难以区分，因此，Janssen 和 Demands 最终将这个量表整合成一个单维度量表。①

Kleysen 和 Street 在对289种创新行为进行编码后，得出五个创新行为的子维度，然而他们在对来自九个不同组织的雇员进行的问卷调查中，并不能有效分离出这五个维度，而且最终留下的14个题项仍然只能形成一个单一维度量表。

此外，George 和 Zhou 开发的13题项量表，② 以及 Oldham 和 Cummings 开发的3题项量表③等得到较多应用的员工创新行为测量工具也都是单一维度的。

台湾学者黄致凯的研究是一个特例，他运用 Kleysen 和 Street 的量表在台湾地区进行了调查，最终可以分离出产生创新构想和执行创新构想两个维度，其中产生创新构想维度主要合并了 Janssen 和 Demands 量表中的前两个子维度，执行创新构想维度主要合并了 Janssen 和 Demands 量表的后两个子维度，但是没有看到多维度量表更多的例证。④

因此，整体而言，对员工创新行为的测量以单维度量表为主，尽管创新行为是一个从产生想法到实现产出的多环节过程，但这些环节紧密联系，不可分割，体现出创新行为的整体性特征。

在创新行为的具体施测方式上，既存在员工自评的情况，也有他评的情况，在他评方式下，主要是采用领导或主管评价法。

从时间上看，自评方式多出现在较早的研究中，而随着组织行为研究越来

① Janssen, O., Demands, J. "Perceptions of Effort-reward Fairness and Innovative Work Behaviour," *Journal of Occupational and Organizational Psychology* 73 (2000): 287-302.
② George, J. M., and Zhou, J., "When Openness to Experience and Conscientiousness Are Related to Creative Behavior: An Interactional Approach," *Journal of Applied Psychology* 86 (2001): 513-524.
③ Oldham, G. R., and Cummings, A., "Employee Creativity: Personal and Contextual Factors at Work," *Academy of Management Journal* 39 (1996): 607-634.
④ 黄致凯：《组织创新气候知觉、个人创新行为、自我效能知觉与问题解决型态关系之研究——以银行业为研究对象》，硕士学位论文，中山大学（台湾）人力资源管理研究所，2004。

越看重对共同方法偏差的控制，研究者开始采用员工-领导配对的信息收集方式来提高数据的客观性和通过非统计控制的方法来规避共同方法偏差。

四　员工创新行为的影响因素

员工创新行为的前因与作用机制是本书主要的研究内容。当前综述类文献多是从个体层、组织层和社会层三个层面来归纳员工创新行为的前因，[①] 而本书根据生态系统理论将员工创新行为的影响因素按照微系统、中系统、外系统和宏系统以及历时系统来分类，与当前研究有所不同。因此，本部分作为引入性介绍，首先遵循常见研究习惯的思路，按照三个层面的归纳方式对当前员工创新行为前因与作用机制的研究做简单介绍，再通过专门的章节，深入阐述影响员工创新行为的生态系统。

个体层前因通常涉及个体的心理健康、人格特征、态度等心理概念，也包括创新所必需的智力与知识以及认知风格等心智概念。

一部分学者从精神健康的角度分析创新的来源，他们发现罹患精神疾病与人们的创造力似乎关系密切，而这种正向的关系在某些特殊的领域，尤其是艺术领域表现得更加明显，而且，这些学者甚至从生理解剖的角度为他们的论断找到了证据。

从人格特征看，研究者既探讨了一般意义上的人格，例如大五人格与创新行为的关系，部分研究揭示了外向性和经验的开放性与创新行为的正向关系[②]；也集中探讨了个别与创新行为相关性更高的特殊人格，例如，前摄性人格[③]和主动性人格[④]，一些学者甚至将创造性本身作为一种人格来研究[⑤]。总体

---

① 王忠诚、王耀德：《员工创新行为的概念厘定、测量及影响》，《技术经济与管理研究》2016年第4期；张惠琴、侯艳君：《基于知识图谱的国内员工创新行为研究综述》，《科技进步与对策》2017年第11期。

② Abdullah, I., et al., "A Literature Review on Personality, Creativity and Innovative Behavior," *International Review of Management and Marketing* 6 (2016): 177-182.

③ 屠兴勇：《批判性反思视角下前摄型人格对员工创新的影响》，《社会科学》2016年第10期。

④ 张振刚等：《主动性人格，知识分享与员工创新行为关系研究》，《管理评论》2016年第4期。

⑤ Gough, H.G., "A Creative Personality Scale for the Adjective Check List," *Journal of Personality and Social Psychology* 37 (1979): 1398-1405.

而言，人格作为传统的对人类行为的解释利器，在员工创新行为的解释力上保持着一如既往的高水准。

态度包括认知、情感和行为倾向三大要素，这三大要素与员工创新行为的关系是组织行为视角下员工创新行为研究的核心内容。具体而言，该因素中的变量包括但不限于创新自我效能、积极情绪和消极情绪、创新自我认同、工作投入以及创新期待等。

研究者认为除了上述心理能力以外，习得对创新行为同样有影响，但直接探讨两者关系的研究不多。阿马比尔在其著名的创造力成分理论中阐述了知识作为创造力迸发不可或缺成分的观点[①]，但后续研究通常是直接接纳了这一观点，或者通过证明组织内知识分享对员工创新行为的促进而间接证明这一观点[②]。De Stobbeleir 等阐明并验证了认知风格通过影响反馈搜寻行为从而影响员工创新的机制。[③]

早前的研究常常将员工创新行为视为员工个人的事情，很少从组织特别是组织环境的角度思考两者的关系，但近年来，研究者日益重视组织在员工创新行为方面的作用，因此涌现出大量相关研究。组织层前因大致可以分为组织硬环境与组织软环境，硬环境包括工作自主性与复杂程度等工作的特征[④]、报酬[⑤]、组织结构与战略[⑥]、技术等内容，软环境包括组织文化[⑦]、成员关系[⑧]以及领导[⑨]等内容。

从社会层面来看，研究者比较容易联想的前因是政府的宏观政策。一部分

---

① 特蕾莎·阿马比尔：《情境中的创造力》，刘艳、付晗晓译，四川人民出版社，2016。

② Yu, C., et al., "Knowledge Sharing, Organizational Climate, and Innovative Behavior: A Cross-level Analysis of Effects," *Social Behavior and Personality: An International Journal* 41 (2013): 143-156.

③ De Stobbeleir, K. E. M., et al., "Self-regulation of Creativity at Work: The Role of Feedback-seeking Behavior in Creative Performance," *Academy of Management Journal* 54 (2011): 811-831.

④ 陈浩：《工作要求与创新工作行为关系的研究》，《技术经济与管理研究》2011 年第 1 期。

⑤ 曾湘泉、周禹：《薪酬激励与创新行为关系的实证研究》，《中国人民大学学报》2008 年第 5 期。

⑥ Link, A. N., and Bozeman, B., "Innovative Behavior in Small-sized Firms," *Small Business Economics* 3 (1991): 179-184.

⑦ 杨晶照等：《组织文化类型对员工创新行为的作用机理研究》，《科研管理》2012 年第 9 期。

⑧ 孙锐等：《中国企业领导成员交换、团队成员交换，组织创新气氛与员工创新行为关系实证研究》，《管理工程学报》2009 年第 4 期。

⑨ 曲如杰等：《领导对员工创新影响的综述》，《管理评论》2012 年第 2 期。

研究者讨论了政府所提供的各种创新支持性政策或者支持性行为的作用，然而政府行为更多地体现为对企业或企业家创新行为的影响，[①] 其对雇员创新行为的影响绝大部分需要通过企业来传导，因此，相关研究数量不多，在员工创新行为研究中的影响力相对较小。随着员工工作半径的扩大，员工通过与外部社会的接触而导致创新行为改变的事实也被不断发现，同时，学科交叉研究变得更加普遍，社会学中的社会资本理论、社会网络理论等被引入员工创新行为研究，学者们开始从社会资本、社会联系、社会资源等角度理解社会因素对员工创新行为的影响。[②]

显然，在对于员工创新行为的影响上，尽管个体层、组织层和社会层因素都能发挥作用，但后两者的作用必须建立在改变个体层变量的基础上。因此，在员工创新行为发生的完整模型中，社会层与组织层的变量往往充当远端的前因变量，而个体层变量则可以作为社会层与组织层影响创新行为的中介因素存在。

五　员工创新行为与创新结果的关系

关于员工创新行为与创新结果关系的研究数量很少，这一现象在个体层的创新绩效以及组织层的技术进步或是其他创新结果方面惊人的一致。人们可能默认员工的创新行为终将带来员工创新绩效的提高，而员工的创新绩效汇聚一起，也总能带来组织层的新产品、新技术或新流程，因此，单纯讨论创新行为与创新结果的关系不具有明显的研究价值。然而，也有研究者发现，创新行为具有异质性，因此，他们开始对创新行为做出细分，讨论不同类型创新行为或者准创新行为对创新结果的影响，例如探索型行为、前摄行为、越轨创新行为等。

Zacher 等将员工工作行为分成了探索型行为和利用型行为（exploitation behavior）两种，前者代表对新事物具有开放性的行为，例如寻找新的工作可能、更新产品服务或流程；后者代表充分运用现有经验，对现有工作精益求精的行

① Zhang, Y., et al., "Impact of Environmental Regulations on Green Technological Innovative Behavior: An Empirical Study in China," *Journal of Cleaner Production* 188 (2018): 763-773.
② Valente, T. W., "Social Network Thresholds in the Diffusion of Innovations," *Social Networks* 18 (1996): 69-89.

为。表面上，探索型行为与创新行为有较大的相似度，利用型行为是创新行为的相对面，但这两种行为对员工自评的创新绩效都有正向影响，并且，当利用型行为多时，探索型行为对创新绩效的正向作用反而更明显。因此，利用型行为不可以简单解读为固守成见，它的作用更多地体现为集中力量干大事。①

前摄行为（proactive behavior）不仅有主动行为的含义，还有创新性的特征，其中的机会搜寻行为、创新领军行为、议题营销行为等与创新行为中的推广新想法、创意产品化等具有相似之处。相关研究已经证明，创新领军行为能促进创新方案的普及，议题营销行为能吸引决策者对创新方案的注意力，员工的前摄行为对团队或组织创新具有整体上的促进作用。②

越轨创新最早由 Knight 提出，Augsdorfer 在此基础上将越轨创新定义为员工主动发展一些有益于公司利益但又尚未得到公司支持的创新想法的行为。③越轨创新的特点在于其本身符合关于创新行为的三个内涵，但在创新的价值或者工作伦理上尚未得到组织肯定，因此，这种行为只能是员工私下进行的，是非常个体的行为。目前，研究者大多研究越轨创新的积极结果，重点讨论越轨创新的不公开特性，从延迟公开的优势角度，④ 对其作用的机理提出不同的看法，例如延迟公开可以提供积累证据的时间、避免实施未成熟创新的组织压力、避免资源限制以及避免陷入组织研发定式等。赵斌等关注的是越轨创新的主动特性，从自我需要的角度证明了在中国情境中，员工越轨创新行为是员工主动的要求，可以刺激员工主动投入，从而对员工的创新绩效产生积极影响。⑤

总体而言，无论是总括的直观性感受还是细分的定量研究，创新行为与创新结果之间的正向关系很少受到挑战，这说明为了寻找促进创新结果的手段，从个体层面的创新行为产生机制着手是合乎逻辑的。

---

① Zacher, H., et al., "Ambidextrous Leadership and Employees' Self-reported Innovative Performance: The Role of Exploration and Exploitation Behaviors," *The Journal of Creative Behavior* 50（2016）: 24-46.

② 徐建中、朱晓亚：《员工前摄行为对团队创新绩效的影响——一个跨层次研究》，《科学学与科学技术管理》2016 年第 11 期。

③ Augsdorfer, P., "Bootlegging and Path Dependency," *Research Policy* 34（2005）: 1-11.

④ Mainemelis, C., "Stealing Fire: Creative Deviance in the Evolution of New Ideas," *Academy of Management Review* 35（2010）: 558-578.

⑤ 赵斌等：《员工越轨创新行为与创新绩效关系机理研究》，《科技进步与对策》2020 年第 21 期。

第二章 创新行为的生态系统理论

随着对人类行为理解的加深和研究视域的扩大，人们对行为研究前因的关注点从最初的弗洛伊德精神分析视角转向皮亚杰的认知发展视角，再发展到当前的系统论视角，环境背景对人们行为的影响得到普遍认可，布朗芬布伦纳（Urie Bronfenbrenner）的生态系统理论是行为系统论中较有代表性的理论之一。

生态系统理论又被称为社会生态系统理论，由美国康奈尔大学人类发展和家庭研究系的心理学教授布朗芬布伦纳（1917～2005 年）提出。该理论最开始是关于人类发展的理论，关注的焦点是儿童成长的环境因素、儿童与环境之间以及环境与环境之间如何互动以影响儿童成长的过程与结果。由于人类的发展伴随和体现为人类行为的改变，人的发展也并不仅在儿童时期，而是一个跨越终生的过程，因此，一些学者开始用生态系统理论对人们的各种行为进行解释，并在理论的指引下设计对个体行为进行干预的方案。

员工创新行为是众多人类行为当中的一种，也符合人类行为的一般性规律，同样会受到环境背景的影响，可以通过分析员工所生存的环境系统来寻找员工创新行为的规律。因此，本书选择以生态系统理论为依据，对员工创新行为的内在机制进行探索。

本章将对生态系统理论的提出、主要内容、理论进展、理论评价以及员工创新行为的生态系统构成进行介绍。

值得注意的是，尽管我国已经有书籍和论文对生态系统理论进行了介绍，但生态系统理论自提出后一直处于不断完善的状态，学界对该理论的更新不够及时，导致即使是在生态系统应用较多的社会学研究中，人们对生态系统的了解也仅限于生态系统的五个层次。相关文献对五个层次的解释也莫衷一是，语焉不详，大大限制了生态系统理论可能的贡献。因此，本章将在对布朗芬布伦纳撰写的一系列高引文章、书籍进行梳理的基础上，对生态系统理论进行相对完整的介绍，然后，结合生态系统理论中的系统分层观点，对可能影响员工创新行为的环境系统进行简单描述。

第一节　生态系统理论

一　生态系统理论概况

（一）理论创始人与代表作品

布朗芬布伦纳是生态系统理论的提出者，他本科毕业于康奈尔大学，硕士毕业于哈佛大学，最后在密歇根大学获得了博士学位，在美国军方和大学都有过工作经历，终身从事心理学的教学、服务与研究工作。作为一个多产的学者，布朗芬布伦纳一生写作了超过 300 篇文章及图书章节以及 14 部著作；此外，他也是一位行动家，他发起的启智计划（Head Start Program）惠及数百万贫困儿童。[①] 他对生态系统理论的论述，有 10 篇（本）影响较大，引用数量较多，按照发表时间顺序，分别论述如下。

第一，《通向人类发展生态学的自然实验》（Toward an Experimental Ecology of Human Development）于 1977 年发表在《美国心理学家》（*American Psychologist*）杂志。该篇论文强调从研究过程的早期阶段开始，就使用严格设计的自然或人为实验来研究在整个生命周期内，人类有机体与其实际生活和成长的、不断变化的环境之间的逐步适应，指明环境既包括直接场景，又包括更宏大的、直接场景所嵌入的、正式与非正式的社会背景。此外，该论文还通过具体的研究实例对环境背景的系统性质进行了解释说明。

第二，《人类发展生态学：自然实验与设计》（*The Ecology of Human*

---

① Brendtro, L. K., "The Vision of Urie Bronfenbrenner: Adults Who Are Crazy about Kids," *Reclaiming Children and Youth* 15 (2006): 162-166.

Development： Experiments by Nature and Design）于 1979 年由哈佛大学出版社出版。在这本书中，布朗芬布伦纳比较完整地提出了人类发展生态学涉及的基本概念、命题与假设，按照谷歌学术统计的结果，该书是迄今为止，布朗芬布伦纳被引用最多的作品。

第三，《作为人类发展背景的家庭生态学：研究视角》（Ecology of the Family as a Context for Human Development：Research Perspectives）于 1986 年发表于《发展心理学》（*Developmental Psychology*）杂志。该篇论文是一篇关于外部环境对家庭功能影响的综述，内容涉及了遗传与家庭过程的交互，家庭与医院、幼儿园、学校、朋辈、社会网络、工作世界、社区等其他主要环境的联系，以及环境事件通过家庭内部过程对生命过程的影响。

第四，"生态系统理论"（Ecological Systems Theory）是出版于 1989 年的图书《儿童发展的六个理论：修订后的公式和当前的问题》（*Six Theories of Child Development： Revised Formulations and Current Issues*）中的一个章节。该章节介绍了生态范式、情境中发展的各种研究模型，生态学视角中的人的属性与情境的参数等内容。

第五，"人类发展的生态模式"（Ecological Models of Human Development）是出版于 1994 年的图书《国际教育百科全书》（*International Encyclopedia of Education*）中的章节。该文内容短小精悍，可视为生态系统理论的科普文章。文章简单介绍了 20 世纪 70~80 年代生态系统理论的普及情况、生态系统理论的两个命题、包括历时系统在内的五个生态系统、遗传在生态范式中的角色等内容。

第六，《在发展视角下重新定义先天与后天：一个生物生态学模型》（Nature-nurture Reconceptualized：A Bioecological Model）于 1994 年发表于《心理学评论》（*Psychological Review*）杂志。该篇论文通过三项采集自其他研究者的数据，采用经验证明的方式提出了生物生态学模型。这个模型最主要的贡献是对近端过程概念及其作用机理的阐述——作为遗传转为现实的推手，近端过程改变了人们对遗传决定作用的观念，也使人们对人与环境交互的理解进入生物层面。

第七，"时空发展生态学：一个未来的视角"（Developmental Ecology Through Space and Time：A Future Perspective）是美国心理学会于 1995 年出版的《检视情境中的生命：人类发展生态学视角》（*Examining Lives in Context： Perspectives on the*

Ecology of Human Development）一书中的章节。该篇文章对 PPCT 模型以及近端过程的相关实验、跨越代际的近端过程等内容做出了解释。

第八，"发展过程的生态"（The Ecology of Developmental Processes）是威利出版社 1998 年出版的图书《儿童心理学手册》（Handbook of Child Psychology）中的章节。其内容聚焦于自 1983 年布朗芬布伦纳与 Crouter 在《儿童心理学手册》的早前版本中发表关于人类发展研究的环境模型之后 10 年间，人类发展生态模型研究的相关成果与结论变化，同时，这篇文章再次介绍了生物生态模型。

第九，《使人成为人：人类发展的生物生态学观点》（Making Human Beings Human： Bioecological Perspectives on Human Development）出版于 2005 年，是布朗芬布伦纳在 Sage 出版社出版的论文集，该论文集囊括了从 20 世纪 40 年代以来与生物生态系统理论有关的经典论述，其中大部分是他本人的论著或者观点摘编，内容包括理论和实践建议两个方面。

第十，"人类发展的生物生态模型"（The Bioecological Model of Human Development）是在布朗芬布伦纳去世后出版的《儿童心理学手册：人类发展的理论模型》（Handbook of Child Psychology： Theoretical Models of Human Development）的章节，由他与 Morris 共同完成。作为布朗芬布伦纳最后的作品，这一章节是其论述生物生态系统理论最完备的文献，涵盖了从生物生态模型的命题、研究设计、发展中的人类特征、近端过程的机制、微观系统议题、时间以及理论的现实依据。

从布朗芬布伦纳的高引文献可以看出，布朗芬布伦纳是一个纯粹的、以儿童为主要研究对象的发展心理学家。他并无意于对成人的行为做出解释，但却揭示了人类行为，无论老幼，必然受到环境影响的核心规律。同时，他对个体特质、环境分层以及近端过程催化作用的独到分析也为解释成年人的行为提供了一个很好的研究框架。

（二）生态系统理论提出的三个契机

布朗芬布伦纳是在 20 世纪 70 年代提出的生态系统理论，理论的提出有三个契机。

第一个契机是布朗芬布伦纳对当时人类发展研究的主流方法非常不赞同。

当时在心理研究中，实验法是最主流的方法，然而那时候的实验法并不重视研究预设与实验室场景的吻合程度，所以尽管设计精巧，但实验室的场景对被试来说是不熟悉的、人为的以及短暂的，因此在实验室中的人类行为难免变形，所得出的结论也很难让人信服。此外，布朗芬布伦纳对于实验法将研究者的影响排除在外也不认可，他认为自然观察要比实验观察更加真实，如果研究者能够对被试感同身受，那么分析将更加全面和深入。同期，布朗芬布伦纳看到一家大型基金会在提供项目支持时要求申请者本身就是社会不公平的受害者，这一举措也增加了他对上述主张的信心。

第二个契机是布朗芬布伦纳的研究需要获得政府的资助。当时的政府迫切需要出台与儿童、青少年以及家庭相关的社会政策，然而，当时的政策制定缺乏理论指导，大部分关于少年儿童成长的研究集中在个体层面，这类研究可以很好地揭示行为的内在机理，但对于政策制定则很难有实质性帮助，因此，理论的缺乏和对理论的需求极大地激发了布朗芬布伦纳开发新理论的热情。

布朗芬布伦纳并没有凭空创造一个新理论，而是对已有理论进行了改进。受益于行为理论的进步，当时已经有一些学者开始使用一般系统理论来解释人类行为，一般系统理论虽然是从系统中的多个维度解释人类行为，超越了传统医学模式从精神和认知角度出发的解释思路，但其理论观点仍然存在若干短板，并受到批评，这就成为生态系统理论提出的第三个契机。对一般系统理论的批评主要集中在如下几点：只看到系统对个体的影响，忽视了个体的主体性、能动性与反思性；系统过于抽象、概念不够清晰，边界难以辨别；理论操作性不强，内容过于宽泛，无法用于特定场景；等等。[1] 因此，布朗芬布伦纳依据这些批评进行了理论改进，提出了自己的生态系统理论。

（三）生态系统理论的三个发展阶段

生态系统理论正式提出于 20 世纪 70 年代，但在理论提出后直至布朗芬布伦纳去世，他都一直在不断完善这个理论。通过对布朗芬布伦纳及其合作伙伴著述的梳理，可以发现生态系统理论的发展大致可以分为三个阶段，第一个阶段是 1973~1979 年，这个阶段以《人类发展生态学：自然实验与设计》的出

---

[1] Bronfenbrenner, U., *The Ecology of Human Development: Experiments by Nature and Design* (Cambridge: Harvard University Press, 1979), pp. 1-89.

版为终点。第二个阶段是 1980~1993 年，这个阶段可以被视为一个缓慢的过渡阶段，因为在这个阶段，布朗芬布伦纳主要提出了若干模型，例如社会地理模型、人-情境模型、过程-情境模型、人-过程-情境模型等，此外他也在这个阶段提出了行为研究的生态范式（ecological paradigm），不过这些模型和范式的提出并没有对理论进行改造，主要是对原理论进行了丰富和具体化。第三个阶段是 1994~2007 年，这个阶段最主要的贡献是将生态系统理论升级为生物生态系统理论，澄清了近端过程（proximal processes）的定义并确立了近端过程在生物生态系统理论（bioecological theory）中的中心地位。此外，在这个阶段，布朗芬布伦纳也提出了其理论体系中的最后一个模型——过程-人-情境-时间模型（PPCT）。

几乎可以说，布朗芬布伦纳终其一生都在不断丰富生态系统理论，这个理论也早已跳出心理学的范畴，成为包括心理学在内的，涉及社会学、管理学等多个学科的理论。

二　生态系统理论的演进

布朗芬布伦纳一生都在不断完善生态系统理论，正如前文所言，我们将其理论发展分成三个阶段。

（一）理论提出阶段

第一个阶段即提出阶段（1973~1979 年），这个阶段的主要学术贡献包括生态系统观念的形成、美国儿童发展基金会资助的若干生态实验研究成果以及生态系统理论的提出。

布朗芬布伦纳从社会变化对美国的儿童、青少年及其父母心理发展产生的负面影响中推论出社会阶层与种族对个人发展有重要作用，因而他认为在研究中不考虑环境，只是关注研究对象本身，也就是将人们发展的结果完全归结于自身是不对的。同时，他也认为当时对青少年的研究总是被安排在研究对象所不熟悉的环境中，研究对象面对陌生的环境和人时的表现并不能真实刻画他们的发展过程。布朗芬布伦纳认为造成这种研究范式错误的原因是当时缺乏一个以情境为个人发展核心影响因素的理论，因此，他在这一阶段的后期，在生态系统观的基础上对人类发展生态学、生态环境的嵌套结构、生态效度、生态实验进行了定义，总结了之前几年由美国儿童发展基金会资助的若干生态实验，提出了生态系统理论的 9 个命题，标志着生态系统理论的初步形成。需要注意的是，这一时期只是确立了生态系统理论的雏形，该理论与最后布朗芬布伦纳所称的生物生态系统理论在内容上仍有一定的区别。

这一时期的标志性文献有布朗芬布伦纳发表于 1977 年的《通向人类发展生态学的自然实验》[①] 以及发表于 1979 年的著作《人类发展生态学：自然实验与设计》。在这些文献中，布朗芬布伦纳旗帜鲜明地提出研究人类发展要将实验方法和自然主义进行融合，简单来说就是要在研究对象生活的真实场景中去进行研究，并对这一新的研究范式涉及的主要概念进行了界定。

第一，布朗芬布伦纳将人类发展生态学定义为一门研究发展中的人类有机体与其生活的、不断变化的直接环境之间在整个生命周期内的、渐进的、相互适应的科学，这一适应的过程受到单个直接环境、直接环境之间的关系以及直接环境嵌套其中的更大的社会环境的影响。

第二，布朗芬布伦纳对生态环境的结构做出了规定。他借鉴 Brim 将社会环境划分为微结构、中结构和宏结构的表述，提出生态环境是一组嵌套的系统安排，按照距离个体由近到远的顺序依次是微系统、中系统、外系统和宏系统。

其中，微系统（microsystem）是发展中的人与包含该人的即时场景（immediate settings）（如家庭、学校、工作场所等）之间的复杂关系。场景被定义为具有特定物理特征的场所，参与者在特定的时间内以特定的角色（例如，女儿、父母、教师、员工等）从事特定的活动，场景的基本元素包括地点、时间、身体特征、活动、参与者和角色等。布朗芬布伦纳特别强调了活动的概念，这里的活动不同于当时研究中的行为，不关注描述行为过程的实验量化指标，而是关注行为的内容，即不强调通过研究去了解怎么样，例如，行为的频率，而是要了解是什么，例如，发生了什么行为。

中系统（mesosystem）是个体存在于其中的多个微系统之间的相互关系，

---

① Bronfenbrenner, U., "Toward an Experimental Ecology of Human Development," *American Psychologist* 32 (1977): 513-523.

可以理解为微系统的系统。在生态系统理论发展的第一个阶段，布朗芬布伦纳并没有给予中系统特别的关注，在前述发表于 1977 年的论文中，他只是以一个 12 岁美国少年为例对中系统的构成进行了说明，对这个少年而言，他涉及的系统大致包括家庭、学校、同辈群体，如果这个少年还属于一些特殊群体，那么他的中系统中还可以出现教堂、营地或者工作场所等场景。

外系统（exosystem）是布朗芬布伦纳与 Brim 环境分类区别较大的一个内容，算是环境分层的一个创新。具体而言，外系统就是研究对象不在其中，但是又可以冲击研究对象所处场景，影响、限制甚至决定这个场景中的事件进程的正式或者非正式的社会结构。这些社会结构既可以是精心组织的，也可以是自发形成的，常见的社会结构如工作世界、社区、大众媒体、政府部门、商品和服务的分配、通信和交通设施，以及非正式的社会网络等。外系统与其他系统的最大区别在于它是不包括研究对象的。以一个大学教师为例，他不曾浏览过的网站、不曾加入的学术群体、不认识的新闻记者就属于他的外系统。很明显，外系统不与研究对象直接联系，其对个人的影响可能是轻微的，但在特殊的情况下，这些影响也可能是决定性的，例如一个人在不知情的情况下被拍照上传到网上，突然就火了，这就是外系统作用的证明。

宏系统（macrosystem）与前述系统最大的差别在于它不是一个具体的场景，而是诸如文化、亚文化等能够对社会造成结构性影响的宏大背景，宏系统影响个体行为与发展的方式比外系统更加隐晦，但由于其影响无处不在，会给人以潜移默化的影响，并给身居其中的每个人打下相似的烙印。宏系统的构成要素有些是直接的，例如法律、规章、制度等，但大部分宏系统的构成要素是间接的、非正式的和非明示的，存留于系统成员的思想之中，例如因风俗习惯、日常生活而形成的意识形态。

四大系统的基本构成与嵌套关系如图 2-1 所示。

第三，布朗芬布伦纳澄清了生态效度（ecological validity）的概念。在布朗芬布伦纳之前，有学者将生态效度理解为"如果一项调查是在自然环境中进行的，并且涉及日常生活中的对象和活动，那么它就被认为是生态有效的"[①]。尽

[①]　Bronfenbrenner, U., "Toward an Experimental Ecology of Human Development," *American Psychologist* 32 (1977): 513-531.

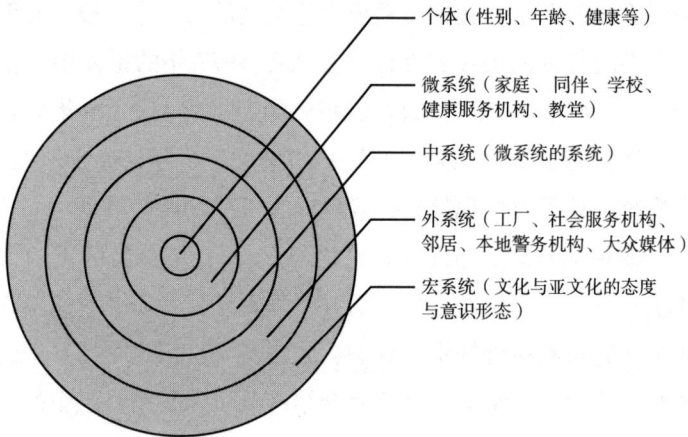

个体（性别、年龄、健康等）

微系统（家庭、同伴、学校、健康服务机构、教堂）

中系统（微系统的系统）

外系统（工厂、社会服务机构、邻居、本地警务机构、大众媒体）

宏系统（文化与亚文化的态度与意识形态）

图 2-1　四大系统的基本构成与嵌套关系

管布朗芬布伦纳赞同研究所处环境的特征会影响研究事件在这个环境中的进程，这种影响大到足以左右对研究发现的解释和泛化，但他对上述理解也是抱有怀疑的。因为，他认为这一理解暗含着对非自然状态下实验研究的全盘否定，也无条件地对任何只要是在自然场景中进行的研究都予以认可，而不管这个研究的其他方面是否恰当。因此，布朗芬布伦纳澄清了或者说是提出了自己对生态效度概念的定义。在他看来，生态效度是指受试者在科学研究（实验）中所经历的环境在多大程度上与研究者的假定相符。这里要注意两个问题，一是"经历"的含义不仅是指环境客观上是怎样的，还包括受试者主观上感知到的环境是怎样的；二是研究环境没有对错，不能认为实验场景就一定比真实场景的生态效度更差，判断是否生态有效主要看研究预设的场景和研究实际场景相符的程度，例如，如果要研究幼儿在陌生环境中与母亲的互动，由于有明确的研究预设，所以实验场景比真实场景的生态有效性更高。

　　第四，布朗芬布伦纳提出了生态实验（ecological experiment），并将其确立为生态系统理论研究的规范性方法。生态实验是通过人为操控的实验（注重随机分配）或自然实验（注重场景匹配）对两个或多个环境系统或其结构部分进行系统对比，来研究人与环境系统之间的渐进适应。从定义可以看出，布朗芬布伦纳既不排斥操控性实验，也不排斥自然实验。他认为，无论是操控性实验还是自然实验都是对兼具同质性和异质性的事物进行对比观察，这样能放大差异，便于研究者发现问题。他努力证明自然实验在某些情况下比操控性实验更客观和更便于精确地进行理论上的推导，但是他也承认自然实验法更加适合用于假设检验之前进行的以启发为目的的，对人与环境系统间适应关系的探索性研究。布朗芬布伦纳提出，如果研究是以探索为目的的，那么除非研究限定了同一时期只研究一个场景、一个变量以及一个对象，否则都不应该将任何可能属于环境系统的因素排除在研究之外。例如，按照当时实验研究的惯例，研究者对研究对象的影响是不会被考虑的，这种做法就不符合布朗芬布伦纳的规范。那么，通过生态实验究竟要揭示什么样的人与环境的相互关系呢？以生态系统理论为依据的研究的结论究竟与其他研究的结论有什么本质上的差别呢？布朗芬布伦纳指出，只有使用系统研究的语言，并且能够展示出环境结构以及环境结构的内部或者相互之间关系的依存性才是生态系统理论研究所追求的表达。

这一时期，在美国儿童发展基金会的资助下，研究者开展了多项生态实验，尽管这些实验的研究对象是少年儿童，但并不妨碍布朗芬布伦纳将生态系统理论表述为人类行为与发展的普适性理论。这个理论包括 9 个命题：其中命题 1~4 与微系统有关，命题 5~7 与中系统有关，命题 8 和命题 9 分别与外系统及宏系统有关。

命题 1：互惠准则（requirement of reciprocity）。生态实验必须允许互惠过程，而不是像传统的实验研究一样只是一个单向的影响，这意味着不仅要关注研究者对被研究者施加的影响，被研究者对研究者的影响也应当被考虑。

布朗芬布伦纳举了一个"母婴接触开始时间"对"母亲对待婴儿的行为"影响的研究案例来说明，如果只将母亲的行为改变归因于母婴接触开始的时间就没有考虑到婴儿与母亲的互动，以及这种互动也可能是母亲行为适应性改变的原因之一。

命题 2：实验场景中功能性社会系统完备性原则。生态实验必须分辨出在实验场景中运行着的社会系统，这个社会系统包括所有现场的参与者，不可排除研究者。这个命题在研究场景中包括多人时尤为重要，当有第三个人存在时，很难说清这个人不会对其他两个人同时产生影响。

命题 3：存在高阶影响。由于生态实验要求考虑完备的社会系统，所以在其研究场景中往往会多于两个人，也就会存在多个子系统，在这种情况下，就必须分析所有可能的子系统以及那些潜在的二阶或者高阶影响。所谓二阶或者高阶影响可以理解为一个子系统对另一个子系统的影响，布朗芬布伦纳举了很多例子来对其进行说明，其中一个是在婴儿养育中，如果父亲对母亲是支持性的，那么母亲在哺育时也会表现得更加积极。

命题4：重视物理环境。生态实验必须考虑到物理环境的各个方面，它们可能会对该环境中发生的社会过程产生间接影响。

命题5：场景可以相互作用。在传统的研究模型中，一次研究只会考虑在一个场景中的行为与发展，而不会考虑不同场景之间有可能存在相互作用。生态系统的研究方法需要考虑两个或更多的场景或其要素的联合影响。

命题6：涉及个人在多个环境中的生态实验需要考虑可能的子系统以及存在或可能存在的跨场景的高阶效应。命题6、命题5和命题3具有很大的相似性，它们的区别在于命题3所称的相互作用发生在一个场景中，而命题5所称的相互作用发生在不同场景中，命题6不仅包括命题3和命题5的内容，而且超越这两个命题，增加了跨场景的子系统高阶影响内容。

命题7：对生态转变（ecological transitions）保持敏感。生态转变是指对个体成熟或发展有重要作用的角色或场景的变化。生态转变具有两个属性。首先是终身性，这些转变并不局限于儿童时期，它们可以在人的一生中以各种形式反复出现。例如，对儿童而言，它可以是开始上学、妈妈生了弟弟妹妹；对于成人而言，它可以是找到一份工作、换了一间办公室。其次是整体性，在发生生态转变时，研究者首先看到的不是个人内部的变化，而是这个转变会给个人所处的整个生态带来哪些影响。

命题8：人类发展的生态系统研究不能只关心那些"研究对象身处其中的场景"，也要去研究正式或者不正式的可以影响"研究对象身处其中的场景"的更大的背景。这些背景即布朗芬布伦纳所说的外系统，他举了非常多外系统的例子，例如父母工作的要求、邻里特征、健康等社会福利、政府机构、学校和社区之间的关系、非正式社会网络、交通系统、执法实践、购物设施、通信手段、娱乐和社会生活模式，还有许多决定人们和谁在一起，如何生活的生态环境和事件，也明确表示当时的研究对外系统在人类行为与发展中的作用知之甚少，犹如一个"次大陆"。

命题9：关于人类发展生态的研究应安排对现有生态系统进行创新性重组

的实验。这种重组是通过重新定义目标、角色、行动，以及提供原来彼此分离的系统间的联系来实现的，应体现出意识形态以及社会结构的差异。布朗芬布伦纳提出这个命题的原因是他和苏联学者列昂捷夫（Leontiev）的讨论，列昂捷夫用一个比方表达了他对美苏两国科学家在研究人类发展时不同方向的理解——美国研究者总是在试图解释孩子们是怎么变成他们现在这样的，而苏联研究者则总是在探索孩子们如何才能变成他们还不是的样子。这场讨论启发了布朗芬布伦纳，在不同文化或者亚文化中，人们的信仰体系、思维模式、行为特点会呈现共性，因此，在生态系统研究中不可以忽略宏系统的影响。布朗芬布伦纳一贯信奉"如果想要理解一件事，就要尝试改变它"，然后观察结果，所以，他提出改变研究对象的宏系统才可以理解宏系统在整个生态中的作用。

显然，在第一个阶段，布朗芬布伦纳已经提出了生态系统理论的绝大部分思想，主体理论框架已经搭建完成，相比最终的理论，所欠缺的主要是对理论具体内容的详细解释以及生态系统随时间发生的变化，即时间子系统。布朗芬布伦纳在接下来的第二个阶段主要解决了对个体以及环境术语的具体解释问题，在第三个阶段则是对时间子系统进行了深入阐述。

（二）理论丰富阶段

理论丰富阶段在 1980~1993 年，这个阶段的主要贡献在于总结澄清了一些研究的具体模型与范式，以及修正了之前对部分概念的表述。

在这个阶段布朗芬布伦纳撰写了很多文章，其中最具代表性的文章是发表于 1986 年的《作为人类发展背景的家庭生态学：研究视角》。在该文章中，他总结出既往家庭过程研究中的三种生态系统模型——社会地理模型、过程-情境模型，以及人-过程-情境模型（后改为过程-人-情境模型），这三种模型属于三个连续的层次。① 从这些模型的演进路线可以发现布朗芬布伦纳认识中的两个跃进，一个是从更多地关注外在环境对人的影响跃进到将个人特质因素在整个生态系统中所扮演的角色视为整个生态的重要一环，另一个是突出了"过程"，也就是时间流逝的概念。在该阶段，布朗芬布伦纳也提到了另外几种模型，例如人-情境模型、历时模型以及生态范式等，下面按照模型复杂的

---

① Bronfenbrenner, U. , "Ecology of the Family as a Context for Human Development: Research Perspectives," *Developmental Psychology* 22 (1986): 723-742.

程度依次对该阶段主要的研究模型进行介绍。

1. 社会地理模型（social-address models）

社会地理模型是基于地理和社会区域的研究，通过比较研究生活在不同社会环境（阶层、国家、家庭结构等）中的儿童与成人的心理特征来说明环境标签的作用。这个模型在概念和操作层面都比较简单，因此，在当时被广泛使用。不过这个模型忽视了人的生物或心理特征，将人类行为与发展的前因全部归结为环境，有失公允，此外，该模型缺乏对环境、人物、行为的描述，也没有揭示环境影响行为与发展的过程。

2. 人-情境模型

布朗芬布伦纳意识到社会地理模型的局限后，往模型中增加了性别、生物条件等研究对象的个人特征，将人和情境的影响组合起来考虑，这就产生了第二种生态系统的研究范式——人-情境模型。尽管这个模型不再忽略情境中的人，但仍不能解决过程缺失的问题。所以，布朗芬布伦纳提出了第三种生态系统研究范式——过程-情境模型。

3. 过程-情境模型

过程-情境模型的改进体现在两个方面，第一，开始在模型中引入外系统，以说明研究对象不在其中的场景通过家庭过程对其行为与发展产生的影响，例如父母在工作场所的经历对家庭的影响。第二，过程-情境模型会对情境影响行为与发展的过程进行详细的描述，描述的内容不仅包括客观行为，也包括场景中相互作用的个体的信念与观点等主观心理状态。

4. 人-过程-情境模型

人-过程-情境模型在过程-情境模型的基础上添加了人的元素，这就打破了过程-情境模型的一个设定，即"不管这个家庭的成员有多么不同，也不考虑研究对象的差异性，特定外部环境对于每一个家庭的冲击是同样的"。在这个模型中，会出现三个元素，例如对中产阶级家庭儿童的研究，在其模型中就出现了儿童、母亲以及母亲的社交网络三个元素，研究的结果不再是儿童行为如何改变，而是母亲从社交网络中获得的社会支持如何改变，以及如何改变儿童的行为。

5. 历时模型（chronosystem models）

上述模型，都缺失了时间因素，而时间是与人类发展有关的、和环境同样重要的变量，因此，历时模型将人生中重要的事件或经历加入模型以研究时间因素对人发展的影响。值得注意的是，传统行为发展研究通常会用实际年龄来表示时间的概念，而历时模型中的时间概念不仅包括年龄意义上的时间，还包括通过事件、经历、转折等来表示的环境意义上的时间，而且后者是历时模型的重点。具体而言，重要事件或经历可以是外在环境引起的，如上学、父母离异、更多兄弟姐妹出生，也可以是个体生理的发展，如进入青春期、罹患疾病；可以是常规的，也可以是非常规的。这些经历共同的特征是它们会改变人与环境的现存关系，因此创造出可能带来内在发展的动力。

时间因素的引入使环境与人的距离发生动态变化，一些场景会随着个体的成长有规律地依次出现在他们身边。基于特定环境出现于生命周期中的顺序，Vélez-Agosto 等绘制了包含时间因素的生态系统理论图示——时间视角螺旋模型（见图 2-2）。[①]

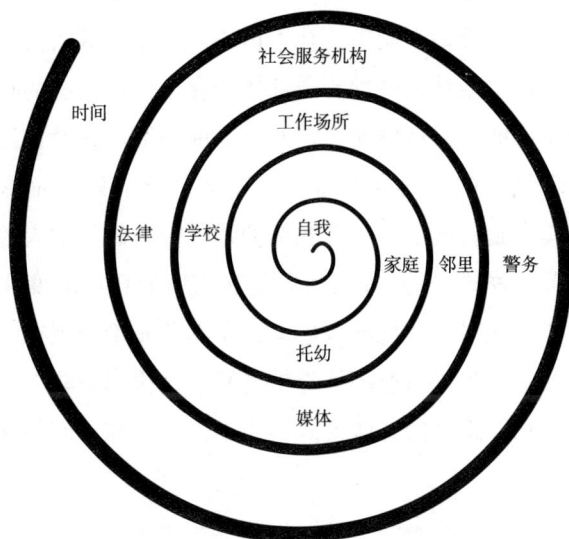

图 2-2 时间视角螺旋模型

① Vélez-Agosto, N. M., et al., "Bronfenbrenner's Bioecological Theory Revision: Moving Culture from the Macro into the Micro," *Perspectives on Psychological Science* 12（2017）: 900-910.

6. 生态范式（ecological paradigm）

布朗芬布伦纳在总结了诸多研究范式之后，于 1993 年提出了生态范式。[①] 在生态范式中，发展是一个人与那些在其所处的直接环境中与其有面对面互动的人之间的长期互动的函数。按照生态范式，研究需要同时包括个人和环境的特征。

在生态范式中，布朗芬布伦纳提出有一种特征对发展的影响比一般特征更大，这种特征至少具备以下两点中的一点：第一，在发展中的作用方向不确定，但存在环境明显鼓励或阻止的反应，例如爱哭或者爱笑；第二，涉及主动性或与环境互动的特征，例如孩子总是主动发起或保持与父母的互动。由于这个特征具有环境敏感性，因此被命名为"激发性特征"。布朗芬布伦纳对激发性特征作用更大的原因做出了解释：由于环境对激发性特征非常敏感，当激发性特征在特定的环境中随着时间的推移而开始显现后，就很容易引发持续的环境反馈，这种反馈会逐步积累，其对发展的影响力也会随着这种积累越来越大。

该阶段的第二个贡献是修正了部分概念的表述，布朗芬布伦纳对个体、微系统以及宏系统的表达都做了调整。在个体方面，布朗芬布伦纳强调了个体作为生物有机体的心理复杂性，这种复杂性体现在个体所具有的独特的、与进化相关的、动态的思维能力、情感能力以及行为能力上。这就使得在微系统的定义中也需要强化环境中的人的这个特点，即微系统不只是简单场景和人的关系，更是在包含具有独特气质、个性和信仰系统特征的其他人的特定环境中面对面体验的人际关系模式。[②] 这些关系会随着人所处环境的变化而改变，可以影响人的心理功能。在对宏系统的表述上，布朗芬布伦纳则在文化、亚文化之外增加了社会阶层、种族或宗教团体等扩展社会结构的影响，并将宏系统理解为微系统、中系统和外系统的总体模式，而不是一个和它们并列的系统。

[①] Bronfenbrenner, U., "The Ecology of Cognitive Development: Research Models and Fugitive Findings," in Wozniak, R., and Fischer, K., eds., *Development in Context: Acting and Thinking Inspecific Environments* (Hillsdale: Erlbaum, 1993), pp.3-44.

[②] 在理论提出阶段，布朗芬布伦纳只是提出了若干命题，指出了在生态系统中存在微系统这个层次，但没有声明微系统组成人员在人性和社会性方面的特点是微系统作用机制中的关键因素；而在理论丰富阶段，他用"具有独特气质……特征"来强调微系统组成人员具有不同的生物、行为等方面的属性，用"面对面体验的人际关系"来强调个体与其微系统组成人员是在人际交往中体验到这些属性的不同和走向不同的发展结果，用人-过程-情境模型描述系统的作用机制。

（三）生物生态系统阶段

布朗芬布伦纳生态系统理论的第三个阶段起于 1994 年，以其 2007 年的最后一项成果"人类发展的生物生态模型"为终点。由于布朗芬布伦纳终其一生都在不断完善自己的理论，很难说 2007 年的模型就是他认可的最终理论形态，因此本书用"生物生态系统阶段"而不是"理论完成阶段"来称呼这一理论阶段。

本阶段主要的贡献是提出了生物生态模型以及通过往之前模型中加入时间变量，从而发展出 PPCT 模型。

1. 生物生态模型

布朗芬布伦纳提出，生物生态模型是一个不断发展的关于人类发展的理论系统，该系统包括过程、人、情境、时间四个要素，它们同时影响人的发展，而且这些影响协同起来发挥作用，并非作用的简单加总。[①]

顾名思义，生物生态模型与生态模型的区别在于一个包含生物因素而另一个没有。确切地说，这里的生物因素在布朗芬布伦纳看来是遗传层次上的，整个生物生态模型坚持遗传物质并不决定最终的状态，必须与环境经历相互作用后才能决定人的发展结果。[②]

布朗芬布伦纳绘制了一个示意图来说明，并通过实证证明了他的生物生态模型。在他的研究中，最初的因素是父母的表现，本质是遗传，可以用父母的成就来表示，结果无论好环境还是坏环境，孩子们的成就都有高低之分，并且与父母的成就有关，但成就最高的是那些身处良好环境的孩子，而成就最低的则是那些身处恶劣环境的孩子。这就说明了遗传并不能决定最终结果，而是要和环境交互。需要说明的是，由于布朗芬布伦纳是发展心理学家，他的大部分研究是以儿童和青少年为研究对象，但这并不说明他的理论只适用于孩子。实际上，有相当多研究成人行为解释与干预的学者也是布朗芬布伦纳生态系统理

---

① Bronfenbrenner, U. , Morris, P. A. , "The Bioecological Model of Human Development," in Lerner, R. , and Damon, W. , eds. , *Handbook of Child Psychology: Theoretical Models of Human Development* (New York: Wiley, 2007), pp. 793-828.

② Bronfenbrenner, U. , and Ceci, S. J. , "Nature-nuture Reconceptualized in Developmental Perspective: A Bioecological Model," *Psychological Review* 101 (1994): 568-586.

论的拥护者。[①]

2. 过程-人-情境-时间模型

为了完整地描述生物生态系统，布朗芬布伦纳提出了过程-人-情境-时间模型，即 PPCT 模型。其中的第一个 P 是指过程，第二个 P 是指人的特征，C是指情境，T 是指时间。尽管模型中的四个因素在前两个阶段的理论中都有出现，但它们在 PPCT 中具有一些不同以往的内涵。例如，这里的第一个 P 不仅仅是过程，而是特指近端过程；这里的第二个 P 所指代的人的特征不仅是发展的结果，也是发展的前因；这里的 T 也不仅是生理发育的时间概念，或者是个人的人生重要转折，还包括重大的历史事件。

第一个要素是近端过程（proximal processes）。在生物生态系统理论中，遗传与环境的交互贯穿人的一生，人在与其所在环境中的人、物体甚至符号进行交互的过程中实现发展，在这个过程中，人的生物心理水平不断进化，他们与环境的交互过程也日益复杂。在这些所有的交互过程中，布朗芬布伦纳认为只有那种在足够长的一段时间内有规律发生的交互才最有效果，因为这样的过程才可以调动和维持人们的注意力，促使其略微超越当前的界限，发现微妙的关系，积累和提炼知识，所以，他将那些在当前环境中持久的交互过程命名为"近端过程"，并指出近端过程最重要的功能在于将遗传特征转化为现实特征，激发遗传潜力，提高发展效能。

然而，布朗芬布伦纳也认识到近端过程虽然是人类发展的引擎，却不是永动机，它需要动力来源。发展中的人的特质、过程发生的当前或者远期的环境以及发展结果的本质是近端过程的三大动力来源，它们联合发生作用。

在近端过程的作用机制上，布朗芬布伦纳提出了促进和缓冲两种机制，它们在不同的情境中发挥作用。具体而言，在更稳定和有利于发展的情境中，近端过程的促进机制起主要作用，在不稳定和不利于发展的环境中，近端过程则会对阻碍发育的因素起到避免或缓冲的作用。[②]

---

① 卓彩琴：《生态系统理论在社会工作领域的发展脉络及展望》，《江海学刊》2013 年第 3 期。

② Bronfenbrenner, U., and Ceci, S. J., "Nature-nuture Reconceptualized in Developmental Perspective: A Bioecological Model," *Psychological Review* 101 (1994): 568–586.

在近端过程的主导力量上，布朗芬布伦纳也给出了自己的见解。他认为，近端过程不只发生在人与人之间，也可以发生在人与事物或者符号之间。如果人们是在单独行动，那他就只是接触事物或符号而不会有人际互动，此时，他自己的禀赋、能力与资源对近端过程的方向和力量的影响就要比人际互动更大；然而，单独行动的情况是很少见的，所以布朗芬布伦纳更重视人际互动在近端过程中的作用。

总之，近端过程是生物生态系统理论的核心概念，是人类发展的驱动力，近端过程概念的提出是生物生态模型对一般生态模型的改进之一。

第二个要素是人的特征（person characteristics）。布朗芬布伦纳认为人的特征包括三个项目。[①]

首先是力量特征（characteristic of force），即那些影响近端过程方向的个人特征，分为建设性力量和破坏性力量。建设性力量是那些激发或者维持近端过程的力量，包括好奇、主动、投入、响应他人的倡议、延迟满足等具有主动意味的特征。破坏性力量则是阻碍或中断近端过程的力量，例如冲动、狂暴、不专注、不愿延迟满足、侵略、暴力等具有极端性的特征。

其次是资源特征（resource characteristics），即那些影响个体参与近端过程有效性的能力特征，分为促进性资源和限制性资源。促进性资源包括能力、知识、技能以及经验；限制性资源包括基因缺陷、低出生重量、身体残疾、严重或持续性疾病或脑功能受损等。

最后是需求特征（demand characteristics），即那些直观上就容易被发现的，可以引起或阻碍环境反应，影响近端过程建立方式的个体特征。常见个体特征有不安定或平和的气质、漂亮或不漂亮的外表、多动或被动、年龄、性别、肤色等。

第三个要素是情境。这一时期，布朗芬布伦纳没有对情境做过多的改进，不过他明确表示近端过程一定是发生在微系统中的。

第四个要素是时间。在 PPCT 模型中，时间被划分为三个层次，分别是微

① Bronfenbrenner, U., and Morris, P. A., "The Bioecological Model of Human Development," in Lener, R., and Damon, W., eds., *Handbook of Child Psychology: Theoretical Models of Human Development* (New York: Wiley, 2006), pp. 793-828.

时间、中时间和宏时间。微时间是指近端过程中正在发生的事件的连续性和不连续性。中时间是指这些事件在一段时间中发生的频率。宏时间聚焦于在更大的社会中变化的期望和事件，这些变化可能是在一代人中发生的也可能是跨越代际的。布朗芬布伦纳强调理解时间概念需要注意五项原则。第一，时间因素不仅包括生理上的时间，还包括更广阔环境中的历史时间，研究事件发生的时间和地点要具备历史观。个体的生命历程由其所经历的大时代和历史形塑，并嵌入在内，这一对时间的重新解读使生物生态系统理论与第二个阶段提出的历时模型区别开来。第二，事件发生的生理时间是转折事件对个体行为发展产生影响的关键变量，例如早婚和晚婚对行为的影响不同。第三，生命具有关联性，历史时间对个体行为发展的影响还将通过生命联系网络实现。例如，家庭成员经历同样的历史事件，这个事件一方面会对个体产生独立性的影响，另一方面也会对其他家庭成员产生影响，并进一步通过家庭成员之间的互动对个体产生联系性的影响。第四，人类在时间系统中具有主动性，个体在历史和社会环境的机会和约束下，可以通过选择和行动来构建自己的生命历程。第五，生物生态模型的四个要素的变化不仅是历史变化的产物，还是历史变化的创造者。

三 生态系统理论的内容

正如前文所言，生态系统理论一直在不断发展，但该理论的基本观点并未发生根本性变化，后期的理论发展更多的是对原有概念、机制、内容的补充。下面，本书对生态系统理论的基本内容进行简单归纳。

（一）领域归属

生态系统理论的提出者布朗芬布伦纳是发展心理学家，他毕生致力于儿童发展，尤其关注家庭议题。同时，他还特别关注用儿童研究的结果来指导儿童政策的制定。他的生态系统理论中的诸多一般性观点脱胎于终生心理学（life-span psychology）、文化心理学（cultural psychology）、情境交互整体论（contextual-interactive holism）等人类发展学说。该理论以包括个体层与群体层的人类的生物心理特质的连续性或变化性现象为研究对象，观察时间跨越人的一生、跨越不同代际、跨越历史时期。因此，布朗芬布伦纳将生态系统理论的领域归属确定为人类发展科学。

（二）主要概念

1. 生态系统

生态系统理论中最主要也最普遍的概念是生态系统。布朗芬布伦纳生态系统理论完整意义上的生态系统包括五大系统，分别是微系统、中系统、外系统、宏系统以及历时系统。需要澄清的是，尽管很多研究用同心圆来表示系统间的关系，但这五个系统并非一般理解的，如同洋葱切面一般逐层包含的关系。在生态系统的最内层，是非系统的个体遗传特质，个体处于由微系统和宏系统所包裹的广义环境之中，其中的微系统是指"在包含具有独特气质、个性和信仰系统特征的其他人的特定环境中面对面体验的人际关系模式"[①]，宏系统是指"特定文化、亚文化或其他扩展社会结构（社会阶层、种族或宗教团体等具有类似信仰体系、社会和经济资源、危险、生活方式等的群体）的微系统、中系统和外系统的总体模式"[②]。历时系统并不是与各子系统并列的系统，而是反映其他子系统随个体生理时间以及历史进程而不断改变的事实，其作用是强调在研究中要考虑生态系统的变动性。尽管中系统必须通过多个微系统才能体现自己的存在，但中系统与微系统并不是包含与被包含的关系，中系统只是用来说明微系统之间具有相互作用。而外系统与系统最内层的个体没有直接联系，系统最内层的个体不在外系统所代表的环境中，只有那些系统最内层个体不在，但系统最内层个体所处微系统中的其他人在的微系统才被归于外系统。因此，外系统只是用来强调，即使系统最内层个体未直接进入的环境，也有可能通过有密切关系的其他人对这个个体产生影响。

2. 高阶效应（higher-order effects）

在布朗芬布伦纳的生态系统理论中，所有的关联都被考虑。因此，当一个具体场景中超过两个人时，就会产生高阶效应，即影响的影响。例如，场景中

[①] Bronfenbrenner, U., "Ecological Systems Theory," in Vasta, R., ed., *Annals of Child Development* (Greenwich: JAI Press, 1989), pp. 187-249.

[②] Bronfenbrenner, U., "The Ecology of Cognitive Development: Research Models and Fugitive Findings," in Wozniak, R., and Fischer, K., eds., *Development in Context: Acting and Thinking Inspecific Environments* (Hillsdale: Erlbaum, 1993), pp. 3-44.

存在 A、B、C 三个人，那么 C 对 B 产生影响后，B 对 A 的影响中就不仅包括 B 对 A 的直接影响，还会增加 C 通过 B 对 A 产生的间接影响，这个间接的影响就是二阶效应。当场景中存在人数超过三个时，就会出现更高阶的效应。

3. 近端过程（proximal process）

近端过程是"主动进化的具有生物心理特征的人类有机体……与其所在直接环境的持久的相互作用形式"[1]。近端过程是生态系统理论最后一个阶段提出的概念，这时，布朗芬布伦纳不再单方面强调环境背景的作用，也开始注意到人先天上的不同以及人的主观能动性。因此，他提出近端过程用以描述不同的遗传如何被环境所选择或放弃，近端过程如何链接了个人非遗传的特征，例如能力、个性、外表等与后天发展间的关系。

4. 激发性特征（instigative characteristics）

激发性特征是那些环境表达出明显鼓励或反感倾向性的反应，以及与主动性取向或与环境互动有关的特征。布朗芬布伦纳特别强调，激发性特征不以对个体心理发育的作用方向为判断标准，也就是说，激发性特征有可能是促进心理发育的，但也可能是破坏心理发育的。例如不哭不闹、情绪稳定是环境所喜爱的，但这种特征对心理发育的作用方向并不明确，既有可能导致个体受到环境的欢迎从而给他带来更多支持性的互动经验，也有可能导致个体被环境所忽略，从而丧失发展的机会。

5. 遗传

生态系统理论发展到生物生态系统理论阶段时，布朗芬布伦纳开始吸收生物学的一些观点，但在研究表现上，他的研究与细胞级的生物学研究仍然存在很大的不同。尽管布朗芬布伦纳在文章中多次使用 heritability、gene 及其衍生词等生物学名词，但也许是受当时研究条件或学科发展的限制，他只是用诸如母亲的受教育程度来推论研究对象的智力遗传，而使用这样的指标进行遗传测量容易引起争议。

---

[1] Bronfenbrenner, U., "The Ecology of Cognitive Development: Research Models and Fugitive Findings," in Wozniak, R., and Fischer, K., eds., *Development in Context: Acting and Thinking Inspecific Environments* (Hillsdale: Erlbaum, 1993), pp. 3-44.

（三）研究范式

布朗芬布伦纳在研究上非常重视方法的科学性，认为正确的研究范式才能得出正确的研究结论，因此，布朗芬布伦纳花费了大量笔墨来描述他主张的研究范式。这个研究范式的特别之处主要体现为布朗芬布伦纳对如何设计生态实验、如何判断一个实验的生态效度，以及采用什么样的模型来进行分析的规定。他所规定的研究范式与当时人类发展研究的其他范式的区别也应当视为生态系统理论重要的组成部分。

1. 生态实验

布朗芬布伦纳对当时人类发展研究的实验方法提出了批评，他认为要揭示人类发展的真相必须采用生态实验的方法，而不是通过实验室研究就可以万事大吉。生态实验应当具备如下属性：首先，要承认互惠性，即场景中个体间可以相互作用；其次，尽可能的完备性，即生态实验应尽可能地体现出个体的微系统、中系统、外系统、宏系统以及历时系统以及物理环境内部的复杂关系。

2. 生态效度

生态实验设计的好坏可以用生态效度的高低来衡量。生态效度是指受试者在科学研究（实验）中所经历的环境（包括客观经历的环境和主观对经历环境的感知）在多大程度上与研究者的假定相符。简单理解，生态就是实验场景对于场景实质主客观性质的还原度。根据这个定义，就不能简单地通过区别一个研究采取的是实验室研究还是自然研究的方法来判断这个研究的生态有效性。

3. 生物生态模型

布朗芬布伦纳提出用生物生态模型来分析人的发展。生物生态模型是一个不断发展的关于人类发展的理论系统，该系统包括过程、人、情境、时间四个要素，它们同时影响人的发展，而且这些影响协同起来发挥作用，并非作用的简单加总。[①] 研究需要包括个体和环境两方面的特征，以体现人的主观能动

---

① Bronfenbrenner, U., and Morris, P. A., "The Bioecological Model of Human Development," in Lerner, R., and Damon, W., eds., *Handbook of Child Psychology: Theoretical Models of Human Development* (New York: Wiley, 2007), pp. 793-828.

性，刻画人与环境的相互作用。

布朗芬布伦纳通过生态实验、生态效度以及生物生态模型为广大研究者提供了一个生态研究的范式。但也要看到，生态系统理论具有宏大的理论框架，生态范式面面俱到，理论要求完美。然而，即使是布朗芬布伦纳本人也从未在一次生态实验中完全呈现生态系统理论的全部内容和展现包含过程、人、情境、时间的全部要素的生态模型。

（四）主要观点

布朗芬布伦纳生态系统理论的观点散见于他的多项论著中，通过对生态系统理论相关文献进行整理，本书尝试总结了生态系统理论的主要观点。考虑到布朗芬布伦纳是一个勤学敏思而又多产的学者，本书承认下列的观点总结存在不全面的可能。

和大部分对生态系统理论的介绍不同，本书绘制了一个类似哑铃的模型而非同心圆模型来表达生态系统理论的主要观点。模型如图 2-3 所示。

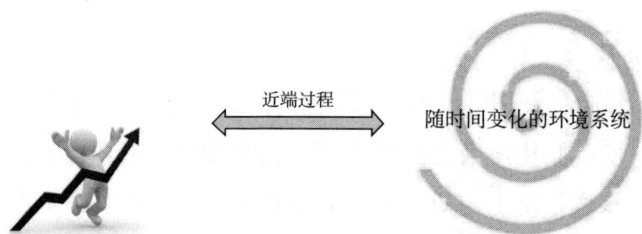

图 2-3　生态系统理论模型

哑铃的左侧代表个体的发展，右侧代表影响个体发展的环境系统，中间通过双向箭头的近端过程连接。环境系统用螺旋表示，一方面意味着环境系统中的微系统、中系统、外系统和宏系统与环境中的个体的距离存在差异，另一方面意味着一些特定的系统会随着个体生命的伸展以及社会历史变迁而有规律地依次出现，还意味着微系统间彼此交错，相互影响。近端过程用双向箭头表示，意味着个体与环境之间存在互动，尽管环境对个体行为与发展的影响深远，但个体也通过近端过程，改变个体与环境互动的模式，近端过程也是使遗传变为现实的途径。

四　对生态系统理论的评价

生态系统理论不是凭空提出的，本身建立在心理学家勒温的场论、教育学家维果茨基文化历史发展理论、社会学家托马斯的托马斯公理等多个被普遍认可的理论基础之上，这奠定了生态系统理论科学性的基调。同时，布朗芬布伦纳终其一生，不仅自己操作各种实验，而且引用大量他人的研究案例，对生态系统理论做出说明和进行科学性论证，撰写了大量文稿对生态系统理论进行宣传。

受理论创始人布朗芬布伦纳研究领域的限制，他本人对理论的阐释和推广局限在儿童发展领域，然而随着这一理论的影响力在儿童发展领域的不断扩大，其他领域的学者也开始吸收和应用生态系统理论，生态系统理论被不同领域的研究与实践所证明，影响力日益扩大。

国内外的研究尽管存在差异，但大体来说具有相同的趋势。因此，本书通过中国本土研究对生态系统理论的学术影响做一个大致评估。

以"生态系统理论"为关键词在中国知网进行搜索，进一步将研究的主题限制在生态系统理论时，截至 2022 年 1 月，共检索到文献 383 篇，文章发表年度趋势如图 2-4 所示。

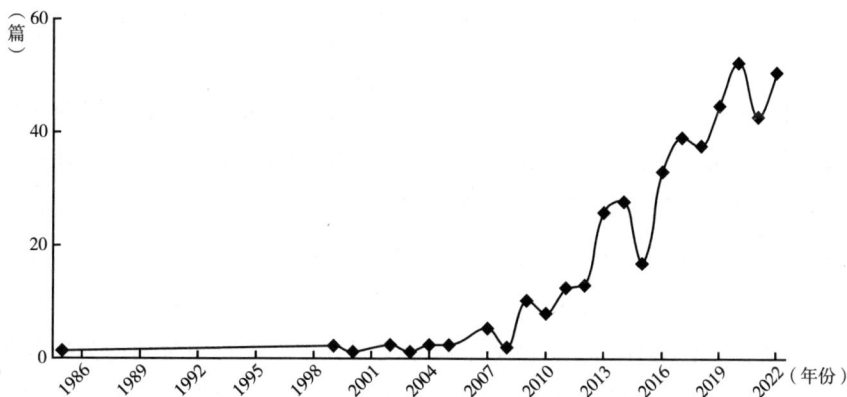

图 2-4　中国知网生态系统理论文献发表趋势

我们进一步审查了这些论文的学科分类，发现这些文献广泛分布在多个学科之中，具体如图2-5所示。从学科大类来看，教育学是生态系统理论得到应用的主要学科，其中包含的学前教育、中等教育、高等教育、职业教育以及成人教育与特殊教育等各年龄段的单项学科，均有较高占比，这一特征符合生态系统理论最初的定位。

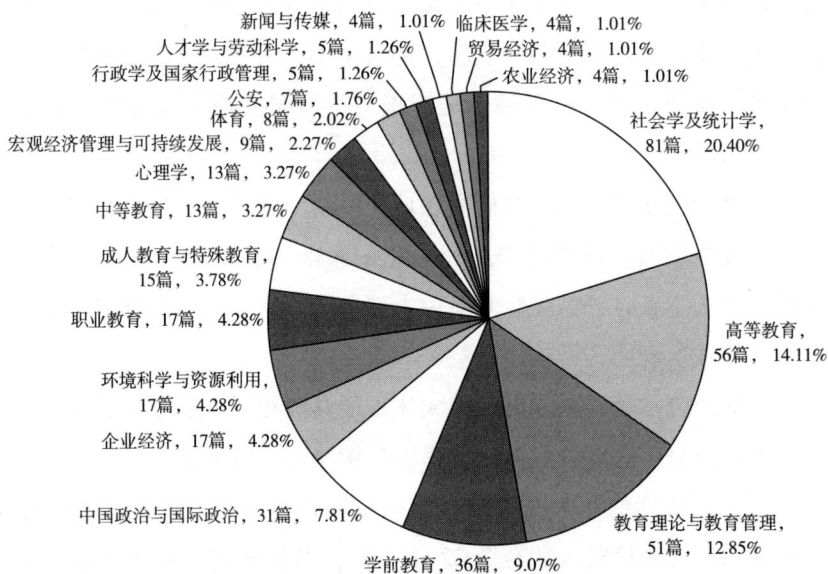

图 2-5　中国知网生态系统理论文献学科分布

注：对跨学科研究，分别计入所跨学科，将导致总篇目数超过检索到的文献数。

然而，从这张图中，我们也发现了一些有趣的现象。首先，越来越多的社会学研究开始将生态系统理论作为指导理论，社会学及统计学成为占比最大的单项学科，其比重甚至超过了20.00%，这一特征归功于社会工作研究对生态系统理论的大力推广。其次，在政治学及相关学科的研究中也开始引入生态视角，占比达到10.83%。再次，经济、管理特别是人才管理类学科也开始关注生态系统理论，但总体而言，在人才科学的研究中以生态系统理论为指导的情况还不普遍。最后，尽管创始人布朗芬布伦纳的研究局限在儿童领域，但在中国，这一理论的影响早已超越儿童研究。在教育大类中，涉及生态系统理论的高等教育类研究（14.11%）占比超过了学前教育（9.07%），若再将职业教育

（4.28%）、成人教育与特殊教育（3.78%）、人才学与劳动科学（1.26%）等以成年人为研究对象的单项学科纳入比较范围，可以更清楚地看出，生态系统理论在以成年人为对象的研究中的应用远大于在以儿童为对象的研究中的应用。

因此，从中国的研究概况看，我们可以说，生态系统理论的研究已经跳出了儿童发展领域，成为对社会学、教育学、政治学、心理学、经济学、管理学等多个学科具有广泛影响的指导理论。而且，该理论相关文献发表数量的趋势总体向上，这些文献的增加有助于更多中国学者接触并了解生态系统理论。我们有理由相信，生态系统理论的影响力在未来的几年中，还有上升的空间。

当然，生态系统理论也存在一定的局限性。首先，生态系统理论对人的主观能动性的重视程度仍然不高。尽管布朗芬布伦纳在生物生态系统中增加了有关遗传的内容，也用少量文字指出了人的主动性能在一定程度上改变环境对人施加影响的程度，但整个理论明显突出的是环境的强势作用。其次，生态系统理论的部分议题可操作性较差。例如如何用定量的方式测量微观的子系统与子系统的关系？如何有效区分"个体自身的微系统"和"与个体有亲密关系的其他人的微系统"，即"个体的外系统"对个体的影响？文化的独立影响如何体现？这些在操作上有难度。

五　生态系统理论解释创新行为的适用性

布朗芬布伦纳提出生态系统理论的初衷是解释儿童的发展，但后来的研究者发现，生态系统理论的解释力远远不止适用于儿童的发展，也可用于解释成人的发展，例如解释成年教师心理韧性的发展过程[1]，甚至对处于生命后期的农村老年人，生态系统理论也可以解释他们为什么将体育锻炼视为"可有可无"的事情，很少参与对疾病预防和健康促进有诸多好处的运动[2]。

---

[1]　张世娇、王晓莉：《教师韧性研究的新视角：社会生态系统理论》，《教师教育研究》2017年第6期。

[2]　毛占洋：《生态系统理论视域下我国农村老年人体育锻炼影响因素分析》，《山东体育科技》2014年第3期。

行为与发展是不可分割的，行为的改变是个人发展结果的重要体现方式。因此，生态系统理论具备了对创新行为做出解释的逻辑可能。加之创新对中国经济社会发展的重要意义以及政府层面对把握创新规律的高度重视，中国学者研究创新的热情受到了极大激发，他们尝试用多种理论，从多种角度对创新活动进行解释和预测，其中就包括生态系统理论。

从创新行为的微观层面，一些学者看到了生态系统理论与个体，例如与大学生的创新创业能力具有较强的关联性："首先，二者的内容体系相契合。环境系统各层面都能对个体发展产生重要影响，大学生创新创业环境不仅包括大学生周围的环境，还包括影响大学生创新创业的文化环境和社会环境。其次，两者目标一致，都是以促进人的全面发展为目标……第三，两者的学科基础具有一定的相似性，即都与社会学理论相关。"创新创业典型高校在微系统、中系统、外系统、宏系统等四个子系统上的表现都优于一般高校，在微系统上的优势更是显著高于一般高校。①

也有一些学者论证了生态系统对于数字用户创业的重要意义，无论是供给端还是需求端的数字用户，都可能成为数字平台的创业者或者创新来源。例如，供给端用户通过积极参与互动，发现商机和进行创业活动，需求端用户在使用数字平台时留下痕迹，甚至上传作品，参与数字产品的创造过程。数字基础设施、社会的正式与非正式制度、融资环境以及人才环境、专业服务机构等组成了数字用户创新创业的基础环境，这个环境在网络信任、信息与知识分享机制以及主体协同性方面有所不同，从而带来了平台数字用户创新的繁荣或凋零。②

从创新行为的中观层面，一些学者看到了组织创新的范式开始由线性创新向有机创新生态系统转变。这种范式的转变包括以下三个方面。

一是创新主体的转变，在生态范式下，创新主体不再是只包括企业（组织）的单核心，而是包括组织、供应商、分销商、用户等的多核心，例如，赵放和曾国屏提出了中心生态的概念，其中的中心生态就不仅仅有创新型企

---

① 苏新华、陈为德：《基于生态系统理论的大学生创新创业培育环境优化探析》，《理论导刊》2019 年第 9 期。

② 刘志铭、邹文：《数字创业生态系统：理论框架与政策思考》，《广东社会科学》2020 年第 4 期。

业，也包括研究型高校、科研机构以及政府部门等主体。①

二是对创新生态过程的重视，学者开始分析系统发展过程中的动态演化，强调研究、开发和引用三大群落均衡协同，提倡对系统进行纵向审查。这种动态性分析体现在对个体成长的动态性、成员交互的动态性以及系统提升的动态性三个层面。个体成长的动态性指的是企业通过资源积累、技术研发提升核心竞争力，抢占生态位。② 成员交互的动态性指的是两个或多个系统成员合作关系的建立、放弃、再建立以及彼此的合作活动。系统提升的动态性是指创新生态系统在动态演化中不断积累基础信息、知识与技术，系统成员不断增加、关系日益紧密，系统整体向多维度发展。③ 学者在对创新生态过程的研究中也分离出不同系统演化的机制，例如破坏式创新主体在建立新生态系统后，与该生态系统内部以及其他生态系统的竞合，从而加速生态系统萌发、成长与消亡的机制。④

三是对创新外部环境的重视。学者提出在创新主体之外，存在社会环境与自然环境相融合的包括消费者偏好、经济基础、政策制度、基础建设等在内的外围生态。创新主体依靠稳定的系统环境，快速提升创新效率，在创新过程中不断汲取系统内部知识，同时也产生知识溢出，从而与系统环境形成共生性。⑤

从创新的宏观层面，还有学者将生态系统理论运用于国家创新体系的构建与评估，从生态系统生存发展和物种进化的规律来分析国家技术创新体系的发生机理和演进模式，提出国家创新体系具有"适应—生长"的渐进增量过程和"进化"的技术突变过程，并以此为依据补充了创新演化能力和创新优化能力两项重要的国家创新生态能力。⑥

综上所述，生态系统理论不仅可用于解释人类幼童个体的一般性发展，也

---

① 赵放、曾国屏：《多重视角下的创新生态系统》，《科学学研究》2014 年第 12 期。

② 叶芬斌、许为民：《技术生态位与技术范式变迁》，《科学学研究》2012 年第 3 期。

③ 郑烨、吴建南：《政府支持行为何以促进中小企业创新绩效？——一项基于扎根理论的多案例研究》，《科学学与科学技术管理》2017 年第 10 期。

④ 王高峰等：《国内外创新生态系统研究演进对比分析：理论回溯、热点发掘与整合展望》，《科技进步与对策》2021 年第 4 期。

⑤ 郑烨、吴建南：《政府支持行为何以促进中小企业创新绩效？——一项基于扎根理论的多案例研究》，《科学学与科学技术管理》2017 年第 10 期。

⑥ 陈劲、李飞：《基于生态系统理论的我国国家技术创新体系构建与评估分析》，《自然辩证法通讯》2011 年第 1 期。

可用于解释包括创新创业在内的人类成人个体的多种行为，甚至可用于解释人类群体、组织和国家的创新行为。以生态系统理论为员工创新行为研究的指导理论具有可行性。

第二节　员工创新行为生态系统的组成

正如生态系统理论所描述的，人们的一切行为与发展都处在一个分层的充满内部联系与互动的系统之中，员工的创新行为也不例外。下文，我们将依据布朗芬布伦纳生态系统研究的最新成果，从微系统、中系统、外系统、宏系统以及历时系统等五个层次对员工创新行为生态系统的组成做出说明。

一　微系统

按照布朗芬布伦纳的生态系统理论，员工的创新行为发展微系统包括与员工有密切接触的具体场景，尽管工作场所是最早和最被重视的对员工创新行为具有影响的场景，但已经开始有学者看到，能够影响员工创新行为的场景绝不仅限于工作场所，事实上，家庭、社区或者社群伙伴的影响都得到了实证研究的支持。

从 360 度来审视个体所处的场景，我们就可以形成比较完整的可能影响员工创新行为的微系统集合。由于我们的研究重心是工作中的创新行为，因此我们首先以工作场所为出发点。

员工在工作场所中可能面对的关系又可以继续细分。首先，员工与平级的同事间有互动；其次，直接领导与员工的关系非常重要；再次，一些员工可能在组织中承担领导责任，影响他们创新行为的力量又可能来自下级；最后，还有一些员工会直接接触顾客，他们与顾客的互动也可能影响这部分员工的创新行为。研究表明，顾客的社会资本可以为企业提供创新机会，帮助企业员工开展搜索、实验等探索性创新行为，顾客的知识储备以及顾客本身也可成为企业员工实现提炼、执行和选择等利用性创新行为的载体。[1]

---

[1] 马闻远等：《品牌社群成员资源禀赋对企业双元创新的作用机理》，《山东大学学报》（理学版）2020 年第 1 期。

第二个重要的微系统是员工的家庭。早期有大量研究证实了家庭教育与青少年创造力的关系，尽管幼年的创造力与成年后的创新行为有所不同，但这些研究很容易让人联想到家庭与员工创新行为的关系。员工在家庭中不仅扮演孩子的角色，也可能扮演父母的角色、配偶的角色以及同胞的角色。作为父母，他们需要承担养育家庭的责任，这份责任既可能给员工带来养家的压力，从而导致他们规避风险，减少创新，也有可能给员工带来动力，积极创新，谋取更大的利益，或者为孩子树立榜样。[①] 作为配偶，无论是丈夫还是妻子，他们是家庭责任的对等承担者，也是情趣、能力最可能匹配的家庭成员，因此，配偶对于另一方工作创新行为的产生不仅具有生理上的影响，还可以产生心理和智力上的影响。例如，在抗击新冠疫情中声名卓著的李兰娟院士是传染病学领域的领军人物，她的先生郑树森亦是中国工程院院士、著名的器官移植专家。两位院士的专业有相关性，生活中的对话往往成为彼此创新的源泉。

本书讨论的最后一个微系统是社区或者社群。国内有些创新研究中的社群指的是顾客社群，这与本书的社群微系统不同，本书所指社群是与工作无直接关系的员工个人生活空间中的群体，例如员工参加的兴趣团体、技术协会。尽管专门针对这个微系统的研究并不多，但现有关于社会网络的研究提示我们，社群能对员工创新行为产生影响。在工作和家庭之外，人们也会产生各种各样的联系，形成关系网，社会网络研究通过关系的强度和关系的位置来定义社会网络。弱的社会关系能提供多样性，也没有太强的约束力，处于社会网络关键节点的个体将掌握最为丰富的信息来源，因此，当员工有很多弱联系时，他就有更好的创新条件。

二　中系统

在布朗芬布伦纳的生态系统理论中，中系统是两个微系统间的相互作用。

[①] Zhang, X., et al., "Playing It Safe for My Family: Exploring the Dual Effects of Family Motivation on Employee Productivity and Creativity," *The Academy of Management Journal* 63 (2019): 1923–1950.

根据我们对微系统的分析，理论上应该存在三大类中系统，即工作与家庭、工作与社群以及家庭与社群，鉴于对社群和员工创新关系的研究还比较少，讨论社群与家庭或者工作场所相互作用对员工创新行为的研究更少，因此，本书的中系统只关注工作与家庭微系统的相互作用。

首先，由于工作与家庭存在实体资源的争夺，它们之间的冲突最早受到关注。研究发现工作与家庭间的冲突对员工的创新行为具有负面影响，[①] 无论是工作对家庭的冲突还是家庭对工作的冲突都是如此，[②] 这也符合中国人"家和万事兴"的认知。我们很难想象，如果员工将大部分精力放在家庭生活中，或者他因为过于投入工作而受到家庭的怨恨，这个人如何还能在工作中有大量创新。

然而，将工作与家庭完全对立起来，似乎也没有完整描述两个微系统间的关系。一些研究看到工作和家庭间不仅有时间、精力等资源的流动，也存在情绪、态度、技能等软性因素的流动，这些因素与资源的不同在于它们并不会因为在某个场景中被使用而出现等量的损耗，相反，它们会在一个场景活动结束后被近乎完整地带入另一个场景，因此，研究者提出了工作家庭溢出的观点。溢出物的性质不同，就可能产生不同的结果。例如，沮丧通常会抑制创新，沮丧的情绪从家庭带入工作可能会给员工创新行为带来不利影响，而积极的心态、多元化技能的溢出则有助于工作场所创新。

工作家庭溢出研究是基于工作者的视角，而工作与家庭的良性互动显然不局限于员工本人的软因素，家庭成员的态度、技能等软因素虽然不能直接溢出到工作场所，却可以通过提供情感、信息乃至资源等方面的支持影响员工，促进员工创新行为的产生，因此，研究工作与家庭间的关系时还需要考虑家庭工作丰富关系。

三 外系统

外系统是那些不与员工发生直接联系，而是通过与员工有直接联系的微系

---

① 李正、尹海燕：《工作对家庭的冲突如何影响员工创新行为——组织认同调节下的中介作用模型》，《西华大学学报》（哲学社会科学版）2021 年第 4 期。
② 宋嘉艺等：《知识型员工工作家庭双向冲突对创新行为的影响机制》，《管理评论》2020 年第 3 期。

统来对员工创新产生间接影响的情境因素。我们同样可以按照家庭、工作和社群的思路来研究。

在家庭情境中，其他家庭成员，例如配偶的工作情况会影响员工的工作。配偶本人的工作单位不会直接影响员工，但是配偶的工作稳定性、收入高低、工作时长会对另一半的工作产生相应的要求，也可能影响另一半的认知、情绪与行为倾向，从而出现家庭对工作的冲突或溢出。因此，家庭外系统的作用是通过中系统的工作家庭互动产生的。在这个问题上，外系统和中系统具有相似性，但二者的视角存在差别。以工作家庭冲突为例，中系统的工作家庭冲突研究重点在于员工的资源分配造成了工作和家庭间的博弈，而外系统的研究重点在于为什么员工的资源需要工作与家庭进行博弈。我们可以简单地理解为，家庭外系统是家庭对工作作用方向的前因。

在工作情境中，也存在外系统。尽管员工处在工作场景中，但工作场景的某些关系可能并不直接指向员工，这部分关系应当被理解为员工的外系统。

例如，领导-领导交换关系描述的是员工的上级与上级的上级之间的关系，和员工没有直接关系，然而，领导与上级领导关系良好能给其所领导的团队成员的创新带来诸多好处：一方面，良好的领导-领导交换意味着团队领导对上级领导意图的领会更深，向员工传递的信息更加准确，能为员工创新行为指明方向，员工所在团队的困难也能被及时向上反馈并得到相应解决，在没有困难时，员工也能获得更多的资源，为员工创新行为减少障碍；另一方面，良好关系带来的更多支持又向团队成员传递出所在团队受到重视的暗示，进一步起到鼓励员工创新的作用。

又如领导与其他同事的关系。领导在组织中具有威权，其行为方式常常成为下级员工学习的榜样，如果领导对待其他同事态度温和可亲，那么员工在工作中相处融洽的可能性也更大，这种宽松的工作氛围对员工创新常常具有积极的作用。[①] 相反，如果领导采取辱虐型工作风格，这种风格成为组织文化的一部分后，也很容易使员工循规蹈矩、不敢创新。

此外，与领导和管理工作无关的上级行为也可能对员工创新行为产生影

---

① 徐世勇等：《情感型领导对同事关系亲密度与员工创新行为的影响：一个被调节的中介模型》，《科技进步与对策》2019 年第 20 期。

响。例如，企业家自发的创业行为使之成为员工创新的榜样，管理者履行的对外企业社会责任不会直接增加员工福利，但能够为员工提供安全感和使命感，从而使员工敢于创新和愿意创新。

四　宏系统

个人所处的社会环境是他的宏系统，影响员工创新行为的宏系统可以是经济环境、社会环境、制度环境、文化环境以及技术环境。

从经济环境看，过去的几十年，我国经济发展迅猛，涌现出多个风口产业，也制造了诸多个人财富增长的奇迹。快速致富成为激发个人创新最原始的动力。

从社会环境看，随着经济水平的提高，人们的需求更加多样，需求水平也不断提高，这些需求与实际的供给能力不相匹配，通过新技术、新方法实现供给能力的大幅提升的可能使全社会对创新充满期待。高水平的需求扩大了市场，增加了其对创新的吸收能力，也就相应地降低了创新难以转化的风险。因此，社会环境的变化从心态和市场两个方面为创新行为提供了基础。

在这样的经济社会环境下，国家出台了一系列政策鼓励创新，全力打造"大众创业、万众创新"的大好局面。政府的各项创新扶持政策既有对企业的，也有对个人的。以企业为对象的政策通过简政放权激发创新活力、通过环境监管提高创新动力、通过服务供给提供创新资源、通过政策引导培养创新能力，其在激励企业创新的同时，通过企业内部管理系统间接地作用于员工，对员工创新产生积极作用。以个人为对象的政策则通过落户、税费、教育、住房等吸引高科技人才，解决员工创新的后顾之忧，在全社会营造尊重创新人才的氛围。

文化环境对员工创新的作用具有两面性。一方面，我国传统文化中的部分因子对创新行为具有负面影响，例如，较高的权力距离和对权威、祖先的崇拜容易导致服从和路径依赖，平均主义导致创新的风险独自承担但收益却大家分享从而产生风险与收益的不对等，降低了员工创新的动力。例如，有研究按照Wallach 的文化分类，将中国传统文化归入官僚型文化和支撑文化，认为中国文化的官僚性一面限制变革，支撑性一面则否定个性，都不利于创新行为的产生。① 另一方面，对中国传统文化与创新行为的关系，我们不可以简单定义，而应当看到我国传统文化中的性善论、中庸思想以及集体主义对创新具有一定的正面影响。例如一些研究发现，企业承担社会责任对营造组织创新氛围有好处，这可以理解为企业的担当与员工的善良本性产生了匹配，从而激活了员工特质，员工怀揣造福社会的美好愿景，产生了更多的创新动力。又如，中庸思想意味着多因素平衡，这就要求个体尽可能全面地分析问题，从而能够发展出多元化思维，而多元化思维是创新的必要条件。此外，尽管集体主义可能抹杀员工的个性，但在集体主义文化中，成员间互相合作，能营造出宽松和谐的环境，Wallach 也承认，支撑文化有助于组织内的信息交流，有助于从解决问题的导向看待创新产生的矛盾。在传统文化之外，改革开放和网络信息的便捷性也使我们接触到许多不同的民族文化，这些文化对国民也会产生影响。但是，文化对创新行为的研究比较复杂，需要我们以多向度的思维去理解。

技术是创新的结果，也可以是创新的动因。创新研究将创新分为突破性创新和渐进性创新，前者实现非常困难，而一旦实现，就可以带动一系列的渐进性创新。同时，新的技术也可以实现一些依照原来技术手段无法实现的想法，从而推动新产品、新服务的产生。经过多年的发展，我国与其他国家积极开展科技交流，科学技术水平得到了很大的提高，基础研究和关键核心技术攻关取得了新进展，为各行业创新提供了良好的技术基础。

借用李云新与刘然对中国社会创新动力机制的评价来总结宏系统对创新行为的影响就是："经济社会环境与制度环境共同构成了创新发生的宏观背景：经济社会环境变迁……产生的变革需求构成了创新的'触发机制'；制度环境场域的结构变动间接降低了创新驱动的门槛，形成了创新的'催发机制'；制度安排镶嵌于环境背景之中，通过影响制度结构中合法性、交易成本、收益、资源等核心变量，形成了创新的'驱动机制'，对行为主体产生直接的激励与约束。"②

---

① 周珊珊：《中西方传统文化比较及对企业技术创新的影响》，《贵州工业大学学报》（社会科学版）2006 年第 5 期。

② 李云新、刘然：《环境-制度-行为分析框架下中国社会创新的动力机制研究》，《学习与实践》2021 年第 9 期。

除此之外，我们再补充两条：文化环境既存在有利的一面又存在不利的一面，既有传统文化的身影，又不断吸收外来文化，形成了创新的"双向机制"；突破性创新引发后续的渐进性创新，形成了创新的"连锁反应机制"。这五个机制反映了宏系统作用于微观主体创新行为的具体路径。

五　历时系统

布朗芬布伦纳认为历时系统也会对人的行为发展产生影响。这里的历时本质上是指个体发展过程中经历的各种事件，以及这些事件在人的生命历程中出现的阶段。一些心理学研究可能会追踪数年乃至数十年以审视家庭教育对儿童创造力产生的影响，但对于成年员工来说，这种追踪难度很大，同时因果链过长导致意义不够明显，因此很少有关于这类历时系统与创新行为关系的研究。

然而，历时系统对创新行为的影响是不言而喻的。一些学者对创新生态系统在重大风险冲击下的变化进行了仿真研究，在他们设定的多种情况下，重大风险冲击都会使创新生态系统发生改变，自然也会影响系统中的个人创新行为。现实中，也不乏类似的案例，例如新冠疫情的流行改变了人们的消费行为和方式，倒逼企业进行创新，开发出诸如"员工共享"的管理手段、"无接触服务"的服务方式，也激发了科研人员攻克新冠病毒的技术创新。因此，当我们将视线转换到短期事件经历时，就打开了创新行为历时系统研究的新大门。

第三章　员工创新行为工作场所微系统及其影响

创新行为的主要目的可以是工作单位的绩效、个人价值的实现、社会需求的满足，也可以发生在任何情境中，例如工作场所、家中和其他非工作场所。谈及员工创新行为，我们尝试将视线更加聚焦，集中讨论以提高所在单位创新绩效为目的的、在工作场所中发生的创新行为。因此，影响员工创新行为的主要微观系统是工作场所的硬环境与软环境。家庭和社群也是对员工创新行为有影响的微系统。不过，我们需要对作为独立微系统和作为中系统组成部分的场景进行区分。例如，作为微系统的家庭对员工创新行为的影响机制局限在家庭成员间，不涉及家庭与工作的物质情感交换，而作为中系统成分的家庭对员工创新行为的影响是指通过家庭与工作进行物质情感交换的那部分。尽管大部分关于员工创新的研究不会对家庭的作用做出这样的区分，但使用生态系统理论来解释创新行为则必须按照系统的层次将两种作用机制分开论述。由于微系统与员工联系最为紧密，内容也最多，因此我们分成两章进行论述，本章重点讨论工作场所微系统对员工创新行为的影响，下一章重点讨论以家庭和社群为主的非工作场所等微系统对员工创新行为的影响。

工作场所是员工工作的场景。具体而言，工作场所又可细分为物理环境、管理环境以及人际环境。虽然对物理环境作用的研究出现得比较早，但研究者对于管理环境和人际环境的作用机理更感兴趣，因此，在研究数量上，后两者占绝大多数。不过，这些研究大多得到显著的结果，可以说，工作场所是对员工创新影响最大的微系统。下面，本书按照工作场所的物理环境、管理环境以及人际环境的顺序进行阐述。其中管理环境主要包括工作特征、组织特征以及管理制度；人际环境主要包括员工与领导、同事、顾客的关系，由于组织文化常常与组织中的人际关系相互影响，因此，本书将组织的文化氛围也归入人际环境来讨论。

第一节　工作场所的物理环境

最早对创新行为的研究始于实验室，研究者试图了解物理环境对创新思维的诞生是否有影响。随着移动互联网技术的进步，工作场所开始向外延伸，不受时空限制的虚拟工作场所和家庭工作场所开始出现。

研究发现，舒适的物理环境，例如宽敞性、安静性、安全性、便于信息沟通的设计对创新有积极影响。但工作区域的可调节性对工作绩效有双刃剑效应，虽然员工在办公空间格局上的自主性、丰富多彩的办公装饰可能让员工心情愉快，但员工也可能因此而分心，将工作需要的注意力与思维发散性投注在办公场所的设计上，削弱了创新。[1] 工作物理场所向家庭渗透对创新的影响比较复杂，同时由于工作场所物理环境的突破与家庭或其他子系统边界的渗透有关，涉及微系统之间的交互，属于中系统而不是微系统的范畴，因而本书将在创新行为的中系统及其影响一章中再对此进行论述。

关于工作物理场所的研究都比较早，下列三项研究用实验室实验法、访谈法以及自然实验法等三种不同的方法论证了空间距离因素的作用。

Aiello 等采取的是实验室实验法，他们的实验对象是 32 个女大学生。女大学生们首先分别进入两种房间填写问卷，并接受身体检查。小房间的学生面对面坐着，左右肩膀相接，前后膝盖相对，非常拥挤；而大房间要宽敞许多，座位横向间隔约一米，纵向间隔约两米。问卷填完以后，两个房间的女大学生随后进入第三个标准房间，并接受创造思维测试。总体来看，那些刚刚经历拥挤环境的女生在创造思维流畅性上的得分低于那些在大房间中就座的女生。这说

---

[1] Chi, N. W., et al., "Having a Creative Day: A Daily Diary Study of the Interplay between Daily Activating Moods and Physical Work Environment on Daily Creativity," *The Journal of Creative Behavior* 55 (2021): 752–768.

明，拥挤的环境对创新思维的产生具有负面影响。[①]

De Alencar 和 De Bruno 采用了访谈法提取组织中存在的员工创新的促进和阻碍因素。他们访谈了 25 个巴西工人，一共提炼出 10 个积极因素和 11 个阻碍因素，在阻碍因素中就包括"不充分的物理环境"，具体反映为工作中的噪声暴露以及工作空间狭窄。[②]

Shalley 和 Oldham 研究了在存在工作竞争的情况下，工作台隔板安放对创新的影响。研究发现，创新多发生在两种情况下：一是竞争对手在现场，但被隔板阻挡；二是虽然没有隔板，但竞争对手不在现场，即不会被竞争对手看到。总体上，那些在设有隔板的工作台工作的员工要比那些在开放式工作台工作的员工创新更多。这说明隔板对促进员工创新有正向作用。[③]

这三项研究也对工作场所物理环境可能的影响机制做出了解释。

首先是生理机制，舒适的环境不容易造成压力。在 Aiello 的实验中，既有人际距离低偏好者，也有人际距离高偏好者，人际距离偏好本身并不会对创新行为有所影响，但是过于拥挤的环境会使那些不习惯亲密接触的人身体状态变差，该项目的结果以皮肤生理功能的变化来反映，强烈的不适导致受试者无法很好地完成创新测验，短期创新能力下降。工作环境嘈杂，会使人的思维过程被打乱，难以集中精神，因而，也会干扰创新思维的产生。

其次是认知机制。大部分研究者同意创新行为的产生离不开内在动机。Shalley 和 Oldham 研究中隔板的存在与否决定了人们对环境是信息提供型还是监督控制型的判断。人们偏好信息提供型场景，将其理解为友好的、支持的环境，并因此产生创新的内在动机；人们厌恶监督控制型场景，将其理解为对自己思想、感情以及行为进行限制的环境，在这种环境中，个人的行为和想法都是变形的，因此创新的内在动机就会消退，创新行为相应减少。

---

① Aiello, J. R., et al., "Crowding and the Role of Interpersonal Distance Preference," *Sociometry* (1977)：271-282.

② De Alencar, E. M. S., and De Bruno, M. F., "Characteristics of on Organizational Environment Which Stimulate and Inhibit Creativity," *The Journal of Creative Behavior* 31 (1997)：271-281.

③ Shalley, C. E., and Oldham, G. R., "Competition and Creative Performance：Effects of Competitor Presence and Visibility," *Creativity Research Journal* 10 (1997)：337-345.

第二节　工作场所的管理环境

工作场所的环境可以体现为空间大小、温度、声音等硬环境，也可以体现为软环境。在软环境中，一类与管理制度以及管理实践有关，另一类与人们之间的关系有关，本书将前者称为管理环境，将后者称为人际环境。本节内容主要讨论工作场所的管理环境对员工创新行为会造成怎样的影响以及这种影响是如何实现的。大致来看，管理环境的基本要素包括由岗位设计所决定的工作特征，组织设计所决定的组织特征，培训、绩效以及薪酬等人事制度以及领导者的领导实践。

一　工作特征

（一）工作复杂性

Kirton 和 Pender 比较了三种工作中的创新，他们发现开发人员比工程人员以及学徒工有更多的创新，这是因为工程人员和学徒工的工作弹性很小，因此，如果工作规范性很强，在技术范式与操作流程方面要求严格，不允许变通，员工就没有决策的空间，也就很难发生创新行为。[①] 这一研究表明，研究者很早就对工作复杂性与员工创新行为的相关性有所猜想。之后，这一观点被实证研究所证明，Hatcher 等证明了以创意提案衡量的员工创新行为与员工自评的工作复杂性之间具有显著的正向关系[②]，Tierney 和 Farmer 的研究则证明了由领导评分的员工创新行为与职业目录词典中记录的工作复杂性客观分数之间具有显著的正向关系[③]。

复杂的工作是指那些允许员工进行工作决策、员工能收到工作反馈、工

---

① Kirton, J., and Pender, S., "The Adaption-innovation Continuum, Occupational Type, and Course Selection," *Psychological Reports* 51 (1982): 883-886.

② Hatcher, L., et al., "Prosocial Behavior, Job Complexity, and Suggestion Contribution under Gainsharing Plans," *The Journal of Applied Behavioral Science* 25 (1989): 231-248.

③ Tierney, P., and Farmer, S. M., "Creative Self-efficacy: Its Potential Antecedents and Relationship to Creative Performance," *Academy of Management Journal* 45 (2002): 1137-1148.

内容多样但具有内在的一致性并被认为很重要的工作。复杂工作的这些特质意味着工作能够吸纳新事物，能够给予员工认可，因而有助于提升员工的内在动机，强烈的内在动机对员工的情绪和行为都能产生影响。一方面，复杂的工作会使员工感受到挑战，从而变得更加兴奋。已经有大量研究表明，创意的产生常常伴随着兴奋的状态，因此，复杂的工作对创新观点的产生有帮助。另一方面，如果员工将复杂的工作视为挑战而不是威胁，那么他们就会设法完成复杂的工作。为了实现这个目标，传统的工作套路可能会失效，员工不得不使用新方法、开发新流程。复杂工作本身的特性又给予了员工开展创新行为的空间，因为复杂的工作内容更加丰富，涉及很多流程，需要更多知识与技能，这使从事复杂工作的员工可以对知识技能进行重新组合，也使他们有机会采用更先进更新颖的工作方法。[1]

　　工作特征对员工创新行为的影响在中国情境中也得到了实证研究的支持。李辉对江苏多家高新技术企业的研发人员进行了调查，他的样本覆盖了环保、制药、软件开发、IT、化工等多个行业，具有较好的代表性。他的研究证明，包括工作复杂性在内的任务特征对员工创新行为具有正向预测作用。和之前的研究不同的是，李辉的研究是从资源保护的角度来思考任务特征对创新行为的作用，他将任务特征视为员工个体层的资源，工作越复杂，越具多样性、完整性、自主性和有反馈，代表资源越丰富，员工就会有更大的动机去保护和投资任务特征资源，从而产生创新行为，同时，主管支持作为组织层的资源，与个人层的工作任务资源形成良好的交互，良好的主管支持使任务特征对员工创新行为的促进作用更加明显。[2] 不过，李辉的研究没有对不同任务特征的作用进行细分，因而，在他的研究中，工作复杂性是与其他任务特征共同发挥作用的。可见，工作复杂性是员工创新行为的正向预测因素。

（二）压力

　　工作伴随的压力是可能影响员工创新行为的第二种工作特征因素。从压力

---

① Tierney, P., and Farmer, M., "Creative Self-efficacy: Its Potential Antecedents and Relationship to Creative Performance," *Academy of Management Journal* 45 (2002): 1137-1148.

② 李辉:《工作资源对员工创新行为的影响研究: 基于资源保存理论的视角》,《南京工业大学学报》（社会科学版）2018 年第 6 期。

的来源看，时间压力是工作中最常见的压力，一些工作为任务完成设置的时间限制较为宽松，但也有一些工作在时间节点的控制上要求比较高，例如快餐、速剪、政府窗口等对服务有明确时限要求的工作，以及节令性产品的供应工作等。早期多数研究认为严格的时间限制会给这类员工带来压力，削弱他们的内在动机，所以对于创新行为的产生是不利的，例如 Andrews 和 Smith 发现，在市场营销类的职业中，感知时间压力与创意贡献是负相关的[①]，Kelly 和 McGrath 则发现要在更短时间内生产的工人的创新低于时间压力更小的工人[②]。不过，当研究对象变成科学家时，结果会发生反转，例如，Andrews 和 Farris 以科学家为研究对象进行了研究，他们发现时间压力与科学家的创新是正相关的。[③] 可见，时间压力与创新的关系可能受到工作类型的调节。

时间压力和创新的关系除了与工作类型有关外，研究者也找到了其他的影响因素。

首先是管理因素，Baer 和 Oldham 对制造业工人的研究发现，和之前的研究一致，总体而言，对于产业工人，时间压力对创新行为没有好处，但是在创新支持高的情况下，感知的时间压力与创新呈现倒"U"形的关系，这意味着，如果组织支持创新，那么给予员工适当的时间压力对创新反而有好处。[④]

其次是家庭因素。当在模型中加入员工对工作家庭平衡的态度后，Aleksic 等的研究得出了和之前研究完全不一样的结果，当领导成员交换的水平很高而对工作与家庭平衡满意度低同时出现时，时间压力超过临界点后，反而能够促进员工创新。[⑤] 不过 Aleksic 的研究对象是斯洛文尼亚的保险代理人，其职业和

① Andrews, J., and Smith, C., "In Search of the Marketing Imagination: Factors Affecting the Creativity of Marketing Programs for Mature Products," *Journal of Marketing Research* 33 (1996): 174-187.

② Kelly, R., and McGrath, E., "Effects of Time Limits and Task Types on Task Performance and Interaction of Four-person Groups," *Journal of Personality and Social Psychology* 49 (1985): 395-407.

③ Andrews, F. M., and Farris, G. F., "Time Pressure and Performance of Scientists and Engineers: A Five-year Panel Study," *Organizational Behavior and Human Performance* 8 (1972): 185-200.

④ Baer, M., and Oldham, G. R., "The Curvilinear Relation between Experienced Creative Time Pressure and Creativity: Moderating Effects of Openness to Experience and Support for Creativity," *Journal of Applied Psychology* 91 (2006): 963-970.

⑤ Aleksić, D., et al., "Interactive Effects of Perceived Time Pressure, Satisfaction with Work-family Balance (SWFB), and Leader-member Exchange (LMX) on Creativity," *Personnel Review* 46 (2017): 662-679.

民族文化都有不同寻常的特点，因而他们的结论未必能推广到中国更广泛的职业群体中。

从压力的性质来看，压力可分为挑战性压力和阻碍性压力。工作带给员工的两种压力在对创新行为的影响上有所不同。挑战性尽管会给员工带来压力，但员工在消耗资源的同时，也能从工作中获得资源回报，例如，可以实现薪资职级的提升、学到新的知识技能、磨炼心智、拓展人脉，这些新增的资源对员工的创新行为起到增益作用。阻碍性压力主要来自工作中的目标冲突、人际矛盾、组织刚性等，这种类型的压力只能消耗资源，没有资源补偿，因而只会阻碍员工创新。李新建和李懿对双元工作要求与员工创新行为基于上述逻辑进行了研究，证实了这个论断，并找到了资源保护过程中促使员工创新的关键变量——技能延展力，那些资源消耗的结果如果能伴随员工"快速掌握与工作相关的新技能的能力"的增长，则压力也能促进员工创新。① 门贺等研究的是工作强化对员工创新行为的双刃剑效应。工作强化表现为工作强度的增加和工作时间的延长，因而会造成压力，按照以往研究的结论，压力对创新的作用是呈倒"U"形的，那么工作强化对创新的作用也应有同样的规律。实证结果表明，工作强化对员工创新具有增益和损耗两种效应，工作强化水平较低时，员工学习知识动力不足；当工作强化上升到一定程度时，员工有动力，也有时间更新知识、开展创新，因此增益效应占优；当工作强化比较高时，损耗效应占优，此时员工只会关注与当前任务密切相关的信息，没有更多的精力再去创新。②

可见，压力的影响与工作类型、管理因素、家庭因素、压力的类型有关，此外，压力对创新行为的影响是非线性的，呈现倒"U"形。

二　组织特征

（一）组织规模

对于组织规模与创新关系的认识，一直存在不同的声音。Damanpour 对组

---

① 李新建、李懿：《双元工作要求与员工创新行为：技能延展力的中介作用》，《科学学与科学技术管理》2017 年第 11 期。

② 门贺等：《工作强化对员工创新行为的双刃效应研究》，《软科学》2021 年第 12 期。

织结构与创新的关系的元分析揭示出，专门化和部门化的组织结构以及有良好内外部信息沟通渠道的组织结构都对创新有帮助，但是正规化和集中化则会阻碍创新。① 由于正规化和集中化往往与大规模组织相关，这个结果引发了人们对组织规模阻碍创新的忧虑。

支持组织规模与创新负相关的研究认为，大规模组织存在时间限制、财务限制、过程限制以及高层领导强调创新贴现等阻碍创新的症结。随着组织规模的增大，员工不得不花费大量资源在行政性沟通上，对创新有益的功能性沟通反而被削弱了。

也有学者反对简单地看待组织规模与创新的关系。例如，Paolillo 和 Brown 对开发人员和管理者进行的小规模调查发现，尽管他们的样本很小，只有 84 人，研究方法也只是很简单的相关系数分析，却在组织规模与创新的关系上得到了显著的结果。他们发现开发人员的人数和创新是负相关的，但创新项目团队的人数却与创新正相关，这说明组织规模并不阻碍创新行为，阻碍创新行为的是团队成员的质量而不是数量。② 不过，两位学者研究中的团队规模比较小，基本在 5 人以内，因此，他们所倡导的大规模团队，只是相对大。Pierce 和 Delbecq 认为大规模组织的集中化特点可以减少不必要的协调工作，因此能够促进创新。③ Mumford 等也提出规模可以为创意的产生提供必要的资源和多样性，规模是否成为创新的必然抑制因素，关键要看领导者如何管理。④ 从创新的趋势看，在简单创新时代，创新可以由个人或者是少数几个人来完成，但在创新需要许多复杂技术的条件下，小团队已经无法胜任创新的要求，这时我们可能不得不接受在一个大规模组织中实现创新。

（二）性别构成

组织中的男女比例也是一种组织特征。Baer 等研究了团队性别构成对员工

① Damanpour, F., "Organizational Innovation: A Meta-analysis of Effects of Determinants and Moderators," *Academy of Management Journal* 34 (1991): 555-590.

② Paolillo, J. G., and Brown, W. B., "How Organizational Factors Affect R&D Innovation," *Research Management* 21 (1978): 12-15.

③ Pierce, J. L., and Delbecq, A. L., "Organization Structure, Individual Attitudes and Innovation," *Academy of Management Review* 27 (1977): 27-37.

④ Mumford, M. D., et al., "Leading Creative People: Orchestrating Expertise and Relationships," *The Leadership Quarterly* 13 (2002): 705-750.

创新行为的影响。他们进行了一项实验室研究和一项生态实验研究，两项研究均发现如果团队主要是由男性构成，则竞争会增进团队内的合作从而对员工创新行为产生促进作用，不过如果团队主要由女性构成，竞争的负面影响主要发生在竞争非常激烈的情况下。总体上看，男性团队从竞争中获益，而女性团队则适合在非竞争的工作环境中创新。①

（三）组织中的多元化

随着员工来源的日渐丰富，员工群体的差异不仅体现在性别比例上，也体现在其他方面，例如学历、民族、价值观、身份等。西方研究认为多元化会带来不同的思想、需求，带来新的信息，造成碰撞从而激发新的想法，因而对创新有益。西方研究认为，从个人角度看，员工与组织的匹配可能会减少员工的阻力，但从组织角度看，单一化可能会牺牲组织活力。② 但我国一项对 300 多名员工进行的研究没有支持这一看法，于维娜等发现，员工与组织在价值观上的差异对创新绩效的作用是负面的。③ 刘智强等研究了雇佣双轨制度与员工创新的关系。雇佣双轨制意味着在组织中存在不同身份的人，例如编制内和编制外、正式工和临时工等，最终组织中的员工被划分成具有比较优势身份的 H 型员工和具有比较劣势身份的 L 型员工。这种身份的多元化本身既没有促进也没有抑制员工创新，但却与组织支持感协同作用，负向调节组织支持感与员工创新行为之间的关系。组织中存在多种雇佣身份不仅会增加员工的组织不公平感以至 L 型员工在创新上事不关己、缺乏动力，也会破坏组织合作的氛围，从而使 H 型员工因合作不足而减少创新。④

可见，多元化对员工创新行为的作用要视多元化的内容而定，还可能要考虑组织所在国家的文化，不能绝对地认为多元化一定能促进员工创新。

---

① Baer, M., et al., "Intergroup Competition as a Double-edged Sword: How Sex Composition Regulates the Effects of Competition on Group Creativity," *Organization Science* 25（2014）: 892-908.

② Walsh, W. B., "Person-environment Congruence: A Response to the Moos Perspective," *Journal of Vocational Behavior* 31（1987）: 347-352.

③ 于维娜等：《价值观异致性会促进创新绩效的产生吗？——支持性组织氛围和反馈寻求行为的被中介的调节效应》，《预测》2015 年第 2 期。

④ 刘智强等：《组织支持、地位认知与员工创新：雇佣多样性视角》，《管理科学学报》2015 年第 10 期。

三 领导者

领导者是员工工作中的重要他人,他们不仅决定员工工作的方向,也掌握着员工工作组织资源的分配,对员工从组织中获得的回报有相当大的话语权,所以对员工所处工作场所的工作氛围有重大影响。同时,领导者不仅具有对员工创新行为的巨大影响潜力,也肩负着促进员工创新和提高组织绩效的义务。因此,研究者很早就开始了对领导者和员工创新行为关系的研究。相关研究大致可以归纳为领导者的特质、领导者的行为与风格、领导者与员工的关系以及不同层次的领导等四个方面的研究。其中领导者与员工的关系不仅涉及领导者,也涉及员工,因此,将在工作场所中的人际环境部分详细论述,本处不再赘述。

(一) 领导者的特质

领导者的特质主要包括领导者的内在动机、智商、情商、工作领域的专业知识与技能以及其他能力等领导者内化的个人属性。

第一,领导者的内在动机。一般认为内在动机是行为的源泉,员工的内在动机能引发员工创新,领导者的内在动机也就有可能通过领导者的行为引发员工创新。Tierney 等发现员工和领导者的内在动机具有交互效果,当领导者和员工都具有进行创造的内在动机时,会有更多的创新产出,但如果只是领导者单方面有内在动机,则会损害员工的创造力。① 唐玉洁等将领导者的内在动机进一步区分为成就动机、权力动机和亲和动机,他们发现领导者的动机本身并不会影响创新的结果,但当领导者的动机与情景相匹配时,例如成就动机的领导者在支持型情景中、权力动机的领导者在魅力型情景中以及亲和动机的领导者在凝聚型情景中时,领导的动机对创新的促进作用才会变得显著。②

第二,领导者的智商。Gibson 等的研究发现领导者的智商能影响下属的创新行为,但是这种影响会受到人际压力的影响,例如来自更高层领导者压力的

---

① Tierney, P., et al., "An Examination of Leadership and Employee Creativity: The Relevance of Traits and Relationships," *Personnel Psychology* 52 (1999): 591-620.

② 唐玉洁等:《中层管理者动机、高管团队情境特征及其交互效应对创新绩效的影响》,《科技管理研究》2016 年第 13 期。

调节，因为压力的影响，高智商的领导者尽管会说得更多，但却不会提出实质性的想法，因而与团队绩效无关甚至负相关。[①]

第三，领导者的情商。Mumford 等认为，有创造力的员工是很难被说服的，然而创新的过程充满变数和个体智慧意识不到的空白，因此员工的创新想法成为现实也需要领导的帮助，高水平的情商能让有创造力的员工接受其他意见。[②] Zhou 和 George 的研究进一步明确了领导者情商激发和促进员工创新的五种方式，分别是识别、信息收集、想法产生、想法评价和修改以及想法实施。[③] 袁凌等分析了领导者愤怒对员工创新的影响，领导者在职场中表现出愤怒的情绪是低情商的表现，这种表现会损害员工的组织支持感从而导致员工的职场焦虑，并减少其在创新过程中的投入。[④] 领导者情商在特殊情况下尤为重要，例如，在新冠疫情期间，组织中弥漫的消极情绪可能阻碍员工创新，但领导者通过采取情景修正和认知改变两种策略来干预员工的情绪，可以帮助维持或改善员工的创新。[⑤]

第四，工作领域的专业知识与技能。尽管领导者主要承担管理的责任，但领导者具有技术专长对员工的创新结果也非常重要。Andrews 和 Farris 对 21 个团队中的 94 个科学家的研究发现，领导者的专业技术是创新绩效的最佳预测变量，这个变量要比激励他人、维护团队关系、授权等影响更大。[⑥] Barnowe 对化学专家的研究也得出相同结论。因为具有创造力的员工具有强烈的职业认同感，只有领导者具有相应的专业知识，他才能获得这类员工的认可，也才有能力与这些员工有效沟通、评估他们的创意、对他们进行有效的指导和反馈、

① Gibson, F. W., et al., "Stress, Babble, and the Utilization of the Leader's Intellectual Abilities," *The Leadership Quarterly* 4 (1993): 189-208.

② Mumford, M. D., et al., "Leading Creative People: Orchestrating Expertise and Relationships," *Leadership Quarterly* 13 (2002): 705-750.

③ Zhou, J., and George, J. M., "Awakening Employee Creativity: The Role of Leader Emotional Intelligence," *Leadership Quarterly* 14 (2003): 545-568.

④ 袁凌等：《领导愤怒表达如何影响员工创新过程投入——一个被调节的链式中介模型》，《科技进步与对策》2021 年第 4 期。

⑤ 邹艳春等：《新冠疫情下领导者人际情绪管理对员工创新绩效的影响》，《中国人力资源开发》2020 年第 8 期。

⑥ Andrews, F. M., and Farris, G. F., "Supervisory Practices and Innovation in Scientific Teams," *Personnel Psychology* 67 (2019): 497-515.

理解他们的需求，以及洞察员工内部的关系。①

第五，其他能力。一是计划能力。Halbesleben 等将创新和快速变化的时代背景相结合，他们认为在当今时代，技术和商业模式快速变化，因此，领导者是否能够理解时代复杂性非常重要。② 因此，那些有较强计划能力的领导者因为能够洞察问题的根源、分析可能的原因，并制定多种行动方案，可以为员工提供对不确定环境的缓冲，从而促进员工创新。二是灵性资本。灵性资本是企业家在核心价值观、人生观、世界观等终极信念方面的高层次精神资本，灵性资本不仅激励企业家创业创新和以利他之爱塑造组织文化，也会通过提高员工的创新自我效能感和组织自尊带动员工的创新行为。③

（二）领导者的行为与风格

领导者的行为与风格是组织行为研究中的另一个热点，研究者已经发现了很多种领导行为，也归纳出很多种领导风格。行为是风格的具体体现，风格是相对固定的行为模式，两者具有内在一致性。鉴于领导的行为与风格研究的多样性，如果按照领导风格来陈述他们对员工创新的影响会比较零散，因此，本书按照领导严格的程度进行分类，将其划分为严格类、宽松类以及中性类领导行为/风格。

严格类领导行为是那些在管理上侧重要求与限制、向员工施加压力的领导行为，常见的严格类领导行为包括监控行为、威权型领导以及辱虐型领导。一般认为创新行为与自我实现有关，因此，严格类领导行为通常被认为是员工创新的阻碍因素。Zhou 的研究数据支持严格的监控对员工创造力的负面作用。④威权型领导要求员工绝对服从，对于不服从的员工会实施惩罚，威权型领导制

---

① Barnowe, J. T., "Leadership and Performance Outcomes in Research Organizations: The Supervisor of Scientists as a Source of Assistance," *Organizational Behavior and Human Performance* 14 (1975): 264-280.

② Halbesleben, J. R. B., et al., "Awareness of Temporal Complexity in Leadership of Creativity and Innovation: A Competency-based Model," *The Leadership Quarterly* (14) 2003: 433-454.

③ 李艳、顾建平：《企业家灵性资本对员工创新性行为的影响研究》，《华东经济管理》2019 年第 8 期。

④ Zhou, J., "When the Presence of Creative Coworkers Is Related to Creativity: Role of Supervisor Close Monitoring, Developmental Feedback, and Creative Personality," *Journal of Applied Psychology* 88 (2003): 413-422.

造出的恐惧和保守的职场氛围会减少员工建言，从而损害创新行为。① 辱虐型领导会没有理由地对员工进行恐吓、贬低或嘲笑，使员工失眠、情绪耗竭，员工不仅因为恐惧而产生逃避行为，还会为报复而减少工作参与，从而减少创新行为。② 不过，也有研究者认为应当对辱虐行为进行细分，那些为了促进员工努力工作，提高组织绩效而对员工表现出来的辱虐行为是事业型辱虐，对员工创新行为具有促进作用。③

宽松类领导行为是指那些在管理上侧重支持与关怀，减少员工压力的领导行为。常见的宽松类领导行为包括授权、支持、谦卑以及仁慈。授权型领导向员工分享信息，在决策中尊重员工意见并鼓励员工自主决策，提供了创造性结果的先决条件。支持行为涉及多个方面，对员工工作家庭平衡支持的领导被称为仆人型领导，仆人型领导能提高员工对组织的信任，④ 增强自我概念，⑤ 从而提高他们的创新绩效。对员工工作的支持又可细分为资源、技术方面的工具性支持和鼓励、认可等方面的情感性支持，这两类支持都能提高员工创新的信心，增加创新的投入，从而有助于员工创新。谦卑型领导勇于承认自己的不足，一旦员工纷纷模仿这种行为，就会在工作场所形成谦卑的氛围，从而使整个团队将工作的焦点聚集于进步，激发创新行为。⑥ 仁慈型领导关心下级，不对下级提出过多要求，使员工能按照自己的想法工作，这就像一把双刃剑，一些学者认为仁慈型领导使员工产生内部人身份的感知，从而对员工创新有好处⑦，但仁慈型领导也可能会使员工不再提出新的观点，不利于创新，尤其是

---

① Dedahanov, A. T., et al., "Entrepreneur's Paternalistic Leadership Style and Creativity: The Mediating Role of Employee Voice," *Management Decision* 54 (2016): 2310-2324.

② Han, G. H., et al., "Nightmare Bosses: The Impact of Abusive Supervision on Employees' Sleep, Emotions, and Creativity," *Journal of Business Ethics* 145 (2017): 21-31.

③ 朱金强等：《"宽猛相济"促创新——基于阴阳观的视角》，《南开管理评论》2018 年第 5 期。

④ Karatepe, O. M., et al., "Servant Leadership, Organisational Trust, and Bank Employee Outcomes," *Service Industries Journal* 39 (2019): 86-108.

⑤ 王三银等：《家庭支持型领导如何驱动员工的创新行为——自我概念的链式中介效应》，《科学学与科学技术管理》2019 年第 3 期。

⑥ Owens, B. P., and Hekman, D. R., "How Does Leader Humility Influence Team Performance? Exploring the Mechanisms of Contagion and Collective Promotion Focus," *Academy of Management Journal* 59 (2016): 1088-1111.

⑦ 沈伊默等：《仁慈领导与员工创新行为：内部人身份感知的中介作用和领导-部属交换关系差异化的调节作用》，《心理学报》2017 年第 8 期。

对于自评的创新，仁慈型领导的促进作用的确不够显著①。

中性类领导行为是那些在对员工的管理上，保持情感中立的领导行为。常见的中立类领导行为包括反馈行为、变革型领导、交易型领导、真实型领导、伦理型领导以及双元领导。领导者对员工提供进展反馈能促进员工创造力的观点很早就得到了证明。变革型领导是近年来讨论较多的领导风格，是包括魅力影响、动机鼓舞、智力激励和个性化指导四种领导行为在内的综合性领导模式，这种领导风格具有激活员工的促进定向②、建设性变革责任感、增进心理授权等作用，因而对员工创新具有正向作用。和变革型领导的内在激励风格不同，交易型领导注重外在激励，对创新的结果给予丰厚的奖励。从作用机理看，创新更多与内在动机相关，交易型领导很难对创新产生促进作用，Lee 等认为，交易型领导与创造和创新的关系可能受到很多因素的影响。真实型领导以强烈的自我意识和内在道德标准为准则，做真实的自己并且致力于与下属构建透明真实的关系，因此，员工也会被鼓励做自己，在透明的关系中获得真实的信息，形成积极的心理资本并开展创新。③ 和真实型领导一样，伦理型领导也带有道德的意味，这种领导者往往通过个人行为和人际关系来树立组织中的行为准则以规范下级行为，伦理型领导能促进组织内的知识共享④和维持员工心理安全感⑤并进而有利于员工创新。

和上述中性领导行为不同，双元领导是一个概称，表达的是将两种差异互补的领导行为结合在一起的领导行为，例如严厉与慈爱相结合、包容与辱虐相结合、开放与闭合相结合等。中国文化中有阴阳互生的理念，因此一些中国学者发现中国情境中存在兼具严格和宽松行为的领导风格，并将其命名为家长式领导，以反映既重视纪律性和领导权威，又会对下级表现出父亲般的仁慈与道

---

① Lee, A. , et al. , "Leadership, Creativity and Innovation: A Meta-analytic Review," *European Journal of Work and Organizational Psychology* 29（2020）：1-35.

② 李渊等：《变革型领导力与员工创新行为模式：基于促进定向的中介作用》，《中国软科学》2019 年第 7 期。

③ 韩翼、杨百寅：《真实型领导、心理资本与员工创新行为：领导成员交换的调节作用》，《管理世界》2011 年第 12 期。

④ 王忠诚、王耀德：《伦理型领导、知识共享与员工创新行为》，《求索》2016 年第 6 期。

⑤ 王忠诚、杨建锋：《伦理型领导、心理安全与员工创新行为的关系研究》，《东岳论丛》2018 年第 8 期。

德楷模的领导风格，后者促使员工认识到威权领导背后的积极目的，从而抵消威权领导对员工创新的负面影响。[①] 朱金强等研究了兼具包容行为与事业型辱虐行为的领导，他们发现，两者交互后对员工创新具有倒"U"形影响。[②] 胡文安等研究了开放与闭合相结合的双元领导，他们认为闭合型领导在认知方面为员工设置明确而详细的标准，可以为新员工参与创新活动提供清晰的目标，有助于他们识别组织目标，根据目标对创意进行改进，但也会导致新员工在创新时瞻前顾后，创意匮乏；在情绪方面屏蔽了外部环境变动的干扰，有助于员工稳定情绪，但也会导致员工在创意与组织目标冲突时更易情绪激动。开放型领导行为在认知方面给予员工自由发挥的空间，鼓励员工产生创意，但过多的创意又容易导致创意冗余；在情绪方面有利于向员工传递积极情绪，但员工也会因创新投入过大而产生情绪耗竭。双元领导，即权变性地采取开放或者闭合领导策略，则可通过内隐协同的方式降低创新冗余和创新匮乏，更好地激发新员工的创新行为。[③]

（三）不同层次的领导

大部分对领导和员工创新的研究集中在员工的直接领导者层面，然而，组织中的领导是一个嵌套系统，组织的文化、结构和流程往往由高层领导决定，因而，直接领导与员工创新的关系很可能受到更高层领导的影响。除了这种路径关系，高层领导也能直接影响员工创新。直接领导的行为在受到组织制约时，他们也能运用组织正式奖励之外的方式来鼓励员工创新，或者阻碍高层领导对创新的支持。[④]

四 培训制度

理论上讲，培训有助于员工增加必要的基础知识，产生新的社会关系，加

---

① Gu, Q. X., et al., "Tough Love and Creativity: How Authoritarian Leadership Tempered by Benevolence or Morality Influences Employee Creativity," *British Journal of Management* 31 (2020): 305-324.
② 朱金强等：《"宽猛相济"促创新——基于阴阳观的视角》，《南开管理评论》2018年第5期。
③ 胡文安等：《"新员工悖论困境"破解：双元领导动态协同过程及化解路径研究》，《南开管理评论》2021年第4期。
④ 曲如杰等：《领导对员工创新影响的综述》，《管理评论》2012年第2期。

强合作，因此，对员工创新行为应当有积极作用。吴治国和石金涛认为触发员工创新行为需要知识、思维、动机和时间四个要素，即 KTMT 触发系统，培训一方面起到帮助员工积累知识、改善思维模式的作用，另一方面将组织内的知识、技能、经验等组合起来，进行知识管理，形成有效促进创意产生的知识环境，因而提供了触发员工创新的知识与思维要素。[①] 张慧和彭璧玉通过对1998~2011 年中国工业企业微观数据的研究证明员工教育投入的增加能为创新企业赢得更多的生存机会，间接论证了教育培训和创新行为的正向关系。[②]

培训促进创新行为的机制主要体现在两个方面，第一个机制是增加多样性。Basadur 等对 112 名工程师进行了发散性思维的培训，采用田野实验的方式研究团队培训和分散培训在创造力形成时是否有区别，结果显示，由于团队本身提供了多样性，团队培训对于掌握、运用发散思维更为有效。[③] 第二个机制是促进组织内知识共享与交流。Sung 和 Choi 通过对韩国 16 个行业 260 家公司的研究，根据资金流向将企业培训分成了组织内培训和组织外学习提升两种方式，考察了这两种不同的人力资源开发方式对员工创新的影响。他们发现组织内培训能够促进创新，但是组织内培训不是直接促进员工学习实践，而是通过鼓励员工间的学习实践以及组织学习实践并最终带来创新的。[④] 该研究覆盖面大，并且采用了追踪数据，因此，结论比较可靠，韩国与中国具有类似的文化底色，结论的借鉴意义也比较大。该研究提示我们，组织内培训的作用有一部分是通过员工间学习从而促进创新的，这说明，对创新而言，培训产生效果最关键的环节是要实现组织内的知识共享。

创新不仅意味着新事物的产生，也意味着对传统事物的扬弃，这不仅需要知识，也需要独到的眼光、否定的勇气和强大的信念，因此，除了素质提升外，心智模式的培训也很重要。张琴提出的创新导向型心智模式就包含创新知

---

① 吴治国、石金涛：《员工创新行为触发系统分析及管理启示》，《中国软科学》2007 年第 3 期。

② 张慧、彭璧玉：《创新行为与企业生存：创新环境、员工教育重要吗》，《产业经济研究》2017年第 4 期。

③ Basadur, M., et al., "Training Effects on Attitudes Toward Divergent Thinking among Manufacturing Engineers," *Journal of Applied Psychology* 71 (1986): 612-617.

④ Sung, S. Y., and Choi, J. N., "Do Organizations Spend Wisely on Employees? Effects of Training and Development Investments on Learning and Innovation in Organizations," *Journal of Organizational Behavior* 35 (2014): 393-412.

识、创新思维以及创新的信念与动机三大模块，其中创新知识包括创新知识结构与储备、对创新规律的熟悉；创新思维包括求异的思维方式、理性怀疑和迎接挑战的精神；创新的信念与动机包括自我实现的愿望、性格和兴趣、敏感的创新意识以及自信心和理性预期等内容。[①] 显然这类培训与知识技能类培训在内容与作用上截然不同。

尽管研究者普遍认为培训对员工创新有好处，但也对培训在促进创新时可能产生的问题进行了研究。比如，上述 Sung 和 Choi 的研究就提出一个警示：慷慨的外部学习赞助可能会阻碍创新。企业的投入都希望获得回报，然而，如果投入用在以个人提升为主要目的的外部学习赞助上，将会损害创新，因此，员工整体素质提高就一定能出现组织希望的创新的想法过于理想化，为了让学习赞助能够实现组织目标，企业应当对所赞助的外部学习内容进行审查。童洪志通过数值仿真方法模拟了不同创新促进政策下科研人员创新行为的演化，发现如果政府只通过培训一种政策工具来促进科研创新，即使不断提高培训强度，但由于科研不端行为带来的收益可能大于创新行为，科研人员最终会稳定于不端行为，只有将培训与补贴以及对不端行为的惩罚组合起来，才能使结果稳定在创新行为上。[②]

总体看来，培训有利于员工创新，但要让培训的积极作用得到最大限度发挥，在培训的学员组织、培训形式、培训内容的多维性以及配套约束措施上都需要精心设计。

五　绩效制度

绩效评估是绩效管理中的重要环节，通过绩效评估，员工和管理者才能掌握工作的进度，对发生偏移或者滞后的工作进行纠正，保证员工的努力与组织的期望一致。评估意味着在一定时间内完成既定目标，因此考察绩效评估对创新行为的作用不能抛开目标和时间压力因素。员工在目标水平上会和

[①] 张琴：《基于创新导向型心智模式的企业研发人员培训研究》，《科学管理研究》2013 年第 2 期。

[②] 童洪志：《政策工具组合对高校科研人员创新行为的影响机制研究》，《现代教育管理》2019 年第 6 期。

管理者进行博弈，困难的目标会降低创新水平，但在给员工分配困难的工作目标时，如果同时设置一个创新性的目标，则会对员工创新产生积极的影响。① 定期的评估会产生时间压力，上文提到的研究发现，科学家感受到的时间压力和创新显著正相关，② 然而，也有学者认为绩效评估的严格时间限制会带来压力，降低创新的动机，因而反对传统的绩效评估。③

研究者逐渐意识到评估可能有不同类型，它们对创新的作用可能不一样。例如，Shalley 等认为不同评估风格对员工创新的作用不一样，评估风格可分为评价式评估和发展式评估，前者侧重对过去任务完成情况的考察，后者侧重员工将来绩效的提升，有人形象地将两种评估分别比喻为"秋后算账"和"指点迷津"，其中，对员工创新产生负面影响的是评价式评估，而发展式评估的作用是相对积极的。④ 尹润锋和朱颖俊认为，两种评估之所以作用不同是因为它们会导致不同的差错管理文化。评价式评估会增加员工的懊悔和心理负担，害怕出现差错，在出现错误时相互推诿，长期积累会形成负面的差错管理文化，员工为了避免犯错，就会减少创新尝试，出现错误时，会想办法与错误划清关系而不是从错误中学习；发展式评估则较少对差错进行惩罚，鼓励对差错进行沟通，当员工能以平常心看待差错并从中获得经验时，他们会更愿意进行创新。⑤

不同内容的评估对员工创新的作用也不一样，Curzi 等按照内容将绩效评估分为结果导向型、技能展示导向型和能力发展导向型三种，在剔除正式反馈对创新的作用后，三种评估对创新行为促进作用的排序是能力发展导向型>结果导向型>技能展示导向型。在对作用较大的前两种评估做进一步研究后，他

① Shalley, C. E., "Effects of Productivity Goals, Creativity Goals, and Personal Discretion on Individual Creativity," *Journal of Applied Psychology* 76 (1991): 179-185.

② Andrews, F. M., and Farris, G. F., "Time Pressure and Performance of Scientists and Engineers: A Five-year Panel Study," *Organizational Behavior and Human Performance* 82 (1972): 185-200.

③ Cappelli, P., and Tavis, A., "The Performance Management Revolution," *Harvard Business Review* 94 (2016): 58-67.

④ Shalley, C. E., et al., "The Effects of Personal and Contextual Characteristics on Creativity: Where Should We Go from Here," *Journal of Management* 30 (2004): 933-958.

⑤ 尹润锋、朱颖俊：《绩效考核目标取向与员工创新行为：差错管理文化的中介作用》，《科学学与科学技术管理》2013 年第 2 期。

们提出绩效评估的促进作用建立在员工对考核制度的满意以及员工对评价结果的认同基础之上。[1]

评估结果的偏倚对员工创新的作用也不一样,汪洪艳研究了管理者对绩效结果的操纵,按评估结果与真实绩效的差异将评估分为激励性考核政治和惩罚性考核政治,前者人为拔高评估结果,后者故意压低评估结果。因此,激励性考核政治会让员工感受到组织的重视,继而用创新行为来回报组织的支持,反之则相反,组织亲疏远近关系越明显,这种作用也越明显。[2] 赵书松和张一杰从社会交换的角度对这一关系进行了解释,考评结果操纵会影响员工的公平感,那些被偏爱的员工因为感受到更多的互动公平,所以更愿意与领导交流新想法,从而获得积极反馈并实现工作流程的改进。[3]

Klein 和 Speckbacher 的研究跳出了绩效评估本身,并将领导风格作为权变变量,他们发现,可以使用与顾客相关的财务数据来评估创意行业的从业者,例如广告设计师,艺术价值和组织绩效之间产生的张力会限制创新,然而,变革-魅力型领导能采取行动使员工将这种评价标准背后的价值逻辑进行内化,因而可以抵消这种不利影响。[4]

可见,绩效评估对创新行为具有双刃剑的作用,双刃剑效应可归结于评估的目标导向与领导方式,好的绩效评估应当服务于员工的能力成长、信心提升以及他们对工作更好的理解。

六 薪酬激励

关于薪酬究竟对员工创新起到何种作用,一直存在两种针锋相对的看法。两种看法矛盾的根源在于创新行为主要是由内在动机还是外在动机所引发的。

[1] Curzi, Y., et al., "Performance Appraisal Criteria and Innovative Work Behaviour: The Mediating Role of Employees' Appraisal Satisfaction," in Addabbo, T., et al., eds., *Performance Appraisal in Modern Employment Relations* (Cham: Palgrave Macmillan, 2020), pp. 11-34.

[2] 汪洪艳:《绩效考核政治对员工创新行为的影响:领导成员交换关系差异化的作用》,《当代经济管理》2017 年第 10 期。

[3] 赵书松、张一杰:《绩效考核政治对下级创新行为的影响机制研究》,《管理学报》2019 年第 5 期。

[4] Klein, A., and Speckbacher, G., "Does Using Accounting Data in Performance Evaluations Spoil Team Creativity? The Role of Leadership Behavior," *The Accounting Review* 95 (2020): 313-330.

　　一些研究者认为创新行为可以由外部动机引发，货币报酬是行为的经济刺激物，创新行为也是一种行为，因而，货币报酬能够对创新行为起到刺激的作用。一些实证结果支持这一观点，例如，Eisenberger 和 Rhoades 以未成年人为对象进行了多个实验，发现反复对样本的创新绩效进行奖励，激活了未成年人的外在动机，导致他们在后续的任务中表现出更高的创新性。① 如果员工的创新是因外部驱动而发生的，他们会认为创新行为是对常规工作任务的超越，因而应当获得超越正常收入的奖励。此时组织采取创新导向的薪酬安排可以向员工传递出组织对创新的认可和重视，会让员工认为他们的创新行为是有价值的，从而起到促进创新的作用。② 鉴于员工创新具有一定的风险性，这种信号的传递越清楚越好。因此，组织奖励是明确以创新为对象的，企业的信号越明确，员工创新的意愿会越明显，创新行为也会越频繁地发生。

　　不过，更多学者认为创新行为的主要动力来源于内部。一些学者根据自我决定理论推测用金钱来奖励创新，会对创新行为有不利的影响。如果员工是因为好奇或者感兴趣才自发地进行创新，那这些员工就是由内部驱动的，此时他们只会将金钱奖励视为压力而不是动力，所以薪酬不能促进创新行为。③ 还有一些学者根据社会交换理论提出，如果员工认为薪酬发放是公平的，那么他们就应当投桃报李，在工作上更加主动一些，自发地做出一些任务要求之外的行为，例如进行创新，④ 此时激励员工创新的因素是公平需求，而非经济需求得到了满足，因而也是内部驱动的。

　　薪酬激励与员工创新行为关系的复杂性或可通过员工身份特点予以解释。例如，员工的工作性质会影响薪酬激励对动机的挤出效应，如果员工是以创新为本职工作的研发人员，奖励对内在动机的挤出效应就不会很明显，薪酬激励

① Eisenberger, R., and Rhoades, L., "Incremental Effects of Reward on Creativity," *Journal of Personality and Social Psychology* 81 (2001): 728-741.

② Zhang, Y., and Begley, T. M., "Perceived Organisational Climate, Knowledge Transfer and Innovation in China-based Research and Development Companies," *The International Journal of Human Resource Management* 22 (2011): 34-56.

③ Karin, S., et al., "How to Support Innovative Behaviour? The Role of LMX and Satisfaction with HR Practices," *Technology and Investment* 1 (2010): 59-68.

④ Janssen, O., and Demands, J., "Perceptions of Effort-reward Fairness and Innovative Work Behaviour," *Journal of Occupational and Organizational Psychology* 73 (2000): 287-302.

主要体现出对创新的促进作用。① 又如，员工的代际不同，价值观可能也不同，70 后追求帮助自己走向成功的路径与条件，50 后、60 后更重视为家庭持续发展创造条件，80 后、90 后更注重工作的内在价值，因而薪酬激励对 80 后、90 后的创新容易成为阻碍因素，而对 20 世纪 80 年代之前出生的人则比较容易成为促进因素。②

事实上，无论薪酬激励对创新的作用如何，组织都不可能只采取薪酬激励一种激励方案，激励措施也往往是内外结合的。曾湘泉和周禹对薪酬激励与内在激励交互作用的研究发现，薪酬激励对创新行为整体上是有促进作用的，不过这种促进作用存在一个临界点，在临界点之前，薪酬激励有积极作用，超过临界点，则起阻碍作用。内在激励对创新行为的积极作用更加稳健，并且可以弥补薪酬过高时带来的侵蚀效应。③

实行薪酬激励，也很少采用彻底的可变薪酬，而会在可变薪酬和固定薪酬间确定一个比例，这个比例对创新行为的影响也会不同。张勇和龙立荣通过研究发现，可变薪酬与总薪酬的比值与渐进式创新存在显著的正向关系，但与突破式创新没有显著关系，这既是因为考核周期调节了两者的关系④，也是因为可变薪酬比例与突破式创新的关系是非线性的，是倒"U"形关系⑤。

薪酬激励的指标也会影响员工创新。如果奖励完全基于创新的结果来发放，金钱激励的负面作用就会更加明显，因为创新行为具有风险性，回报周期可能也比较长，如果遵循旧规则就能在短期内产生出足够的绩效，那么冒险进行创新就是不明智的行为。但如果员工认为奖励是基于他们对创新过程的贡献，而不是基于成本控制或者其他的创新结果来发放，则金钱激励能促进员工创新。⑥

① 刘宁等：《组织创新奖酬对研发人员创新行为影响机制的实证研究》，《科研管理》2019 年第 1 期。
② 杨涛等：《新常态下 80、90 后员工的创新驱动力》，《财经科学》2015 年第 5 期。
③ 曾湘泉、周禹：《薪酬激励与创新行为关系的实证研究》，《中国人民大学学报》2008 年第 5 期。
④ 张勇、龙立荣：《绩效薪酬与团队成员创新行为关系实证研究》，《管理学报》2013 年第 8 期。
⑤ 顾建平、王相云：《绩效薪酬、创新自我效能感与创新行为关系研究——基于江苏高新技术企业研发人员的实证分析》，《科技管理研究》2014 年第 16 期。
⑥ Fernandez, S., and Moldogaziev, T., "Employee Empowerment, Employee Attitudes, and Performance: Testing a Causal Model," *Public Administration Review* 73 (2013): 490-506.

影响薪酬对创新的作用的还有时间。一种是兑现激励薪酬的时间，即周期，如张雅慧等通过实验研究的方法发现薪酬比重更高的长期型薪酬契约比短视契约和终止契约更能激发经理人创新；① 上述张勇和龙立荣的研究也证明如果兑现激励薪酬的时间比较长，则高可变薪酬比值的安排也可以促进突破式创新。另一种是薪酬激励介入的时间：Kachelmeier 等指出，在创新过程的早期，采用基于数量的激励措施来提高生产力，不仅不会阻碍员工创新，甚至可以在后期阶段带来更高的创造力。②

上述的研究结果均建立在薪酬制度和实施一致的前提下，如果两者不一致，则称为薪酬退耦，薪酬退耦可以分为对内退耦、对外退耦、内外一致和无作为四种类型，前两者在内外的政策上存在不一致。研究发现，薪酬对外退耦，即组织重视薪酬的有效性而不关心向外界宣传薪酬制度的合法性，对员工创新有积极作用，而对内退耦，即组织并没有集中力量去实施那些向外宣称的薪酬制度，对员工创新有负面影响。③

七 组织职业生涯管理

职业生涯是个体自身的事情，涉及个体身心的全面发展，与个体认知、态度、能力都有关系，对生涯的干预影响很可能是细水长流和静水流深的。组织职业生涯管理是组织为员工的职业生涯发展提供各种服务，例如职业测评、职业咨询、规划辅导等。实证研究发现，组织职业生涯管理能够满足员工职业成长的需求，有助于提升员工的内在动机，提高他们对工作的兴趣与激情，因而对员工创新行为具有正向作用。④

---

① 张雅慧等：《不同薪酬契约对创新行为的影响分析：实验的证据》，《管理工程学报》2015 年第 2 期。

② Kachelmeier, S. J., et al., "Incentivizing the Creative Process: From Initial Quantity to Eventual Creativity," *The Accounting Review* 94（2019）：249—266.

③ 白景坤等：《薪酬制度退耦会影响员工创新行为吗?》，《经济与管理研究》2020 年第 1 期。

④ 李海等：《如何激励多样化的知识员工? ——基于一个分类框架和差异激励模型》，《科学学与科学技术管理》2016 年第 10 期。

第三节 工作场所的人际环境

人际环境与管理环境一样，都不体现为物理实体，两者的区别在于人际环境是人们在日常相处中自发形成的，组织不会也不能通过管理制度对其做出要求。工作场所中的人际环境不仅涉及组织中的人，也会涉及组织外与业务有关的人，前者是指员工和领导、员工和同事的人际关系以及整体的组织文化与氛围，后者是指员工与顾客的关系。

一 员工与领导的关系

前文曾讨论不同领导类型、领导能力等对员工创新行为的影响，本部分讨论的是领导与员工的关系对员工创新行为的影响，两者虽有联系，但性质不同。领导的类型及能力是从领导本身的素质角度出发的，默认领导与所有下级的关系是同质的，然而，员工与领导的关系则是从两者互动的角度出发的。例如，领导成员交换是从领导与下属垂直的子关系角度出发的，认为领导会和不同下级形成不同的差序关系，造成下级圈内人和圈外人的身份差异，产生不同的社会交换。领导类型不同，就容易与成员形成不同的领导成员交换，因而，领导成员交换常常成为领导风格与创新行为之间的中介或调节变量。上下级之间的冲突是一种直接衡量冲突这一激烈互动方式的标准。

（一）领导成员交换与上司下属关系

员工与领导关系最常见的表达是领导成员交换（leader-member exchange），这是基于工作制度逻辑提出的构想，强调人际关系形成中的理性因素与公平交易。另一个相近表达是基于家族制度逻辑提出的上司下属关系（supervisor-subordinate guanxi），强调情感因素与人情法则。相比之下，上司下属关系更多体现了中国情境中的员工与领导的关系，研究时间不长，领导成员交换在研究的深度和接受度上都更高一些。

多个实证研究证明了领导成员交换对员工创新行为具有促进作用，元分析发现，领导成员交换对创新的积极影响是跨文化的，在领导成员交换的四个子维度中，情感维度的影响力最大。①

　　大部分对领导成员交换与员工创新行为之间作用机制的研究涉及心理过程。第一，情感变化机制。高水平的领导成员交换意味着亲密的上下级关系，这将带来愉悦的心情，进而通过与他人的积极互动提高个体开展创新的动机。领导成员交换也可创造出一个适合员工在工作场所保持正念的氛围。Mulligan提倡的正念代表着投入、求新、创新以及弹性，因而这种氛围能够提升员工的工作投入，最终触发员工创新行为。② 第二，认知改变机制。创新行为意味着风险承担，只有员工认为创新的风险超过收益才会实施创新行为。从降低风险认知的角度，高水平的领导成员交换意味着员工认识到自己是领导的圈内人，因而这部分员工相信自己能够在创新过程中得到领导额外的帮助，获得来自组织的资源与精神的支持，即使创新失败，也不会因此受到严厉的惩罚；从提高收益的角度，高水平的领导成员交换意味着员工对组织具有强烈的归属感，员工自认应当从事超越一般工作职责的活动。因此，领导成员交换的结果是降低了对创新风险的认知和提高了对创新回报的认知。时方方和郭云贵通过追踪研究论证了组织支持感知和内部人身份认知在领导成员交换与员工创新之间的中介作用。③ 第三，动机形成机制。高水平的领导成员交换意味着领导将员工当成自己人，对于具有挑战性的任务，领导更愿意交给自己人，为了保证他们更好地完成任务，其也会让渡一部分决策权和自主权。因为领导的信任，员工自我效能感提升；因为被赋予了决策权，员工有更强的自我决定感，在独立负责业务时能影响更多人，也更好地理解了工作。因此，高水平的领导成员交换会产生心理授权的结果，这是自我决定理论揭示的重要心理动机。徐本华等对中国西部六市企业的实证研究证明，领导成员交换的确可通过心理授权促进员工的主动创新行为，当核心自我评价高时，这种促进作用更强。④

① 杨刚等：《论领导成员交换与创造力的关系——基于社会认知理论的元分析研究》，《重庆工商大学学报》（社会科学版）2020年第6期。

② Mulligan, R., et al., "Inspiriting Innovation: The Effects of Leader-member Exchange (LMX) on Innovative Behavior as Mediated by Mindfulness and Work Engagement," *Sustainability* 13 (2021): 5409.

③ 时方方、郭云贵：《领导成员交换对员工创新行为的影响：一个链式中介模型》，《西部经济管理论坛》2021年第2期。

④ 徐本华等：《领导成员交换与员工主动创新行为：一个被中介的调节模型》，《管理科学》2021年第2期。

也有研究从资源保护的角度探讨了家庭在领导成员交换与员工创新之间的关系，显然，这种讨论涉及了工作和家庭两个子场景间的互动，属于创新生态的中系统范畴，我们将在中系统一章中做出阐释。

大部分研究关注领导成员交换的水平本身，也有一些研究开始考量领导成员交换差异的影响。一种差异是指领导成员交换在组织中的离散程度，即领导在对待下属时有多么"薄厚不均"，另一种差异则体现为领导与员工这两种不同主体在关系认知上的差异。

杨刚等的研究涉及第一种差异，他们通过研究发现，领导成员交换差异对创造力有负向影响。[1] 梁彦清和刘伟鹏的研究涉及了两种差异，他们发现领导与员工感知的领导成员交换越一致，员工创新越高，且双高型一致比双低型一致对创新的积极作用更强，当领导成员交换差异小时，还可在一定程度上改善双低型一致对职场精神力的负向影响。[2] 从这两项研究结果来看，领导过于明显的亲近少数下属可能不是激励员工创新的好做法。

领导成员交换对员工创新行为的作用受到部分因素的影响。曲如杰等发现了员工自尊的调节作用。[3] 但近年来，更多的研究集中在文化的调节作用上。从民族文化来看，上述杨刚等的元分析发现了在东方文化以及发展中国家中，领导成员交换对员工创新的积极作用更强。[1] 邓玉林等比较了基于不同制度逻辑的员工与领导关系对创新行为影响的差异。如前所述，领导成员交换基于工作逻辑，上司下属关系基于家族逻辑，在中国情境下，上司下属关系比领导成员交换更能在上下级间形成类家庭的关系，产生信任与尊重，从而对角色外行为，例如员工创新行为产生更大影响。[4] 从组织文化看，姜诗尧等发现当员工认为组织缺乏公平、诚信、正直，组织内成员言行不一、组织发展方向基于个人利益时，领导成员交换对员工创新行

① 杨刚等：《论领导成员交换与创造力的关系——基于社会认知理论的元分析研究》，《重庆工商大学学报》（社会科学版）2020 年第 6 期。
② 梁彦清、刘伟鹏：《领导-成员交换一致性与员工创新绩效——基于多项式回归与响应面的分析》，《技术经济与管理研究》2020 年第 3 期。
③ 曲如杰等：《领导对员工创新影响的综述》，《管理评论》2012 年第 2 期。
④ 邓玉林等：《基于制度逻辑的不同上下级关系对员工创新行为的差异化影响机制研究》，《中国管理科学》2021 年第 9 期。

为的促进作用将被削弱。①

总之，领导成员交换对于亲信员工而言是创新行为的推动力，对于非亲信员工而言则是阻碍力，领导要让交换的推动力更有效需要让员工认同他和领导的交换关系，这种认同不仅和领导本人有关也和组织整体的正义有关，由于东方文化中的领导成员交换作用更明显，中国的领导者尤其要处理好这一关系。

（二）领导成员冲突

领导成员可能因多种因素产生冲突，无论何种冲突都会造成关系的紧张。如果上下级对工作的任务或者目标意见不一致，那么下级就很难贯彻自己的工作创意，导致创新行为的减少。多个讨论领导成员冲突的研究得出了上下级冲突不利于员工一般性创新的结论，例如杜鹏程等对中国雇员的研究证明了雇员对上级的敌意负向影响他们的创新行为②，刘冰和李逢雨发现上下级代际冲突对中国90后雇员的主动性创新有负面作用③。两个研究找到了两个不同的冲突发挥作用的机制，前者是从情绪劳动的角度分析的，后者是从归属的角度进行分析的。由于上下级冲突雇员对领导产生敌意，员工情绪低落，不愿与领导沟通交流，不愿将创新内化为自己的责任；上下级冲突还会使员工对组织产生疏离感，不能发挥主人公精神，因此不会提出新想法进行创新。可见两项研究殊途同归，共同指向冲突对员工情绪的不利影响和对创新行为的不利后果。

不过，当创新不走正规途径时，上下级冲突却可能刺激越轨创新行为的发生。当下级的创意被否定且无法通过正当途径实现时，他们可以选择服从也可以选择用越轨的方式来恢复内在平衡。当下级高度重视自我价值实现时，他们就更可能私自践行创新想法，即越轨创新，而当他们处于创新支持型的组织氛围中时，他们的越轨创新行为将被进一步放大。④

---

① 姜诗尧等：《资源保存理论视角下领导-成员交换对员工创新行为的影响》，《首都经济贸易大学学报》2019年第6期。

② 杜鹏程等：《雇员敌意与员工创新行为：情绪劳动策略与冲突管理方式的作用》，《科技进步与对策》2017年第12期。

③ 刘冰、李逢雨：《上下级代际冲突对90后员工主动创新行为的影响机制研究》，《东岳论丛》2021年第9期。

④ 王弘钰等：《冲突视角下新生代员工越轨创新行为的影响因素研究——独立型自我建构和组织创新氛围的调节作用》，《现代财经（天津财经大学学报）》2018年第7期。

二　同事关系

相比领导与员工的关系，员工之间的关系除了基于工作形成之外，有更大的比重是基于个性的吸引与爱好匹配，掺杂较少功利成分。由于员工之间的接触较他们与领导的接触更多，尽管同事很难控制资源，但他们的情感和行为的影响有可能大过领导对员工的影响，因此，在某种意义上，同事关系会在员工周围形成一个约束较弱但作用途径更多、影响也更加稳定的情境。一些研究探讨了同事关系对员工创新行为的影响，总体而言，同事关系可以体现为反馈、信任等支持性互动行为，也可以体现为排斥等敌对性互动行为或者敌对程度不那么高的竞争关系。下面按照同事关系的种类逐一论述。

（一）支持性关系

创新具有较大的不确定性，因此，无论情感支持还是物质支持抑或智力支持都能为员工创新提供一定的帮助。资源保护理论提出，最初的资源获得有助于资源的进一步获得，因此，受到同事支持的员工可能加大创新投入以实现资源增值。①

同事间的互相支持可以体现为多种形式，反馈和信任都可以视为支持。此外，工作场所的友谊虽然不体现为直接的工作支持，但代表着同事之间的相互欣赏、接纳与认同，也具有支持作用。

员工寻求反馈的行为分为直接反馈行为和间接反馈行为两种情况，分别对应咨询和监测。同事对反馈行为的反应也相应地可以分为回应和表现。在两种反馈与创新的关系方面，意见并不统一，既有学者不认同寻求反馈与创新的相关性，也有学者认为只要有寻求反馈就能显著推动创新。② 国内外学者对咨询和监测作用的意见也不一致。国外学者倾向于认可咨询的作用，③ 不太认可监

---

① 李辉：《工作资源对员工创新行为的影响研究：基于资源保存理论的视角》，《南京工业大学学报》（社会科学版）2018 年第 6 期。

② 张建平等：《寻求反馈能改善绩效吗？——反馈寻求行为与个体绩效关系的元分析》，《心理科学进展》2020 年第 4 期。

③ Harrison, S. H., and Dossinger, K., "Pliable Guidance: A Multilevel Model of Curiosity, Feedback Seeking, and Feedback Giving in Creative Work," *Academy of Management Journal* 60 (2017): 2051-2072.

测的作用，^① 而国内学者则认可监测的作用。张婕等解释了监测何以有效，他们认为员工对同事的观察即间接反馈的意义在于，同事通过日常的表现，例如日常迸发的创新思维方法、富有创造性的行为、自行设立的较高的创新绩效标准等为其他员工提供学习的参照，从而创造出周遭长期存在的、与创新相关的环境因素，这些长期的观察将向员工输送稳定、清晰的信息，影响、塑造员工对这些信息的解释，从而促进员工创新。^② 王宁等则将国内外对此主题研究的差异归结为文化的不同，他们认为领导和同事都是促进员工创新的重要反馈源，无论向哪一方寻求反馈，在中国文化下，"看"比"问"都更能促进创新绩效。因为，中国的文化是差序格局文化，员工对权力、圈子具有高度敏感性，因此总体上监测较咨询发生更多，影响也更大，此外，咨询获得的反馈可能是碍于面子、人情，得到的反馈是"迁就、迎合"的无效反馈，因此，观察在中国文化中才会有效。^③

信任可以对上、对下，也可以发生在同事之间。相比领导信任，同事之间的信任更多的是在日常相处中自主形成的，以个性化为特点，与任务无关，元分析在对效应值进行比对后发现，同事信任更能为员工创造力的发挥奠定基础。^④ 这是因为同事信任不仅可以带来积极的感受，还能促进组织内信息流转的畅通，因而对员工创新起到正面作用。

Scott 和 Bruce 早在 1994 年就提出，人际信任可以创造一个安全和鼓励自我发展的小环境，降低创新带来的模糊性，向员工传递对创新的鼓励，因此有利于创新行为的发生。^⑤ 后续研究则多从信任与知识分享的关系方面进行论述。一方面，信任促进组织成员间直接的知识分享；另一方面，信任能产生隐

---

① De Stobbeleir, K. E. M., et al., "Self-regulation of Creativity at Work: The Role of Feedback-seeking Behavior in Creative Performance," *Academy of Management Journal* 54 (2011): 811–831.
② 张婕等：《前摄性行为视角下的员工创新——前摄型人格、反馈寻求与员工创新绩效》，《南开管理评论》2014 年第 5 期。
③ 王宁等：《差序格局视角下个体反馈寻求行为对创新绩效的影响研究》，《软科学》2021 年第 8 期。
④ 闫春、黄绍升：《组织内人际信任对员工创造力的作用：基于元分析的证据》，《技术经济》2020 年第 11 期。
⑤ Scott, S. G., and Bruce, R. A., "Determinants of Innovative Behavior: A Path Model of Individual Innovation in the Workplace," *Academy of Management Journal* 37 (1994): 580–607.

形知识共享，促进员工知识探索，不仅提高知识共享的效率，也能减少信息不对称可能给组织带来的资源错配的损失，① 例如，戴万亮等发现，出于对团队发展的考虑，具有较高心理所有权的团队成员乐于将自己的与创新相关的技术和经验分享给那些他认为是自己人的其他团队成员②；而一旦员工有较强的领地意识，那么他们就可能基于心理防御而不将信息倾囊相授，从而导致团队成员间的不信任，这种不信任将会形成互惠不信任循环，并最终阻碍创新③。尽管大部分研究倾向于支持信任在创新中的积极作用，但信任在促进创新的过程中也是存在阴暗面的，如当人际信任过高时，可能会产生误解或者归因错误，就会导致冲突从创新层面升级到关系层面。④

同事间良好的关系符合个体的诉求，也对组织有所裨益，因此越来越多的组织开始考虑通过开展有趣的活动来促进工作场所友谊的产生。有趣的活动包括体育或其他娱乐性质的比赛、对工作成就或者生命重要事项的庆祝仪式以及其他团建活动。然而，按照逻辑推演，参加这些活动一方面会带来愉快的体验和积极的态度与行为，另一方面也可能挤占工作任务的机动时间。来自实证的证据显示，因趣味活动而产生的工作场所友谊对员工创新的作用是正向的，但是非管理者从中受益较大，而管理者因为难以通过游戏与普通员工建立职场友谊，所以其创新行为无法因趣味活动而得到显著的提升。⑤

（二）非支持性关系

非支持性关系是支持性关系的对应，包括敌对行为和中性行为。敌对行为主要是指职场排斥、职场负面八卦以及职场中的关系冲突，中性行为主要是指职场中的工作竞争。

① Bachmann, R., and Inkpen, A. C., "Understanding Institutional-based Trust Building Processes in Inter-organizational Relationships," *Organization Studies* 32 (2011): 281-301.
② 戴万亮等：《心理所有权、知识分享与团队成员创新行为——同事间信任的跨层次调节作用》，《科研管理》2020 年第 12 期。
③ 郭梦瑶等：《领地性对员工创新行为的影响机制——以知识隐藏和不信任为连续中介》，《经济管理》2020 年第 5 期。
④ Simons, T. L., and Peterson, R. S., "Task Conflict and Relationship Conflict in Top Management Teams: The Pivotal Role of Intragroup Trust," *Journal of Applied Psychology* 85 (2000): 102-112.
⑤ Boekhorst, J. A., et al., "Fun, Friends, and Creativity: A Social Capital Perspective," *The Journal of Creative Behavior* 55 (2021): 970-983.

　　职场排斥是指在职场中发生的排挤、忽视、拒绝特定同事的不公正行为，会给被排斥个体带来不被接受的心理感受，代表着一种强度比较高的非支持性同事关系。元分析发现，无论上级还是同事，他们的职场排斥都会给员工创新造成负面影响。[①]

　　职场排斥对创新行为的负面影响来源于其对内在动机与互惠原则的破坏以及人为造成的创新所需资源的稀缺。

　　在内在动机方面，职场排斥会削弱员工的公平感，加重员工工作压力，降低员工归属感。持续的职场排斥会导致创新团队成员的忠诚度下降，员工出于自保，不仅可能减少彼此间的互动，更严重的情况下，他们甚至会消极怠工、退出团队或组织。[②] 一旦员工觉得自己在工作中不被公平对待，很难受到重视，他们的归属需求、自尊需求、控制需求以及自我实现需求就会受到不同程度的损害，[③] 他们对同事与组织的不信任感就会伴随而来，也就不愿再进行诸如创新等角色外的劳动。[④]

　　在互惠原则方面，员工与组织之间建立有交换契约，如果员工从职场获得的是排斥，那么他们就会通过减少工作投入、少做贡献、隐藏知识等消极行为来报复组织，更加不会实施对组织有利的创新行为。[⑤]

　　在资源方面，社会互动是员工获取关键创新资源的非正式途径，然而职场排斥损害了人际关系，减少了员工与同事间的人际互动，所以受到排斥的员工在获取任务相关的信息和资源方面存在缺陷，不利于员工创新行为。

　　不过，也有研究者将职场排斥解释为员工内心的感受，因此职场排斥对行为的影响会在不同心性的个体身上体现出差异。生态系统理论所强调的系统发生作用时个体与系统之间的依存性，为上述观点做了注解。譬如，高合作导向

---

① 苏涛等：《职场排斥的"四宗罪"：中国情境下的一项元分析》，《南开管理评论》2021 年第 6 期。
② 孙灵希：《职场排斥与创新团队 EVLN 行为》，《财经问题研究》2015 年第 10 期。
③ 王庆金等：《职场排斥对员工创新行为的影响——组织承诺与组织认同的双重中介作用》，《科技进步与对策》2020 年第 22 期。
④ Tu, M., et al., "Spotlight on the Effect of Workplace Ostracism on Creativity: A Social Cognitive Perspective," *Frontiers in Psychology* 29 (2019): 1215-1224.
⑤ 赵秀清、孙彦玲：《职场排斥对员工创新行为的影响——知识共享和消极情绪的作用及互动》，《科技进步与对策》2017 年第 20 期。

的员工在知觉的选择上，偏重于社会形象，他们在受到职场排斥后，首先感受到的是自己的社会形象受到威胁。对他们而言，创新是对现状的挑战，可能损害一些人的利益，创新具有高度的不确定性，一旦失败，就可能被其他人嘲笑，创新的负面作用被放大，这种心态使高合作导向的员工在面临职场排斥时，不愿意进行创新。而高竞争导向的员工在知觉的选择上，偏重于自我价值，他们在受到职场排斥后，首先感受到的是他人对自己工作能力或者业绩的嫉妒，是不愿分享重要信息和资源的藏宝行为。对他们而言，创新有助于彰显实力，展现自我价值，创新一旦成功，就对个人发展有莫大的好处，创新的正面作用被放大，这种心态使高竞争导向的员工在遭遇职场排斥时更愿意创新。[1]

职场负面八卦是发生在职场中对不在场第三方的负面评价性言论，与职场排斥有相似之处，但职场排斥的强度更大，不拘泥于语言，也不回避当事人。不过两者在对创新行为的作用机理上具有共性，职场负面八卦也会消耗被八卦者的情绪资源，影响他们的内在动机，消耗被八卦者的时间资源，破坏他们的形象，降低同事间的信任，影响他们与其他组织成员间的良性互动和知识共享。[2]

员工间的冲突分为任务冲突和关系冲突，本部分以同事关系为研究主题，因此重点关注关系冲突与员工创新行为的关系。一些研究者认为，和领导成员冲突一样，同事间的冲突也会造成成员之间紧张、敌对以及疏离的关系，影响信任、降低合作意愿、消耗心理资源、损害认知能力、降低思维的灵活性、阻碍创新。然而，国外的一项研究发现同事之间的争论或冲突与创新并无关系。[3] 不过这可能与文化有关。因为元分析发现，国外员工关系冲突与创新行为的主效应只有-0.092，远远小于以中国员工为研究对象进行元分析的同类主效应（-0.23），这说明，对中国员工而言，关系冲突对创新行为的负面作

---

① 齐蕾等：《职场排斥对员工创新绩效的"双刃剑"效应研究》，《管理学报》2020 年第 8 期。

② 卫旭华等：《职场负面八卦对员工创新行为的影响：多重中介效应模型》，《兰州大学学报》（社会科学版）2019 年第 4 期。

③ van Dyne, L., and Jehn, K. A., Cummings, A., "Differential Effects of Strain on Two Forms of Work Performance: Individual Employee Sales and Creativity," *Journal of Organizational Behavior* 23 (2002): 57-74.

用更加明显。①

员工间的竞争与创新的关系也不稳定，早期研究发现，处于竞争中的员工在创造性观点的产出上优于没有竞争的员工，② 但更多研究将竞争视为创新的负向预测指标，因为，个体过度关注竞争胜利，会导致思维与行为的僵化，③甚至诱发阻碍对方实现目标、增加欺骗行为、减少知识共享、隐瞒甚至扭曲信息等不道德行为，不利于员工开展创新。此外，竞争也会带来攀比心理，相互竞争的员工难以避免地将同事视为竞争对手而非合作伙伴，从而造成关系紧张，失去和谐关系对创新的红利。竞争更多的是引导个人关注竞争的结果，相应地就会忽视创新，因为胜利的手段多种多样，而创新具有较高的风险，并不是竞争制胜的首选手段，会被处于竞争压力中的员工放弃。采用经济学研究的DID方法也得出了竞争不利于创新的结论。由于员工间的竞争可能因制度引发，探寻必然引起竞争的强制分布评价制度与创新绩效的因果关系也可以回答竞争与创新的关系。研究的结果是：强制分布评价制度不利于员工创新，而且对精英员工创新结果的破坏作用尤其大。④ 因此，为了促进员工创新行为，提高组织创新绩效，组织对竞争保持谨慎的态度可能更好。

（三）团队成员交换

团队成员交换是Seers在领导成员交换基础上提出的，特指成员与团队之间在观点传达与反馈、协助他人，以及与之相对应的观点接受、获取他人帮助等方面形成的互惠关系，在测量中多以感知的方式进行，体现为团队内部成员间信息与成就的双向交换，即同时包括奉献和获得。⑤ 成员因为交换提高了协作的水平，因而得以从中获得更大的回报。实证研究表明高质量的团队成员交

---

① 黄秋风、唐宁玉：《团队冲突与员工创新行为的元分析研究》，《现代管理科学》2015年第10期。

② Shalley, C. E., and Oldham, G. R., "Competition and Creative Performance: Effects of Competitor Presence and Visibility," *Creativity Research Journal* 10 (1997): 337-345.

③ 赵斌等：《促进还是抑制：科技人员外部目标追求对创新绩效影响研究》，《管理工程学报》2018年第1期。

④ 葛淳棉等：《强制分布评价制度对员工创新绩效的影响研究》，《中国人力资源开发》2022年第3期。

⑤ Seers, A., "Team-member Exchange Quality: A New Construct for Role-making Research," *Organizational Behavior and Human Decision Processes* 43 (1989): 118-135.

换可以鼓励员工加大工作投入力度，从而提高任务绩效，① 也可促进员工创新行为。具体而言，团队成员交换是通过社会学习、情感支持、知识分享、资源供给等途径发生作用的。

首先，和领导成员交换不同，团队成员交换发生作用的主渠道是社会情感交换，因此，在高质量的团队成员交换背景下，员工有更多交流和互相观察的机会，广泛的交流能够促进创意的分享和传递，还有助于成员对观察式学习的结果进行确认或纠偏，提高社会学习的成效。

其次，高质量的团队成员交换不限于任务交换，也包含情感交换，成员创新行为容易受到成员的鼓励，创新失败也容易得到成员的包容。在 Seers 最早对团队成员交换的测量中，就包括以团队成员彼此信任和团队精神展现为标志的凝聚力内涵，团队的内聚性决定了员工相信他们提出的创意可以避免遭受他人谴责的程度，因此，团队成员交换可以为成员提供必要的安全感并增强信心。② 一项对并购企业员工的研究证明团队成员交换可以促进那些将并购视为威胁的员工进行创新，但对那些将并购看作机会的员工的创新行为影响较小，这说明团队成员交换的确可以帮助员工抵御外部威胁，安心创新。③

再次，创新建立在对复杂知识再加工的基础上，在高质量的团队成员交换条件下，个体间的竞争更加良性，团队成员倾向于对他人的创意进行反馈、对其他成员提出的新观念给予建设性意见，也更愿意分享知识，④ 因而团队成员创新能够受益于团队成员共同的知识储备。

最后，研究发现，关系网络建构行为对员工创新具有正向的影响，这种影响能够被资源获取完全中介，⑤ 因此，团队成员尽管控制较少的工作资源，但

① 刘蕴：《团队成员交换与工作绩效的关系——工作投入的中介作用与集体主义的调节作用》，《企业经济》2019 年第 4 期。

② Liao, H., et al., "Looking at Both Sides of the Social Exchange Coin: A Social Cognitive Perspective on the Joint Effects of Relationship Quality and Differentiation on Creativity," *Academy of Management Journal* 53 (2010): 1090-1109.

③ 王陵峰等：《并购中组织的 LMX，TMX 对员工创新影响的实证研究——基于威胁刚性理论的视角》，《科学学与科学技术管理》2011 年第 6 期。

④ 李倩、孙锐：《企业员工社会交换关系、知识分享与创新行为研究》，《科学学与科学技术管理》2015 年第 10 期。

⑤ 吴湘繁等：《与同事多打交道会增强员工创造力吗？——一个被调节的中介模型》，《预测》2016 年第 4 期。

良好的团队成员交换仍具有一定的工作或社会资源提供功能，仍然可以为员工创新提供一定的资源支持。

也有研究发现团队成员交换与创新行为关系不显著的情况，该研究认为任务之间的依赖性决定了团队成员交换和创新行为关系的密切程度，如果员工可以独立完成任务，那么团队任务交换的作用就很微弱，对创新行为影响小也就不足为奇了。[①]

尽管 Seers 认为团队成员交换是一个团队层的变量，但当团队较大时，无法避免在团队内部产生更小的圈子，圈中人交换质量高于圈外人，因而在团队内部，团队成员交换也具有异质性。[②] 研究发现，团队成员交换的差异不利于团队认知整合，对团队创新具有负向作用，不过如果团队领导鼓励团队成员如实表达、加强沟通，这种负面作用也能得到一定程度的抑制。[③]

三　员工顾客关系

学者多将顾客视为影响员工创新行为的一个极其次要的因素，因而，相关研究比较少。不过也有一些学者认为，顾客对员工创新行为的影响不是不显著，而是需要在特定环境中才能发挥作用。直观地理解，如果员工的工作与顾客没有交集，顾客的影响就只能间接发生，也很难被观察到；然而，那些工作与顾客打交道比较多的员工，他们的行为就很有可能因顾客而发生改变。这就不难理解，为何本主题的研究大部分是以服务行业的员工或者是那些从事定制服务的高新技术行业员工为研究对象的。同理，本部分的结论也具有适用范围的限制，在进行推广应用时要考虑行业特点。

目前，在员工创新研究中，与员工顾客关系相关的研究主题大致包括顾客合作、顾客价值共创等行为概念以及顾客期待等以员工为对象的情感概念，此

①　Duan, J., et al., "Voice Climate, TMX, and Task Interdependence: A Team-level Study," *Small Group Research* 50 (2019): 199–226.

②　Seers, A., "Team-member Exchange Quality: A New Construct for Role-making Research," *Organizational Behavior and Human Decision Processes* 43 (1989): 118–135.

③　陈超、刘新梅：《团队—成员交换差异对团队创新影响机理研究》，《科技进步与对策》2022年第 16 期。

外还涉及信息传递等知识信息概念，还有一些概念，例如顾客参与可能兼有行为、情感和信息的成分。如果按照概念一一论述，存在一定的交叉，显得比较烦冗，因此，本书按照行为、信息和情感的划分进行阐述。

（一）顾客的行为影响

Zhou 等对服务行业员工的研究表明客户合作对员工创新行为具有正向影响[1]，另一项来自中国的研究也表明，顾客参与对高技术企业员工的创新行为具有显著正向影响[2]。似乎顾客作为一种企业的外来资源，对于员工创新有完全的好处，然而，也有研究发现，顾客以行为方式体现的参与对员工的创新行为没有显著影响，[3] 因为尽管顾客提供了资源，但也会占用资源，顾客参与提出的要求甚至创意，最终需要员工去实现，员工也要花费更多的时间与顾客交流，这些工作平添了员工的负担，不仅如此，过于强调顾客的作用，员工可能对自己在组织中的定位产生动摇，造成自我角色的混乱，从而抑制创新行为。来自中国的另一项对高技术企业员工的研究表明，随着顾客参与水平的提高，顾客参与对员工创新意愿的抑制作用是增大而非减小的。[4] 刘德文等通过双元创新对上述矛盾的结果进行了解释，他们承认顾客参与对员工个人资源的挤占，但是他们也将员工的创新行为区分为利用式创新和探索式创新。利用式创新是综合客户信息要求而进行的微创新，难度小、资源消耗小、成功概率大，容易获得客户称许，因而，尽管顾客参与挤占了资源，但顾客参与为利用式创新所提供的资源可以弥补之前所挤占的部分，综合的结果是顾客参与促进了利用式创新。探索式创新需要消耗更多的资源且结果不确定，因此，认知资源的净损耗会促使员工避免探索式创新。[5]

---

① Zhou, J., et al., "Customer Cooperation and Employee Innovation Behavior: The Roles of Creative Role Identity and Innovation Climates," *Frontiers in Psychology* 3（2021）: 639531.

② 孔祥西等：《顾客参与对员工创新行为的影响——创造性自我效能和内部动机的链式中介模型》，《软科学》2020 年第 1 期。

③ Li, M., and Hsu, C., "Customer Participation in Services and Employee Innovative Behavior: The Mediating Role of Interpersonal Trust," *International Journal of Contemporary Hospitality Management* 30（2018）: 2112-2131.

④ 刘德文、高维和：《顾客参与对员工创新意愿的影响机制研究》，《管理学报》2019 年第 1 期。

⑤ 刘德文等：《挑战还是阻断？顾客参与对员工双元创新行为的影响》，《外国经济与管理》2020 年第 7 期。

（二）顾客的信息影响

从信息的角度来看，顾客不仅可以传递信息，也可以创造信息，顾客来自企业外部，从资源基础观出发，顾客属于企业的异质性资源，这种异质性体现在顾客与员工对产品和服务的审视角度不同，具有知识的互补性。尽管有研究发现，顾客和员工的信息交流对员工创新行为没有显著影响，[①] 但更多研究发现，顾客与员工的信息交流与员工的创新行为是存在正向关联的。

对于员工创新行为，顾客信息的第一个作用体现为催化。作为异质性的信息源，来自顾客的信息对员工而言是新鲜的、不同的，故而常常可以和员工的想法产生碰撞，促进创新性观点的生成。[②]

顾客信息的第二个作用体现为培养。谢礼珊等的研究讨论了顾客价值共创对员工创新行为的影响，所谓"顾客价值共创"，是指员工、顾客和企业整合相关资源进行服务设计、生产和传递的过程，他们发现，顾客价值共创的程度越高，顾客投入越多，与员工的接触也越多，这种接触使员工能从顾客处获得更多关于产品、竞争对手以及专业知识技能方面的信息，提升自身创新能力和对顾客各层次需求的判断力，为员工发现问题，进而提出创意或解决方案奠定了良好的基础。[③] 除此之外，顾客还可能成为员工自我角色识别的参照对象，研究表明，在知识密集型的服务行业中，员工通过顾客来完成角色认同有助于改善员工替代式互动学习，这是一种区别于观察的学习方式，是通过不断地与顾客进行互动并进行改进来学习的，因而是以顾客为中心的，学习的内容更实用也更聚焦，能更好地支持服务创新。[④]

顾客信息的第三个作用体现为指挥。来自顾客的异源信息可能弥补企业信息空白，企业将多来源知识进行整合，有助于发现市场的需求与未来的发展趋

① Li, M., and Hsu, C., "Linking Customer-employee Exchange and Employee Innovative Behavior," *International Journal of Hospitality Management* 56 (2016): 87-97.

② Chang, W., and Taylor, S. A., "The Effectiveness of Customer Participation in New Product Development: A Meta-analysis," *Journal of Marketing a Quarterly Publication of the American Marketing Association* 80 (2016): 47-64.

③ 谢礼珊等：《服务一线员工创新行为：企业互动导向和顾客价值共创的驱动作用》，《中山大学学报》（社会科学版）2017 年第 2 期。

④ 辛本禄、王学娟：《员工-顾客认同、互动式替代学习与服务创新的机制研究》，《技术经济》2019 年第 9 期。

势，明确员工进行服务创新的方向，实现创新。①

（三）顾客的情感影响

员工顾客关系得以影响员工创新行为的第三个成分是情感。人类的情感可以互通，顾客的情感可以传递给员工，从而影响他们的行为。刘露和郭海认为顾客对员工的创新期望能促进员工创新行为，这是因为：一是员工一旦感受到顾客对他们的创新有所期望，为了不让顾客失望，就会进行创新的尝试；二是顾客的期望能够激活员工的信心，当顾客对员工创新行为表现出支持和鼓励的时候，员工对其创新任务或活动的信心就会得到增强，员工的创新自我效能感也会得到较大提升；三是顾客的期望还会增强员工培养创新兴趣的内在动机。② 顾客对员工创新的期望不仅增强了员工创新的意愿还提高了创新的能力，最终促使期望变为现实。值得注意的是，这项研究的样本并非局限于服务或高新技术企业而是来自多个城市的多种行业，具有一定普遍性。不过，尚未有其他研究就同一关系得出相同结论，因此这个结论还有待重复研究的验证。

顾客的情感除了以期望的形式呈现，也可以以支持、赞许等形式呈现，顾客积极的情感能为员工进行替代式互动学习提供支持，从而对雇员创新行为产生积极作用。顾客员工交换能使员工和顾客团结起来，关系更加融洽，即其中团结和协调维度能促进员工创新。不仅如此，研究者甚至发现，以情感形式体现的顾客参与对创新的影响可能比其他两种形式，即以行为和信息形式体现的顾客参与更强，顾客信息参与的作用甚至需要通过情感信任而非认知信任的中介而对员工创新产生影响。③

四　组织文化与氛围

组织文化与氛围涉及员工与工作场所其他主体的相互关系，但是和领导、

---

① 辛本禄等：《顾客参与对员工服务创新行为的影响研究——信息共享的中介作用和吸收能力的调节作用》，《软科学》2021 年第 2 期。
② 刘露、郭海：《规范性创新期望如何影响员工创新？一个基于"我想"、"我能"的中介效应研究》，《中国人力资源开发》2017 年第 7 期。
③ Li, M., and Hsu, C., "Customer Participation in Services and Employee Innovative Behavior: The Mediating Role of Interpersonal Trust," *International Journal of Contemporary Hospitality Management* 30 (2018): 2112-2131.

同事以及顾客与员工的关系不同，组织文化与氛围所反映的关系并不来自特定的对象，但这不影响组织文化与氛围成为员工创新行为的重要影响因素。

尽管组织文化与组织氛围都没有明确的关系对象，但二者之间也存在一定的区别。组织文化是以组织基本目标和价值观为核心形成的，包括成员思维方式和行为方式在内的一整套观念与行为模式，以及为了巩固目标与价值观而演化的仪式与符号等文化形式。所以，组织文化虽然也有外在的表现，但更多强调的是规范与价值观等深层次的内涵。而组织氛围指的是在组织情景中，人们对所见或者所经历的第一手描述，包含员工认知到的实践、政策、流程、规范和回报，[①] 因此，更多强调的是组织外显的表象。可见，尽管组织文化影响更深远、更稳定，但员工可能很难准确地描述甚至不能很好地感受组织文化，这就给研究者观察、测量、研究组织文化带来了麻烦，导致在创新研究中，研究者更加青睐组织氛围而非组织文化。

国外研究者很早就意识到组织文化和组织氛围对员工创新行为的影响，倾向于认为安全的、积极的以及无压力的组织氛围有利于创新行为的产生。随着研究者对不同类型组织文化以及组织氛围的区分变得越来越细，二者与创新行为关系也日益清晰。

（一）组织文化对员工创新行为的影响

杨晶照等按照 Tsui 的量表，从雇员发展、和谐、顾客导向、社会责任、创新以及公司业绩等方面对组织文化进行衡量，并按照内部整合和外部适应将组织文化区分为高聚合型、市场导向型、中庸型和层级型等四种不同类型。高聚合型文化具有双高的特征，在组织内部，以员工为导向，强调员工风险，鼓励员工民主参与；在组织外部，注重社会责任，勇于创新，体现出对员工的支持与对创新的鼓励。因而，在这种文化下，员工的创新行为最多。[②] 该研究认为中庸型、市场导向型文化均不利于员工创新，但原因不同。例如，中庸型文化注重人际和谐，追求稳定和利益平衡，对包括创新在内的存在侵犯他人利益可能的行为持否定态度；市场导向型文化则因过于注重市场份额与利润最大化

---

① 林新奇等：《优势心理氛围对员工创新行为的影响———一个有调节的中介模型》，《企业经济》2021 年第 4 期。

② 杨晶照等：《组织文化类型对员工创新行为的作用机理研究》，《科研管理》2012 年第 9 期。

而存在短视倾向，不太重视创新。过于重视市场导向也会给员工带来利润和成本的压力并引发消极情绪，从而对创新行为产生负面影响。任峰和李垣的研究发现，市场导向型文化有利于提高创新成果的市场接受程度以及改善短期绩效，这似乎对创新起到鼓励作用，然而，这种文化过于重视对客户当前需求的满足，会抑制根本创新，最终不利于企业长期竞争优势的培育。① 不过，关于市场导向对创新的作用，也有不同的声音，例如，一项对我国 72 家企业的研究显示，市场导向可以促进员工创新行为，这是因为当企业经营以市场结果为导向时，受市场变动迅速的影响，员工的思维和行动也比较活跃，更加机警、热情、活跃、专注，这些积极情感完全中介了市场导向型文化对员工创新行为的正向影响。②

研究者也探讨了创新型组织文化与员工创新行为的关系。一项对电网上万名员工的调查表明，组织文化与员工创新行为有正向关系，③ 在崇尚创新和学习的组织文化中，员工的思维与行为都有较高的自由度，员工有机会不断学习新知识，体验成长的快乐，因而愿意坚持探索创新。如果组织文化能兼顾创新学习型文化和强调市场业绩元素，还能有利于塑造企业长期竞争优势。④

不仅组织文化的内容能够影响员工的创新行为，组织文化的强度也会影响。组织文化强度是指组织成员共享价值观的程度。组织文化强度越高，则员工思想的同质化程度越高、视角越单一，有创见然而异于组织文化的想法就越难以脱颖而出，可能有悖于组织文化的新工具和新方法就越难以引进。上述对电网员工的调查表明，组织文化强度与员工创新行为存在负向关系。

（二）组织氛围对员工创新行为的影响

组织氛围是员工对所处环境的直观感受，人的感受具有多样性，因此可供研究的组织氛围也有很多种，例如创新氛围、支持氛围、差序氛围、玩兴氛围

① 任峰、李垣：《市场导向与技术创新的关系研究》，《中国软科学》2003 年第 6 期。
② 朱苏丽、龙立荣：《组织文化导向对研发人员创新行为影响的实证研究——以积极情感为中介变量》，《科技进步与对策》2010 年第 18 期。
③ 陈卫旗：《组织创新文化、组织文化强度与个体员工创新行为：多层线性模型的分析》，《心理科学》2013 年第 5 期。
④ 朱苏丽、龙立荣：《基于企业收益观的组织文化导向对员工创新行为的影响》，《中国地质大学学报》（社会科学版）2009 年第 6 期。

等。研究者感兴趣的组织氛围种类如此之多，但尚没有统一的对组织氛围的分类准则，本书暂按照氛围焦点的不同，将组织氛围分为强调同质/异质性的差异感类以及强调轻松/严格的压力感类。

1. 差异感类组织氛围的影响

一些研究讨论了多元化氛围、团队氛围以及差序氛围、刻板印象或是更为严重的歧视等对员工创新行为的影响，这些组织氛围共同的特征在于都关注组织成员对于成员间相同点或者不同点的感受。

鉴于多元化能带来新的思想，之前的研究大都支持组织多元化对创新具有积极作用。然而多元化对创新的作用可能是间接的，其作用的发挥更依赖于多元元素的碰撞与整合。"员工开放性""价值观的多元评估"等作为情境特征或信号，能够彰显与员工预期、支持和奖励等相关的组织多元化特征，当员工意识到组织不仅存在多元化，而且赞同多元化，他们才会愿意交流信息，并因此受益和开展创新。①

对团队氛围的研究认为，如果团队成员感知到成员间具有共同的目标、能齐心协力完成任务、在团队中工作有安全感以及团队对创新持支持态度，则这种团队氛围有利于团队创新。可见，团队氛围的重要性在于提供了成员彼此互认的共同的身份，"是自己人"的信念使团队成员能够互相信任，比较快捷地化解误会、解决争端，因而可以让团队成员更有效地发挥他们的创新技能。②

差序氛围是组织成员对组织中关键人物与不同成员关系亲密程度存在差异的感知，带有鲜明的中国特色。如同费孝通在《乡土中国》中所说，中国人的关系是一种差序格局，即使是在同一个团队中，也有亲疏远近之别，然而在不同的团队中，领导人所表现出来的亲疏之别程度不一样，带给员工的感受不一样，对创新就可能产生不一样的影响。台湾学者从相互依附、偏私对待以及亲信角色三个维度对组织中存在的差序氛围进行了描述，研究发现，差序氛围对员工创新行为的影响并不稳定。一项对中国多家科技公司的研究表明，差序

① 马占杰：《多元化氛围对知识型员工创新行为影响的跨层次研究》，《管理学刊》2020年第4期。
② 蔡翔等：《基于团队氛围的知识共享与服务创新互动关系研究》，《技术经济与管理研究》2010年第2期。

氛围感知对创新行为的影响是负面的，因为差序氛围损害了员工的创新自我效能感，也打击了员工对组织的情感承诺。① 然而，另一项来自中国的研究却发现，差序氛围感知对员工的创新有显著正向的影响，这项研究认为员工感受到不同对待时，会更加努力的学习，提高创新的能力，因而最终差序氛围是促进了而非阻碍了员工创新。② 不过第二项研究在假设论证时也主要是从处于领导圈内人的角度来论证的，有可能研究结果指的是样本所处差序的位置对创新行为的影响而非组织中差序的程度的影响，此外，该研究用的是横截面研究，在因果推断上也具有一定的瑕疵，因此，差序氛围对创新行为的影响还有进一步探索的必要。

常见的刻板印象或是歧视来自性别以及年龄。

现有关于性别刻板印象的研究主要讨论了其对女性员工创新行为的影响，没有从氛围普遍性作用的角度探讨性别歧视可能对所有员工的有利或不利影响。在创新方面，社会普遍认为女性缺乏创意和竞争意识，女性不适合从事科学技术性工作，甚至在一些需要创意的人文领域，女性也需要依附于男性。这不仅导致女性在创新时受到有意的阻挠，也会通过人们无意识的行为反应打击女性创新者的信心，还会导致女性因为担忧创新破坏自身形象，受到社会排挤而降低创新意愿。③ 不过也有研究认为刻板印象对女性员工的创新行为存在威胁与机会的双重影响。一方面，刻板印象的确会导致女性创新者面临角色不统一、回弹效应、优势惩罚、团队认知偏差等的威胁，因为女性创新的行为与社会赋予的角色不一致，她们就会遭到回弹效应的惩罚，例如，领导可能拒绝女性创新的要求、给女性创新者较低的创新绩效回报、取消她们职业生涯提升或是资源获取的机会，而作为合作者或者下属也会用其他方式来实施惩罚，例如，诋毁、负面的身体语言与面部表情、消极怠工甚至是直接冲突；另一方面，刻板印象也能在一定程度上给女性创新者带来机会，例如，由于社会对女性创新者的期待不高，因此对女性提出创见的评价相对是低于其实际情况的，

---

① 马伟、苏杭：《差序氛围感知对员工创新行为的影响》，《科技进步与对策》2020 年第 21 期。

② 王玉峰等：《差序氛围感知对员工创新绩效的影响研究——个体学习和隐性知识共享的作用》，《科技管理研究》2022 年第 5 期。

③ 周劲波等：《刻板印象下女性员工创新行为研究》，《领导科学》2019 年第 10 期。

这就使创新行为的基础更踏实，而且，即使女性创新者失败，也容易得到组织成员的谅解。① 此外，当前团队创新开始强调合作与沟通，以往受到歧视的服从、配合、关系型女性特质反而更符合当前创新活动的素质要求。②

尽管有大量研究讨论年龄与创新行为的关系，但很少有研究讨论年龄歧视与创新行为的关系。姜雨峰对东北多家企业进行了问卷调查，证明年龄歧视对员工的创新行为具有直接的消极影响，并且对于年长者，特别是 39 岁以上的员工，他们的创新行为因为年龄歧视而被抑制得更严重。这可能是因为年轻人一旦感受到年龄歧视，他们不仅可以减少创新行为，也可以离职，而年长者可以选择的反击方式更少。从机制上看，年龄歧视主要是伤害了员工的感情，破坏了员工对领导的情感承诺。③

2. 压力感类组织氛围的影响

本书将关注宽松感、支持感或负向感受的组织氛围归纳为压力感类组织氛围。目前来看，正向的压力感类组织氛围有容错氛围、包容性氛围、支持性氛围、玩兴氛围、欣赏优势的心理氛围、创新氛围以及劳动参与及劳资双赢氛围等，负向的压力感类组织氛围有差错管理氛围以及劳资对立氛围等。

容错氛围和包容性氛围内容比较接近，都反映了员工对组织能包容非寻常事物的感受，容错氛围的内涵更有针对性也更具体一些，员工除了感受到组织能够将错误视为组织运行常态外，还能感受到组织愿意进行差错沟通、差错知识分享、改善容错环境以及对差错宽容处理。多个研究证明，无论年龄，无论工作性质，容错氛围对员工创新行为都具有积极作用，④ 这是因为，组织对错误宽容的态度有助于提高员工特别是新生代员工的创新自我效能感以及公共服务动机。

前文讨论过领导及同事支持是通过实物资源以及情感的双元路径来对员工

---

① 张雪卉：《女性员工刻板印象与创新行为》，《领导科学》2018 年第 14 期。
② 吴欣桐等：《刻板印象：女性创新者在技术创新中的威胁抑或机会?》，《外国经济与管理》2017 年第 11 期。
③ 姜雨峰：《退缩还是创新：受年龄歧视影响的员工行为解析》，《上海财经大学学报》2017 年第 6 期。
④ 贾冀南等：《差错管理氛围对新生代员工创新行为影响研究》，《科研管理》2020 年第 9 期；刘倩、李志：《组织容错会影响公务员创新行为吗？——自我效能感和公共服务动机的链式中介作用》，《公共行政评论》2021 年第 3 期。

创新产生积极影响的，支持性氛围的作用与其相似。尽管支持性氛围只是一种感知，但在组织行为学中，一个重要的理念就是感知到的世界往往比真实世界更能影响人。实证研究支持这一论断，严姝婷和樊传浩的研究证明员工感受到组织的支持能强化自我决定感，而自我决定感是开展主动创新重要的内在动机。[①]

随着新生代员工逐渐进入职场，这一代年轻人所崇尚的"享乐与个性"价值观给传统的企业管理带来冲击，企业仅仅提供物质或者情感回报产生不了足够的激励，提升工作的趣味性成为企业新的关注点。一些知名企业，开始有意识地将游戏元素融入工作，从而在工作场所制造出一种通过类似游戏互动而产生的轻松愉快、有趣好玩的工作氛围，即玩兴氛围。玩兴氛围强调工作自主权、相互信任、领导开放和幽默，因此，玩兴一是可以为员工带来欢乐，同事间甚至是上下级间如游戏般的互动有助于产生超越工作关系的友谊，形成更加亲密的关系，唤醒积极情绪；二是能增强同事间的信任，帮助增强团队的凝聚力[②]，作为一种宝贵的社会资源，借助有利的团队后盾，员工能更便利地参与资源构建，获取更多资源；三是有助于打破常规[③]。因此，玩兴氛围提供了创新所需要的心理资源、社会资源[④]和制度资源。国外如 Chang 等的实证研究发现对于学生而言，玩兴氛围有助于提高他们的创造力。[⑤] 国内如杨洁等的实证研究发现，对互联网企业的成年员工，玩兴氛围也能促进其创新。[⑥] 和玩兴氛围类似，但略有不同的还有工作场所乐趣。前者强调游戏元素，后者突出乐趣的多重来源，工作场所的乐趣活动，例如节日聚餐和团建，同事间非工作的友好社会性互动，例如讲笑话与分享食物等都可以带来工作场

---

① 严姝婷、樊传浩：《支持性组织氛围对科技人员主动创新行为影响研究：自我决定感与分配公平的作用》，《技术经济》2020 年第 5 期。

② 杨洁等：《互联网企业玩兴氛围对创新行为的跨层次作用机制》，《心理科学进展》2020 年第 4 期。

③ Proyer, R. T., "Examining Playfulness in Adults: Testing Its Correlates with Personality, Positive Psychological Functioning, Goal Aspirations, and Multi-methodically Assessed Ingenuity," *Psychological Test and Assessment Modeling* 54 (2012): 103–127.

④ Petelczyc, C. A., et al., "Play at Work: An Integrative Review and Agenda for Future Research," *Journal of Management* 44 (2018): 161–190.

⑤ Chang, C. P., et al., "The Relationship between the Playfulness Climate in the Classroom and Student Creativity," *Quality & Quantity* 47 (2013): 1493–1510.

⑥ 杨洁等：《互联网企业玩兴氛围对创新行为的跨层次作用机制》，《心理科学进展》2020 年第 4 期。

所乐趣。和玩兴氛围一样，工作场所乐趣对员工创新行为也能产生积极影响。[①]

欣赏优势的心理氛围，是指员工感知到在组织中存在正式或非正式的，关于识别、发展、使用和欣赏他们的优势和天赋的政策、实践与流程。在这种组织氛围中，成员感觉自己受到尊重，被组织所认可，因而，员工对自己的行为，包括创新行为的信心得到提振，愿意通过创新的方式来实现自己的价值。[②]

劳动参与及劳资双赢氛围是劳动关系氛围中的两个维度，描述的是宽容积极的劳动氛围。研究发现，劳动参与及劳资双赢氛围与创新行为都有显著的正相关关系，深层情绪劳动在二者间发挥中介作用。[③] 在劳动参与感强的氛围中，员工有较多机会主动调节情绪，掌握较多工作信息，因而可以利用这些信息重复实施自我催眠，主动地进行深层情绪调节。在劳资双赢的氛围中，员工的内在要求与组织目标是根本一致的，因而员工的情绪与组织要求的情绪可以实现事实上的统一。深层情绪劳动意味着员工的情绪反应是内外协调的，对应着积极的行为结果，例如创新行为。

有大量研究讨论了创新氛围以及这种氛围对员工创新行为的影响。然而，和上述其他氛围相区别的是，其他氛围相对聚焦，而创新氛围具有多中心的意蕴，这可以从创新氛围测量工具的维度看出来。创新氛围量表种类众多，例如在教育环境中常用的 SSSI（Siegel Scale of Support for Innovation）、CCQ（Creative Climate Questionnaire）以及 SOQ（Situation Outlook Questionnaire）包括类似"领导、所有权、多样性标准、持续发展、一致性"等多个内容迥异的维度，而工商领域的 WEI（Work Environment Inventory）、KEYS（KEYS：Assessing the Climate for Creativity）、TCI（Team Climate Inventory）包括诸如愿景、参与的安全、任务导向、创新支持等相关度不高的维度。[④] 国内对于创新

---

① 杨洁等：《工作场所乐趣对员工创新行为的作用机制研究》，《管理科学》2019 年第 3 期。

② 丁贺等：《基于优势的心理氛围对创新行为的影响机制研究》，《南开管理评论》2018 年第 1 期。

③ 刘春英、万利：《劳动关系氛围对员工创新行为的影响：情绪劳动的中介作用检验》，《经济与管理研究》2018 年第 6 期。

④ 陈威豪：《创造与创新氛围主要测量工具述评》，《中国软科学》2006 年第 7 期。

氛围与员工创新行为关系的研究总体来说比较粗糙，不过结论比较一致，无论是在教育环境中，例如高校①，还是在工商企业中，组织创新氛围都能正向预测个体的创新，甚至对被组织否决的越轨创新都具有积极作用②。不过，不同的创新氛围维度的作用不同，例如资源供应和团队协作等子维度由于可以强化员工网络关系嵌入的程度而对员工创新具有更显著的作用，领导效能由于不能影响员工的关系嵌入而作用有限。③

可以发现，当前对可能影响员工创新行为组织氛围的研究较多集中在正向的压力感类组织氛围方面，不过，也出现了少量对负向的压力感类组织氛围的研究，例如劳资对立氛围这种特殊的劳动关系氛围以及强调减少错误的差错管理氛围。毫无悬念地，这两种氛围都对员工创新行为起到了抑制作用。前者削弱了员工情绪调节能力，后者则削弱了员工工作的兴趣以及思维的灵活性与发散性。④

---

① 夏海鹰等：《学校创新氛围如何影响教师创新行为——基于知识管理理论的实证研究》，《现代教育管理》2019 年第 12 期。

② 王弘钰、于佳利等：《组织创新氛围对越轨创新行为的影响机制研究》，《软科学》2019 年第 2 期。

③ 李静芝、李永周：《组织创新氛围、网络嵌入对员工创新行为的影响》，《科技进步与对策》2022 年第 12 期。

④ 钱月圆、韦雪艳：《中小学差错管理氛围与教师创新教学行为的关系研究》，《教学与管理》2017 年第 12 期。

第四章　员工创新行为非工作场所
微系统及其影响

　　员工创新行为微系统除了位于工作场所以外，也可位于非工作场所。非工作场所微系统与工作创新看起来的弱联系导致了长期以来创新研究对它的忽视。然而，随着社会经济的发展，人们开始追求生存安全以外的需求，再加上学科研究交叉的趋势与生态理念的流行，关于工作场所以外系统对工作影响的研究开始产生。本章重点讨论员工的家庭和其参与的非正式群体两类非工作场所微系统对员工创新行为的影响。

第一节　家庭对员工创新行为的影响

　　许多研究讨论了父母教养对于儿童以及青少年创造力的影响，并得出了显著的结果，因此，家庭对个体创新的影响是毋庸置疑的。然而，绝大部分研究以未成年人为研究对象，尽管，也有研究将儿童时期的家庭经历与成年后的创新联系起来，例如 Joussemet 和 Koestner 发现父母意见的分歧对创新有长期的积极影响，但是温和、宽松的亲子关系与成年后是否有创造力无关，[①] 但总体而言，关于家庭在成年雇员工作创新行为方面的影响被极大忽略了。

　　许多研究者笃定家庭与工作中的创新行为无关，即使有关，作用路径也过于隐晦、微不足道。早期只有少数研究者坚持寻找工作场所以外的因素对

---

① Joussemet, M., and Koestner, R., "Effect of Expected Rewards on Children's Creativity," *Creativity Research Journal* 12 (1999): 231–239.

员工创新行为的影响，例如，Madjar 等的研究证明了来自主管或同事的工作场所支持和家人或朋友等非工作场所支持对创新都有促进作用，而且二者对员工创新结果的贡献是独立的。① 之后，就陆续开始有研究者从资源溢出的角度阐述家庭对员工在健康、信息、情感等方面的功能以及因此而惠及的创新行为。

正如一把双刃剑，家庭既能为员工提供资源，也需要消耗员工的资源，无论是时间资源还是心理资源。因此，在肯定家庭对员工创新行为积极作用的同时，也有一些研究者看到家庭的消极作用，当养家的动机超越了内在动机时，家庭就会成为员工创新的阻力。这种观点从负面强调了以他人为中心的心理过程在创新过程中的重要性。

家庭对创新行为作用的矛盾表现引发我们对家庭作用在不同阶段、对于不同的人，以及在不同的情境中是否存在差异的思考，从婚姻状态、生育状态、创造性人格以及民族文化等入手，有助于对上述矛盾进行解释。

一　家庭对员工创新行为的积极作用

家庭对员工的影响可以通过间接的氛围起作用，也可以通过直接的支持起作用。穆林等对中国产业技术人员的研究表明，家庭氛围对于员工创造力的影响较小，仅达到边缘显著的程度，但是工作支持的影响则是显著的。②

家庭支持是家庭成员之间在处理日常问题和生活危机时所提供的情感、信息或陪伴，可以表现为提供信息，给予工具及实际行为支持，及时的肯定和赞美，以及倾听、微笑、拥抱等非语言情感支持。这种支持对员工具有多方面的积极影响，例如可以提升个体的健康和幸福水平；可以影响个体的内在性格、改变个体的社会态度，家庭成员的鼓励和指导可以帮助个体克服生活中的困难，并形成更好的能力；可以使个体在生活中更有动力和积极性；还可以增强自我效能感。前述 Madjar 等的研究发现了家庭支持对员工创新行

---

① Madjar, N. , et al. , "There's No Place Like Home? The Contributions of Work and Nonwork Creativity Support to Employees' Creative Performance," *Academy of Management Journal* 45 (2002): 757-767.

② 穆林等：《产业技术人员创造力影响因素分析》，《河北经贸大学学报》2015 年第 2 期。

为具有直接的促进作用，Nurfaizal 等的研究揭示了家庭支持通过促进希望、自我效能、弹性和乐观等心理资本积累从而对创造性行为产生间接影响的作用机制。[①] 马灿等提出家庭支持可以提高员工的工作投入度从而促进创新行为的发生。[②] 家庭支持的衡量既可以采用自我直接评分方式，也可以用其他变量替代，例如婚姻满意度。如果员工的家庭支持系统良好，那么他们对婚姻也是满意的，反之则相反。Tang 等的研究考察了婚姻满意度与员工创新的关系，不过由于婚姻是双方的事情，所以他们认为双方对婚姻的感受可能存在差距，这种差距本身就反映了婚姻的质量，也会给员工的身心以及创新结果带来影响，因此他们同时考察了员工自评婚姻满意度以及婚姻满意度异质性对员工创新的作用。结果发现，员工的婚姻满意度与工作创造力之间存在间接的正相关关系，当员工及其配偶都对自己的婚姻感到满意时，关系最为明显。美满的婚姻可以为员工提供人际亲密关系的避风港，员工在避风港中可以积累心理资源，心理资源可以拓宽员工的思维、延伸认知的边界，使他们认识到看似不相关事物的联系，从而产生新的想法，还可以提高他们认知的灵活性、包容性和对新信息的开放性，从而促进新思想的产生。当然，如果员工对婚姻不满意，婚姻就会消耗他们的心理资源，限制他们在工作场所中的创新。[③]

家庭对员工创新的积极作用主要体现为员工心理资源的增长，心理资源一方面可以提升员工对外物的认知，另一方面也可以提升员工对自我的认知。来自家庭的创新期望为员工提供了创新的规范性期望来源，如果员工将家庭成员视为重要他人，他们将把家庭成员的创新期望内化为自己的期望，从而进行自我调整，积累创新的本领，实现创新意愿和创新能力的双提升。[④]

---

① Nurfaizal, Y., et al., "Psychological Capital as Mediation between Family Support and Creative Behavior in Handicraft Sector SMEs," *International Journal of Entrepreneurship* 22 (2018): 1–9.

② 马灿等：《家庭支持对员工创新的影响——工作投入的中介和生涯规划清晰的调节作用》，《软科学》2020 年第 1 期。

③ Tang, Y., et al., "Good Marriage at Home, Creativity at Work: Family-work Enrichment Effect on Workplace Creativity," *Journal of Organizational Behavior* 38 (2017): 749–766.

④ 刘露、郭海：《规范性创新期望如何影响员工创新？一个基于"我想"、"我能"的中介效应研究》，《中国人力资源开发》2017 年第 7 期。

二　家庭对员工创新行为的消极作用

正如前文所说，家庭不仅可以为员工提供资源和支持，家庭也会消耗员工的资源，因此，家庭存在阻碍员工创新的可能。

员工在工作场所扮演工作者角色，在家庭则扮演孩子、同胞或者家长的角色，每一种角色都对员工有所要求，当这些要求发生矛盾时，就会产生角色间的冲突。例如，员工为了处理家庭生活问题需要超量资源，而又无法从工作中转移资源时，这种困境就会削弱他们履行工作义务的能力或意愿；即使家庭和工作在资源分配中相安无事，家庭本身也可能存在资源无法解决的压力，这种压力会分散员工在工作中的注意力，导致他们略过工作中有挑战性的方面，用更加习惯的方式工作，放弃具有创造性的行为。因此，家庭压力与员工的创造力是负相关的。[①]

家庭除了向员工施加压力而给创新带来负面影响外，还可能因为员工的责任心而成为员工创新的枷锁。Zhang 等发现了家庭作用于员工创新行为的一个新机制——家庭动机，养家的要求使员工不敢冒险、不敢创新。[②] 他们开展了三个研究，这三个研究有的用了定量方法有的用了定性方法，既针对低收入的蓝领工人也针对高收入的白领工人，且都得出了同样的结论。家庭动机可以理解为员工对家庭的责任心，也可以理解为员工因为需要养家糊口而自我施加的压力。员工努力工作的背后同时存在若干动机，既有自我实现的动机也有养家的动机。自我实现属于内在动机，其对创新的积极作用已达成共识，然而，家庭动机不属于内在动机，甚至不同于一般性的亲社会动机，带有明显的工具性。这种工具性能帮助员工抵挡工作的压力，却也会抑制他们工作的内在动机。当员工有强烈的家庭动机时，工作于他们而言就变成了必须履行的义务，

① van Dyne, L., and Jehn, K. A., Cummings, A., "Differential Effects of Strain on Two Forms of Work Performance: Individual Employee Sales and Creativity," *Journal of Organizational Behavior* 23 (2002): 57–74.

② Zhang, X., et al., "Playing It Safe for My Family: Exploring the Dual Effects of Family Motivation on Employee Productivity and Creativity," *The Academy of Management Journal* 63 (2019): 1923– 1950.

是不容出错的。当员工视养家为工作第一意义时，就会在心理上贬低工作在个人实现、成就感、个人成长等方面的价值，然后产生行为的改变，转而选择那些可以迅速而稳定地获得回报的任务、避免有风险的任务，即使那些有风险的任务充满创新机会，比那些标准化的任务更可能让员工实现自我。

三　家庭差异对员工创新行为作用

每个家庭都具有独特性，在研究中引入配偶与子女的情况、文化传统以及个体差异后，在一定程度上解释了家庭对员工创新行为影响结果的不一致。

首先，研究认为婚姻总体上对员工创新有积极作用，但婚姻的细节会影响家庭最终的作用。即使在获得更少的非工作支持情况下，已婚员工也比未婚员工表现出更高的创造力，因为婚姻不仅给员工提供了独特的人生经历，也会给员工带来更多的心理安全感，从而使他们可以在工作中承担更多风险。[1] 然而，婚姻给员工带来的心理安全感会受到配偶收入以及子女的影响。根据特质激活理论，个体和情境的作用随两者力量的消长而变化，在弱情境中，个体因素是决定行为的关键因素；在强情境中，与情境符合的特质被激活，与情境背离的特质则会隐藏起来，行为会沿着情境允许的方向发展。配偶收入与生育情况是婚姻情境的构成要件，配偶收入高且没有孩子需要抚养构成了弱情境，此时，夫妻抗风险能力更强，因此工作时可以更任性，高冒险倾向、高创新倾向的员工不受情境限制，从而表现出高水平的创新行为。如果配偶收入低，又有未成年的子女需要抚养，就构成了强情境，创新性与冒险特质就会受到压制，展现出来的就是偏向保守的行为。[2]

其次，文化会影响个体对家庭的评价与认知并进一步干扰家庭对员工创新行为的作用。在儒家文化中，强调家族关系以及关系中的秩序。第一，个人与家庭的关系非常紧密，家庭成员之间利益相关，荣辱与共。家庭成员的个人成功可以给家庭甚至家族带来荣耀和财富，因此家庭对成员工作的支持不遗余

---

① Madjar, N., et al., "There's No Place Like Home? The Contributions of Work and Nonwork Creativity Support to Employees' Creative Performance," *Academy of Management Journal* 45 (2002): 757-767.

② 张建民等：《已婚情境中的企业家精神与创业意愿关系研究》，《西北人口》2020 年第 6 期。

力，从家务分担到工作分担，从智力支持到关系输出，形式不一而足，得到帮助的成员也心安理得。第二，在家庭关系内，存在位置高低，家庭成员为处于不同位置成员的意见赋予不同权重，形成事实上的影响力区别，家庭重要成员的意见有时甚至比自己的意见更加重要，例如对于亚洲样本，当任务的选择是由重要的人（例如母亲或者群体内有权威的成员）做出时，比他们有机会做出自我选择时显示出更高的内在动机。然而在美国文化背景中，个体与家庭的关系更像是独立个体的松散集合，家庭成员对家庭工作的边界感比较清晰，家人对工作的支持会被认为是一种负面干扰；个人的意见会受到家庭成员的影响，但内在动机始终是引导个体做出决定的根本力量。[①]

最后，一些研究也提到了创造性人格在家庭影响员工创新行为时的作用，两项独立研究得到类似的结果，即创造性人格低的员工受家庭的影响更大。Madjar 等在研究家庭支持的作用时，发现低创造性人格的员工对家庭支持的反应更积极[②]，Tang 等则是在研究婚姻满意度的作用时，发现双高的婚姻满意度对低创造性人格员工的激励作用更大[③]。创造性人格反映的是个体内在创造动力的高低，那些创造性人格低的员工缺乏创新的激情，也较少有创新的经历从而缺乏创新效能感，正向的家庭互动恰好可以弥补这两方面的欠缺，一方面提供鼓励和对个体创造潜力的认可，另一方面则有助于员工积累心理资源，树立良好的工作场所创新心理基础，使员工的创新情绪与信心从无到有，相对增量巨大，因而作用比较明显。但员工创造性人格高时，他们本身就有强大的创新内驱力，家庭作用的相对增量比较小，因而作用也就不再明显。

第二节 非正式群体对员工创新行为的影响

员工在工作的八小时之外，除了有家庭生活，还会与其他人进行联系，例

---

① 李贵卿等：《人际间社会支持对创新行为与绩效的影响——中美传统工作伦理比较》，《贵州社会科学》2018 年第 6 期。

② Madjar, N., et al., "There's No Place Like Home? The Contributions of Work and Nonwork Creativity Support to Employees' Creative Performance," *Academy of Management Journal* 45 (2002): 757–767.

③ Tang, Y., et al., "Good Marriage at Home, Creativity at Work: Family-work Enrichment Effect on Workplace Creativity," *Journal of Organizational Behavior* 38 (2017).

如朋友间的聚会、自组织的活动等。员工与同事和家人之外的其他人，或是因为相近的年龄、相同的背景、相似的人生经历，或是有类似的兴趣爱好、共通的利益诉求而相互吸引，偶尔聚集起来，以松散的方式实现信息与情感的流动。这种群体少数有正式的组织架构，例如学会或协会，但大多数是非正式群体。

按照生态系统理论，个体身处生态系统之中，与任何系统的联系都会对个体的行为产生影响，因此，个体与组织外部的网络联结也具有影响创新行为的可能。不过，相比工作场所的正式组织，非正式群体不仅在功能上不同，而且具有弱联系、异质性、低规则、凝聚韧性等区别于正式组织的特点，因此在对员工创新行为的作用上就可能有不同的表现。

一　非正式群体发挥作用的社会网络理解

早在 2006 年，Perry-Smith 就依据社会网络理论，对社会网络关系多项参数与员工创新的关系进行了考察。他用联系的紧密度、持续的时间以及联系的频率三个参数来衡量联系强弱的三个方面，并且计算了个体处于组织内社会网络中心的位置参数以及外部联系强弱。就社会网络关系强弱而言，组织内的弱联系对员工创新有积极作用，以持续的时间反映的弱联系对创造力的积极作用强于强联系。就外部联系而言，与外部联系较少的中心位置的员工的创新强于边缘位置员工，与外部联系较多的边缘位置员工的创新强于中心位置员工，即外部联系是组织边缘员工的"蜜糖"和中心员工的"砒霜"。①

Perry-Smith 的研究对象是研究机构的研究者，因此他的结论仅在反映社会网络对科技创新的作用时具有代表性，那么对于更广泛的创新，例如企业流程创新、产品创新、模式创新、不同行业的创新、第一产业的创新，非正式群体是否也具有普遍意义上的影响，以及这种影响是否有特别的表现还有待进一步研究。

---

① Perry-Smith, J. E., "Social Yet Creative: The Role of Social Relationships in Facilitating Individual Creativity," *Academy of Management Journal* 49 (2006): 85-101.

二　非正式群体对特殊员工创新行为的影响

一项研究考察了校友关系与创新的关系，证实了校友群体对创新也有积极作用，[①] 尽管该项研究讨论的是高管的校友关系，但将高管视为企业高级员工也无不可。校友关系是基于在同一所学校有过学习工作或者进修经历而建立的关系，本质上是学缘关系。根据关系双方是否有在校生活的真实时空交集又可以区分为直接校友关系和间接校友关系，前者是指关系双方曾同一时间在同一学校学习，并且有过语言思想的交流，后者则是指关系双方在同一所学校学习，但学习时期没有重叠。由于学校本身的分层功能，校友身份可以反映个体在基本素质、学识、能力乃至价值观等方面的对等性，这使得即使没有时间交集的间接校友也较一般个体更容易建立亲密信任关系。如果是直接校友关系，那么关系双方在校期间就有过比较深入的沟通，就更容易形成重要信息流通和信誉背书的小圈子。该项研究的实证结果发现，高管的直接校友数量与短期贷款额度正相关，直接校友亲密度与长期贷款额度正相关。因此，校友关系可以通过帮助企业缓解融资约束来获得创新必须的资金。

另一项研究则考察了农民的社会关系网络与农民创新的关系，同样得到了正向结论。[②] 农民的社会关系网络在提供物质、信息以及情感支持方面与其他群体的社会关系网络具有相同的功能，不过对于农民而言，社会关系网络还具有一个额外的功能——抗风险。和城市劳动者不同，农业生产不仅要面对市场风险，还要面对巨大的自然风险。然而，从供给侧来看，农业农村保险相对工业和服务业的保险品种和门类都有限，商业农业保险少，主要依赖政策保险；从需求侧来看，农民主动风险管理意识不强，多通过自担方式消化风险。这两方面的因素大大限制了农民的抗风险能力，因此，农民参与风险性较高的创新活动的意愿相对较弱。不过，农民社会关系网络的存在具有非正式保险的作

---

① 申宇等：《创新的母校印记：基于校友圈与专利申请的证据》，《中国工业经济》2017 年第8 期。

② 苏岚岚、孔荣：《社会网络、风险偏好与创业农民创新绩效研究——基于创新能力的中介效应分析》，《农林经济管理学报》2020 年第 2 期。

用。原因在于，和城市社区不同，农民居住的社区往往以血缘关系为纽带，整个村落的居民都或多或少有亲缘关系，当农民遭受损失，包括因为创新失败而造成损失时，他的远亲近邻按照约定俗成的做法往往会出钱出力、凑份子来帮助他度过难关。由于农村家族网络庞大，风险分担的主体基数要比城市居民大很多，天然地比城市居民更符合保险的大数要求。因此，农民的社会关系网络通过风险分担提高了农民的抗风险能力，可在一定程度上减轻农民创新的顾虑，推动农民创新行为的发生。

三　非正式群体的作用机制

由上述内容可知，如果不考虑非正式群体分散注意力的作用，非正式群体对员工创新行为总体上的作用还是积极的。研究者也对非正式群体发挥创新促进作用的机制进行了研究，结论相对一致，即非正式群体主要是通过高效率地提供非冗余和多元的知识与信息、改善思考方式与思维过程来促进创新行为发生的。具体而言，首先，正式群体，例如工作团队中，成员的交流十分频繁，有利于充分沟通、理解复杂的知识，但这些沟通中的内容有一些是对创新无关紧要的，即冗余知识，大量冗余知识掩盖了重要的知识，降低了创新的可能。非正式群体沟通轻松，不求严密精确，能够凸显重要的知识，减少了处理冗余知识需要的资源。此外，非正式群体参与者可能穿梭于不同的群体，扮演不同的核心成员或外围成员的角色，串联起多样化的网络，粘着和引入新鲜的、多元化的知识和信息，为创新提供异质知识基础。[1] 特别是当这些参与者是以外围身份传输信息时，他们由于网络嵌入程度不高，不仅更能识别和关注由外部不同网络的连接引发的新的、发散的想法，而且不用担心违背网络的规则、触犯网络成员利益，从而可以不受限地释放新知识、新想法。[2] 其次，非正式交流的频率要比正式交流高，非正式群体的交流具有位置优势、心理优势、沟通

---

[1] 刘翔宇等：《学习实践社群参与对员工创新行为的影响研究——论反馈寻求倾向和组织支持感知的调节作用》，《科技管理研究》2016 年第 20 期。

[2] Perry-Smith, J. E., "Social Yet Creative: The Role of Social Relationships in Facilitating Individual Creativity," *Academy of Management Journal* 49 (2006): 85-101.

环境优势、效率优势以及动力优势，不仅可以传递知识，还能够让员工明确谁具备哪些知识，这种信息被称为交互记忆。交互记忆能让员工在需要提取知识时，迅速找到合适的信息来源，对创新活动产生正向影响。[①] 最后，差异化知识的引入所带来的不仅是知识，还有知识背后的思维模式。人们在吸取工作领域外的想法时，也可能会扩展自己思考问题的方式，这种改变将激发思维的发散性和自主性，体现出创造力的改变。

非正式群体尽管不因工作而产生，人们也不因工作而特意加入非正式群体，但在一个万物皆有联系的生态系统中，非正式群体通过偶然的知识、机会、情感甚至物质联系实现了这个微弱系统对创新行为并不一定微弱的影响。

---

① 黄海艳：《非正式网络对个体创新行为的影响——组织支持感的调节作用》，《科学学研究》2014 年第 4 期。

第五章　创新行为的中系统及其影响

在生态系统理论中，中系统是指微系统与微系统之间的相互作用。和布朗芬布伦纳在生态系统理论的论述过程中，对中系统着墨不多的情况类似，创新行为研究中关于中系统影响的探索相较微系统在数量和研究深度上都显得单薄。这是因为微系统的作用更为直接，其影响容易理解，影响强度也比较大，而中系统是系统的系统，研究的是两个系统作用之后力量的再作用，因而影响是间接的，强度也更微弱，更难以解释和理解。

事实上，目前不仅对工作领域中不同微系统间的相互作用对创新影响的研究进展有限，对工作与非工作领域微系统间的交互研究也不够深入，更多的是基于工作与非工作领域相互独立的观点探讨创新行为的影响因素，忽略了领域间的相互作用关系。

不过，创新研究的学者们已经开始认识到不仅不应忽略家庭微系统对员工创新的影响，而且也不应基于工作与家庭领域彼此独立的观点来探讨创新行为的影响因素，因为这种做法会忽略领域间的相互作用，因而开始涉足中系统对员工创新行为的作用。如第三章和第四章所述，员工创新过程涉及的微系统主要是工作和家庭，而工作微系统还可细分成工作硬环境以及领导与同事等更小的微系统。因此，员工创新行为可能涉及的中系统包括工作与家庭的关系、工作环境与领导或同事的关系以及领导与同事的关系等。本章将对这些创新行为的中系统及其影响进行阐述。

第一节　工作家庭中系统

从一生来看，家庭是一个人身处时间最长的场景。个人成长阶段不同，其在家庭中消耗的时间比例会发生一定的变化，例如，在进入学校和职场之前，个体生活与家庭几乎完全重叠，个体扮演着纯粹的家庭成员角色，家庭系统是最重要的个人发展微系统；在工作以后，员工开始在职场中消耗大量时间，除了法定的工作时间外，员工还有被动或自主的加班，在角色多样化的同时，家庭占用的时间变少，工作系统作为个体获取生存资料以及自我实现的场景，开始对个体行为与发展发挥重要作用。不过，即使工作分摊了家庭的时间，我们也仍需承认，家庭对个体而言是生态系统中非常重要的一环，是重要的非工作微系统。

工作微系统和家庭微系统之间相互作用，它们的关系可以概括为工作与家庭冲突、工作与家庭互益以及工作与家庭平衡。虽有例外，但总体来看工作与家庭冲突对创新的影响以负面居多，工作与家庭互益和平衡的作用以正面居多。同时，我们也要看到，上述研究结论是建立在对象同质化的基础之上的，在面对创新时，不同个体对工作和家庭应当扮演的角色存在不同的理解，这或许可以解释为什么工作家庭关系对创新的影响在不同研究中具有波动性。

一　工作与家庭冲突与员工创新行为的关系

工作与家庭间冲突具有方向性，既包括工作对家庭的冲突，也包括家庭对工作的冲突。前者是指因工作要求太多、工作时间太长、工作压力太大而影响到家庭责任履行所产生的角色冲突与压力感受，表述为工作家庭冲突；后者是指因家庭要求、奉献于家庭的时间太多或家庭压力太大而影响到工作责任履行所产生的角色冲突与压力感受，表述为家庭工作冲突。一些研究认为冲突的方向决定了冲突影响的领域，因此，在工作与家庭冲突的研究中产生了交叉观与匹配观之分，前者认为冲突主要影响被冲击领域，[①] 例如工作家庭冲突的被冲击领域"家庭"，后者认为冲突主要影响发起领域，[②] 例如工作家庭冲突的发起领域"工作"。因此，在交叉观视角下，研究创新前因主要看来自家庭的冲突，而在匹配观视角下，则以工作对家庭的冲击为侧重点。大多数相关研究认为工作与家庭间的冲突，消耗资源、破坏情绪与信念，无论何种方向的冲突都是员工创新行为的负向预测指标，工作对家庭冲突的负面影响可能更大，也有极少数的研究讨论了该冲突的积极作用。

（一）工作与家庭冲突对创新行为的负面影响

大部分对工作与家庭冲突结果的研究是基于资源视角的。根据资源保护理论，个体具有和需要的资源可以分为物质资源、条件资源、个体特征资源和能量资源四个大类，能量资源是指那些能够帮助个体获取所需的其他资源的资源，例如时间、金钱和知识等。工作和家庭的冲突主要体现在对能量资源的争夺上。资源争夺本身又会进一步消耗资源，导致个体认知、情感以及行为倾向的改变。例如，冲突频繁或严重的情形使个体不得不投入资源用于矛盾化解，从而减少对其他方面的认知投入，导致信息输入水平下降，破坏创新的知识基础。冲突也会使员工加重对环境风险的感知，并通过减少创新以避免风险累积。经常遭遇冲突还会使员工对自己解决冲突的能力产生怀疑，[③] 产生紧张感，对工作的热情和时间投入降低，[④] 因此，人们普遍认为工作与家庭间冲突对创新行为具有负面影响，事实上，也确有大量实证研究支持这一观点。

说到工作和家庭，人们很容易好奇性别间的差异，由此引发了从性别视角评估冲突水平和类型的差异以及工作家庭对他们不同意义的研究。根据美国的数据，Reynolds 指出工作与生活的冲突，无论冲突是源于工作还是家庭，都会

---

① Matthews, R. A., et al., "Work Hours and Work-family Conflict: The Double-edged Sword of Involvement in Work and Family," *Stress and Health* 28 (2012): 234–247.

② Shockley, K. M., and Singla, N., "Reconsidering Work-family Interactions and Satisfaction: A Meta-analysis," *Journal of Management* 37 (2011): 861–886.

③ 李正东、尹海燕：《工作对家庭的冲突如何影响员工创新行为——组织认同调节下的中介作用模型》，《西华大学学报》（哲学社会科学版）2021 年第 4 期。

④ Beutell, N. J., et al., "A Look at the Dynamics of Personal Growth and Self-employment Exit," *International Journal of Entrepreneurial Behavior & Research* 25 (2019): 1452–1470.

激起女性减少工作时间的期望，但不会对男性员工产生相同的刺激，这说明工作家庭冲突对女性的冲击可能更大。① 女性对时间更加敏感，情绪强度变化更大，这是性别间客观存在的生理和心理差异。张兰霞等的研究表明，反映在情绪上，工作家庭冲突通过积极情绪和消极情绪的平衡对女性知识型员工的创新行为产生显著的负向影响；反映在时间知觉上，着眼未来，优先选择为未来更好地生存做准备的那些女性，因为工作家庭冲突而造成的创新损害就更大。②

在冲突导致的创新行为损害上，不同工作类型或职务级别员工间也存在差异。首先，工作家庭冲突常以知识员工创新行为阻碍因素的形象出现。③ 工作家庭冲突更容易发生在对工作环境要求不高的工作中。因为，体力劳动者的工作常常必须在工作环境中才能完成，相对而言，工作较难突破边界；而知识员工的工作主要依靠智力劳动，对工作场所的依赖程度较低，且他们的工作复杂程度较高，可以将工作进行拆分，将依赖工作场所的工作在工作场所完成，而在家庭中完成那些不需依赖工作场所的工作，这就给工作任务突破边界、冲击家庭提供了便利。工作对家庭的冲突会消耗时间、争夺资源，引起知识员工的消极情绪，因而抑制了他们的创新行为。其次，工作家庭冲突不仅不利于员工的创新，也会抑制具有一定管理职能的员工的创新行为，高水平的工作家庭冲突会削弱高承诺工作系统与中层管理者创新行为之间的关系。④ 最后，如果将自雇视为广义的员工，工作家庭冲突同样会抑制自雇人员的创新行为。Beutell等采取概率抽样的方法，考察了工作家庭冲突对美国自雇者工作方面的影响，他们将创新行为归为个人成长范畴，将工作家庭冲突解释为需求端，从工作需求-资源视角，证实了工作家庭冲突会导致自雇者对工作的热爱与奉献减少，

① Reynolds, J., "In the Face of Conflict: Work-life Conflict and Desired Work Hour Adjustments," *Journal of Marriage and Family* 67 (2005): 1313-1331.

② 张兰霞等：《工作家庭冲突对女性知识型员工创新行为的影响研究》，《科研管理》2020 年第 11 期。

③ 宋嘉艺等：《知识型员工工作家庭双向冲突对创新行为的影响机制》，《管理评论》2020 年第 3 期；Wang, Z., et al., "How Work-family Conflict and Work-family Facilitation Affect Employee Innovation: A Moderated Mediation Model of Emotions and Work Flexibility," *Frontiers in Psychology* 12 (2022): 796201.

④ Chen, Y., et al., "High-commitment Work Systems and Middle Managers' Innovative Behavior in the Chinese Context: The Moderating Role of Work-life Conflicts and Work Climate," *Human Resource Management* 57 (2018): 1317-1334.

从而导致创新行为减少。虽然他们的研究将自雇者分为有雇员的创业者和没有雇员的独立自雇者，两者在工作内容和情感状态上存在差异，但在冲突与其创新行为的关系上并未表现出明显的差别。① 一项对中国多个行业、以本科学历为主、平均工龄较长的上千个样本的研究显示，工作家庭冲突对员工的创新行为具有显著的负向影响。② 综上，工作家庭冲突对员工创新行为的负面影响可能是跨越工种、职级以及民族文化的。

家庭工作冲突是否会对创新行为造成影响存在两种观点：按照交叉观的观点，家庭工作冲突会对工作领域造成影响；但是按照匹配观的观点，家庭工作冲突对工作领域的影响不大。家庭工作冲突通常采用 Netemeyer 的量表进行测量，该量表所反映的家庭对工作的冲突包括家庭对时间、资源和压力等的额外要求导致的工作延期或无法完成。因此，匹配观难以解释采用这种问卷所研究的家庭工作冲突对工作的影响。不过，仍然有实证研究结果为匹配观提供了证据，例如一项关于领导与员工心理授权关系的工作场所研究表明，尽管工作家庭冲突能调节两者的关系，但家庭工作冲突却没有这种功能，盖因匹配观视角下的家庭工作冲突只能影响家庭而不能影响工作。③ 宋嘉艺等的研究为中国情境中的匹配观提供了一个新解释。他们提出牺牲家庭在领导眼中往往被视为是一种勤奋、努力的象征，员工能够借此获得领导的赞赏和青睐，从而获得更多的晋升机会。同时，个人在工作中的成就能为整个家庭带来荣耀和社会地位，因此一些家庭为了成员工作上的成功会尽量自我消化家庭困难，不让员工因为家庭事务而分心，主动退出家庭与工作的资源竞争，这些因素叠加起来，使员工形成家庭工作冲突不存在的错觉，从而减缓了家庭工作冲突对工作的影响。④

① Beutell, N. J., et al., "A Look at the Dynamics of Personal Growth and Self-employment Exit," *International Journal of Entrepreneurial Behavior & Research* 25 (2019): 1452-1470.

② 李正东、尹海燕：《工作对家庭的冲突如何影响员工创新行为——组织认同调节下的中介作用模型》，《西华大学学报》（哲学社会科学版）2021 年第 4 期。

③ Yang, J., et al., "Servant Leadership and Employee Creativity: The Roles of Psychological Empowerment and Work-family Conflict," *Current Psychology* 38 (2019): 1417-1427.

④ 宋嘉艺等：《知识型员工工作家庭双向冲突对创新行为的影响机制》，《管理评论》2020 年第 3 期。

（二）工作与家庭冲突对创新行为的正面影响

尽管大部分工作家庭研究认为冲突对创新行为不是个好因素，然而，也有少量来自中外的证据展示了两者的正向关系。一项对上海某高端制造企业两家分公司的配对研究发现了工作家庭冲突对员工的可持续创新绩效有正向影响，当个体表现出更高的晋升调节焦点时，这种影响更为显著，通俗来说就是上进心强的员工能够通过自我调整来克服工作对家庭的冲突，由于冲突激活了员工对工作的重新理解和工作自我改造，反而带来了新思维和新行动。[①] 另一项研究发生在国外，该项研究在销售员中开展了三个实验，员工被随机分配到三个工作任务中，一是推广家庭中心，二是推广社区中心，三是描述自己的家庭或者工作。结果发现，对于三项研究，几个星期前的家庭工作冲突都可以预测实验中销售员的创造力，冲突水平越高，这些销售员在工作中就表现出越高的创造力。家庭对工作的冲突尽管会消耗资源，但也能使销售员从冲突中获得单纯的工作无法接触到的经验与知识，因此，家庭对工作不是简单的累赘，在特定的情形下，例如销售工作，高水平的家庭工作冲突反而对员工的创新有所助益。

在多元化与创新关系的启迪以及同时存在工作与家庭冲突对创新行为双向影响证据的情况下，我们可以对两者的关系做出猜想，或许工作家庭冲突也好，家庭工作冲突也好，它们对员工创新行为的作用并非线性的，而是呈现倒"U"形，不过，这个猜想有待检验。

二　工作与家庭互益对员工创新行为的影响

工作与家庭冲突基于资源有限性假设，将在工作与家庭中的角色视为彼此对立的资源竞争主体，采取的是资源静态视角，所以无法看到因扮演多重角色而带来的经验或资源的增加。缘于对冲突视角的怀疑和对角色扩张假说（expansionist hypothesis）的信念，研究者呼吁用积极的视角来审视工作与家庭的关系，从而诞生了工作与家庭互益的研究。

[①] Zhang, M., et al., "Work-family Conflict on Sustainable Creative Performance: Job Crafting as a Mediator," *Sustainability* 12 (2020): 8004.

所谓"角色扩张"，即承认多重角色间的相互促进，多重角色至少在三个方面对个体具有积极的作用，首先，在一个领域扮演的角色成功时，能增强幸福感，这种幸福感可以实现跨领域的积累效应，因此，对工作和家庭都满意的个体要比那些只有工作或家庭角色以及只对某个领域满意的个体要更加幸福。其次，扮演多个角色具有分担压力的作用，个体在某个领域的压力可以因其他领域的满意而得到纾解。最后，一个领域的角色经验以及其他收获有可能适用于其他领域。例如，在家庭中承担责任而形成的责任感、解决家庭困难而得到问题解决能力的提高、家庭经历中获取的知识、家庭带来的社会关系不仅在家庭中有用，也可以用于员工的工作。可见，冲突观虽然把握了工作家庭关系的主要方面，但比较偏激，增益观描述了我们对工作家庭不够常见但客观存在的另一重关系。

不过，工作与家庭互益尚未形成一个严谨的学术概念，所有工作和家庭互相促进的状态或过程，例如家庭工作丰富（enrichment）[1]、工作家庭积极溢出（positive spillover）[2]、工作家庭促进（facilitation）[3]、工作家庭增强（enhancement）[4] 等都可视为工作与家庭互益。相对冲突研究，互益与创新关系的研究开展较晚，为数不多的中外实证研究均肯定了两者的正向关系，并找到了工作与家庭互益更具影响力的条件。

Tang 等进行了一个三波的配对调查，他们用心理资源的积极外溢作为家庭工作丰富的代理变量，发现家庭工作丰富在员工的婚姻满意度和工作创造力之间起中介作用，员工对婚姻越满意，他们因婚姻产生的积极心理资源越会向工作场所溢出，当员工及其配偶对婚姻的认知正向一致时，即夫妻双方都对自己的婚姻感到满意时，这种溢出效应最为明显。积极的心理资源最终促进了员

① Greenhaus, J. H., and Powell, G. N., "When Work and Family Are Allies: A Theory of Work-family Enrichment," *Academy of Management Review* 31 (2006): 72-92.

② Grzywacz, J. G., and Marks, N. F., "Reconceptualizing the Work-family Interface: An Ecological Perspective on the Correlates of Positive and Negative Spillover between Work and Family," *Journal of Occupational Health Psychology* 5 (2000): 111-126.

③ Hill, E. J., "Work-family Facilitation and Conflict, Working Fathers and Mothers, Work-family Stressors and Support," *Journal of Family Issues* 26 (2005): 793-819.

④ Wadsworth, L. L., and Owens, B. P., "The Effects of Social Support on Work-family Enhancement and Work-family Conflict in the Public Sector," *Public Administration Review* 67 (2007): 75-87.

工在工作中的创新。①

　　家庭工作丰富对创新的积极作用的结论不仅适用于国外情境，在国内也得到实证支持。刘平青等对北京、天津、山西等多家企业的主管和下属进行了配对问卷调查，同样证明了家庭工作丰富正向影响员工心理资本并进一步促进员工创新行为。②

　　和工作与家庭冲突一样，一些研究者也认为工作与家庭互益是一个双向的过程，既存在家庭对工作的促进，也存在工作对家庭的促进。不仅来自家庭的促进过程有利于工作结果，来自工作的促进同样有利于工作结果。Mishra 等的研究证明了这一点，工作对家庭的丰富和家庭对工作的丰富都与心理资本正相关。心理资本在双向充实与创新工作行为之间起着完全中介作用。③

　　从为数不多的研究中我们可以发现，目前研究认为家庭工作丰富对创新产生促进作用的主要是成功的家庭角色所带来的心理资本溢出，然而，这种溢出的程度以及溢出的影响力是具有人际和环境差异的。也就是说，在部分情形下，对于部分人，家庭的作用可能并不明显。研究者对家庭工作丰富产生作用的边界条件也进行了研究，他们发现了主管与人格两类边界条件。

　　首先，是主管的作用。前文刘平青等的研究发现，相对于低主管支持，在高主管支持下，家庭工作丰富通过心理资本的中介作用对员工创新行为的正向影响显著更强，不过，这是因为主管支持加强了员工心理资本与创新的关系，而并非因主管支持改变了家庭工作丰富与心理资本的关系。其次，是人格的作用。前文 Tang 等的研究表明婚姻满意度通过心理资源外溢对工作场所创造力的间接影响对低创造性人格显著，而对高创造性人格不显著。高创造性人格的个体本身就具有强大的内在创造动力，对他们而言，外部环境只是锦上添花，

---

① Tang, Y., et al., "Good Marriage at Home, Creativity at Work: Family-work Enrichment Effect on Workplace Creativity," *Journal of Organizational Behavior* 38 (2017): 749–766.

② 刘平青等:《家和万事兴：家庭—工作增益对员工创新行为的影响》,《北京理工大学学报》（社会科学版）2019 年第 6 期。

③ Mishra, P., et al., "How Work-family Enrichment Influence Innovative Work Behavior: Role of Psychological Capital and Supervisory Support," *Journal of Management & Organization* 25 (2019): 58–80.

即使没有，也不会使他们的创新冲动产生方向性的变化，但对于那些没有太大内在创造动力的员工而言，家庭给予的鼓励、信心、期待以及积极的情绪就可能成为他们进行创新的原动力。

三　工作与家庭平衡对员工创新行为的影响

工作冲突和工作互益的作用相反，引发了研究者对二者关系的思考。它们是否只是事物的两个方向呢？Greenhaus 和 Powell 对 20 个独立研究的工作冲突与工作互益相关系数进行了综合，结果为-0.02，可见两者相关性过低，是相互独立的变量，而并非变量的两个方向。[①] 因此，研究者猜测工作与家庭的平衡不是简单的冲突与互益的抵消，而是冲突与互益的组合结果，是低冲突和高促进的结合体，王永丽和叶敏的验证性因子分析结果证明工作与家庭平衡的确是一个双重指向并包括冲突和促进的四重构面概念。[②]

从研究者对工作与家庭平衡的定义和测量方式来看，显然工作与家庭平衡既具备工作与家庭互益的优势又避免了工作与家庭冲突的后果，同时，这个概念和工作与家庭互益和冲突具有高度的同源性，因此工作与家庭平衡与员工创新行为的关系以及可能的作用机制几乎是不言而喻的，至少对于中国的女性知识员工而言，工作与家庭平衡对创新绩效的正向影响被实证研究所证明，工作与家庭平衡意味着资源的稳定状态和心理资本的富集，这种平衡的状态提升了员工在工作场所的幸福感并最终利好他们的组织创新绩效。[③]

不过，由于工作与家庭平衡与创新行为的关系过于直白，继续验证两者的关系并无太大必要，研究者转而研究工作与家庭平衡和其他变量对创新行为的联合作用。这些研究包括工作与家庭平衡型的人力资源实践对创新的作用以及工作与家庭平衡对不利因素的抵消功能。

首先是有益于员工创新的工作与家庭平衡是否可以由精心设计的管理手段

---

① Greenhaus, J. H., and Powell G. N., "When Work and Family Are Allies: A Theory of Work-family Enrichment," *Academy of Management Review* 31 (2006): 72-92.

② 王永丽、叶敏：《工作家庭平衡的结构验证及其因果分析》，《管理评论》2011 年第 11 期。

③ 张兰霞等：《女性知识型员工工作家庭平衡对创新绩效的影响——一个跨层次被调节的中介模型》，《东北大学学报》（自然科学版）2019 年第 11 期。

带来？杨琛构建了一个弹性工作制与科研工作者创造力关系的概念模型。模型认为，和普通的员工相比，科研工作者需要有更高的创造力和表现出更多的创新行为。弹性工作制使科研工作者可以自主安排工作的时间与地点，是他们维持工作与家庭平衡的额外工具。[①] 工作与家庭平衡的直接结果一方面表现为工作压力的减轻，另一方面表现为心理授权水平的提高，两方面的作用将提升科研工作者的工作满意度并给他们最终的创造力带来积极影响。不过弹性工作制能在多大程度上促成工作与家庭平衡取决于两类条件。例如，个人在时间管理方面的技能水平高决定了科研工作者能够利用弹性工作制合理安排时间和减少冲突。不善于管理时间的人，即使被给予了时间弹性也不会有意识地去统筹时间。此外，个体所处职业生涯的阶段乃至性别等个体层的条件也会影响弹性工作制在协调时间方面的作用。科研工作者扮演的角色越多，所需协调的时间与地点冲突就越多，弹性工作制所能发挥的作用就越小。类似地，女性尽管不等同于更多的社会角色，但社会对女性在家庭生活中投入更多资源的期望更大，因而，弹性工作制对于女性的作用也会受到一定的限制。除个体层的条件外，能够影响弹性工作制作用的条件还有工作性质以及组织氛围等组织层的条件。一些工作的时间或地点安排具有刚性，例如，某些服务的提供需要在特定的时间和特定的场所中进行，组织对于员工在多大程度上利用弹性工作制也有不同的底线。事实上，弹性工作制只是家庭友好型人力资源管理实践的手段之一，企业建立在工作与家庭平衡有助于企业绩效价值逻辑上的措施还包括员工支持、休闲假期和家庭关怀等多种相互联系、相互补充和相互依赖的手段，这些手段以增强企业竞争优势和实现组织目标为最终目的，以减少员工工作家庭矛盾、提升工作家庭促进水平、平衡员工工作家庭关系及提升工作满意度和家庭幸福感为直接目的，被统称为工作与家庭平衡型人力资源实践。[②] 研究发现，不仅弹性工作制，工作与家庭平衡型人力资源实践整体上都对员工创造性绩效具有显著的正向影响，因为它们总体上有利于形成和维持员工积极、健康、阳光的心理状态。

[①] 杨琛：《科研工作者创造力与弹性工作制关系研究》，《价格理论与实践》2021 年第 5 期。

[②] 赵富强等：《工作-家庭平衡型人力资源管理实践对工作绩效的影响：工作-家庭关系的中介作用与心理资本的调节作用》，《中国人力资源开发》2018 年第 11 期。

其次是工作与家庭平衡是否可以对冲或增强其他影响因素？领导是影响员工工作的重要情境条件，一些领导行为总体上能促进员工创新，另一些则总体上对员工创新有不利影响。剥削型领导（exploitative leadership）是一个新兴的领导风格概念，这种类型的领导高度自我中心，为了完成任务对下级施加巨大的压力，同时，剥削型领导通过沉重的工作负担使下级疲于奔命、无力发展，并以此实现对下级的操纵。显然，在剥削型领导下，员工处于非自愿的高负荷之下，既缺乏足够的智力资源也缺乏足够的动机去进行创新，对于崇尚自由的文化，剥削型领导的负面作用会更加明显。那么，工作与家庭平衡能否冲抵剥削型领导对创新的消极影响呢？Costa 通过对意大利和克罗地亚的调查发现，剥削型领导对工作与家庭平衡水平较高的个体来说没有那么难以接受，并且，来自家庭领域的积极感受可以鼓励员工避开剥削型领导的影响实施创新，如果组织同时还能实施工作与家庭平衡的人力资源实践，则工作与家庭平衡的对冲效果更好。[①] 此外，工作与家庭平衡还被证明可以和领导成员交换以及时间压力一同形成交互，联合预测员工的创新。[②]

四　创新中的工作家庭关系模式

显然，除了对性别和婚姻在工作家庭系统中对创新的影响作用有一定兴趣外，上述研究大多并不关心研究样本个体差异的解释力。这些个体层面的特征，例如人口传记特征通常只是被当成了控制变量，遑论更深层次的个体对于工作和家庭的期望或看法在整个模型中的作用。然而，创新行为的产生在很大程度上依赖于心理过程，人们对工作家庭关系的期望是否得到满足显然能够影响这个心理过程。在同样的工作家庭关系下，如果期望水平不同，则期望得到满足的程度也会不同，这可能会间接带来创新行

① Costa, G. G., "The Power of Balance: Interplay Effects of Exploitative Leadership Style, Work-family Balance and Family-friendly Workplace Practices on Innovation Implementation," *European Journal of Innovation Management* 25 (2022): 1266-1287.

② Aleksić, D., et al., "Interactive Effects of Perceived Time Pressure, Satisfaction with Work-family Balance (SWFB), and Leader-member Exchange (LMX) on Creativity," *Personnel Review* 46 (2017): 662-679.

为的改变。因此，讨论工作家庭中系统对创新行为的影响不应回避个体对于工作家庭的期望。

一项针对 91 名美国创新职业从业者和 34 名波兰艺术家的质性研究总结出创新者群体工作和家庭生活关系的五种模式，这些模式反映出创新者对工作家庭在创新行为中应起作用的期望。① 这五种模式分别如下。

第一，全力支持模式。这种模式中，创新者秉承传统性别角色，将创新看作对社会的义务。因此，无论是自己还是自己最亲密的家人都必须为创新做出奉献。

第二，独自前行模式。这种模式中，创新者认为创新的时间和精力等资源有限，鱼与熊掌不可兼得，因此在他们成为行业领先人物之前不会考虑组成家庭。

第三，专业模式。这种模式中，创新者认为创新创造只是一种工作，和家庭没有关系，两者不应相互干扰，工作是工作，家庭有男女分工之别，这样才是专业的体现。因而，他们会致力于建立工作与家庭间的壁垒，来维护两个微系统间的平衡。

第四，业余模式。这种模式中，创新者将工作中的创新视为附加性的工作行为，他们重视家庭生活，也重视循规蹈矩的工作，认为能够不受打扰地生活和连续工作要比创新来得更重要。所以，因为创新而影响家庭生活是不能容忍的。

第五，永动家庭模式。这种模式中，创新者与其家庭成员都将创新视为生命的一部分，他们相互理解、能够给对方提供专业和情感上的支持，并且可以合作，无论是创新者本人还是他的亲人都接纳高度模糊的工作与家庭的边界。这种模式和全力支持模式有些相似，因为创新者都沉醉于创新，他们的家庭也都卷入创新，不同的是，家庭成员对创新的投入在永动家庭模式中是主动的，而在全力支持模式中，则只是创新者对家庭的期望。

五种模式就人们对于工作和家庭关系的期望进行了类型学分析，当人

---

① Lebuda，I.，and Csikszentmihalyi，M.，"All You Need Is Love：The Importance of Partner and Family Relations to Highly Creative Individuals' Well-being and Success," *The Journal of Creative Behavior* 54（2020）：100-114.

们的期望不同时，工作对于家庭的冲突或支持给人带来的心理感受会表现出差异。例如，当现实情况是工作创新要求员工加班，那么，第一种模式的员工并不会因此产生剥夺感和相关的负面情绪，他会觉得家庭的支持天经地义；但是这种要求会给第四种模式的员工带来比较大的负面影响。由于创新与心理状态有很强的相关性，我们有理由相信，工作家庭模式可以解释相同工作家庭关系情况下创新行为的差异。不过，上述研究建立在扎根理论基础上，样本数量少，代表性有待增强，研究尚未得到实证检验，且全力支持型与永动家庭型在家庭工作关系的期望表达上是相同的，在实证中存在合并的可能。因此，工作家庭模式真正运用到创新行为的研究还需要一个过程。

第二节　领导同事中系统

工作场所内包括多个细分微系统，例如工作的物理环境、员工的直接领导、员工的同事圈层以及涉入较深的顾客。理论上讲，这些微系统彼此之间的相互作用都可以构成工作场所内的中系统，然而，对于工作场所内中系统的研究尚未穷尽所有中系统类型。本书主要介绍领导同事中系统。我们要再次强调的是，尽管字面相似，但领导成员交换并不属于中系统的内容，因为领导成员交换测量的是领导与研究样本本人的亲疏关系，因此属于微系统，相关内容参见本书第四章。

作为微系统，领导和同事对员工创新行为的影响得到了较多的讨论。领导可能以指导者、监督者、控制者、资源分配者等多种角色出现，领导通过资源、技术、机会和氛围等方面强烈地影响员工，而同事则可能以竞争者、合作者、模仿对象等角色出现，因长时间的共处对员工产生潜移默化的影响。那么，两者的共存，相互之间会碰撞出怎样的火花，以及会对员工的创新产生怎样的最终影响？

现有的研究发现了两个规律，一个是领导的控制程度会对同事间创新技巧与策略的社会学习产生影响，另一个是领导的偏心程度会对同事间的合作产生影响，这些影响会进一步延展至员工的创新行为。

一　领导控制影响同事间的学习

同事间的学习有助于员工创新行为产生，但只是学习并实施创造性同事创新的结果并不是创新。只有员工通过观察和模拟创新性强的同事，学习到创新的技能与策略并因此提高了自主创新的能力和意识，同事间的社会学习才能事实上促进员工创新行为。

Zhou 进行的两个研究反映了领导与其他员工互动能影响员工本人的创新学习。一个是对大学专业人员的研究，研究内容是领导密切监控行为与创造性同事交互对员工创新的影响；另一个是对医护人员的研究，研究内容是领导密切监控行为以及领导发展性反馈与同事交互对员工创新的影响。[①] 研究发现，当身边存在高创造性的同事时，主管越少地密切监督员工，则员工表现出的创造性就越高。这是因为，当领导要求员工严格遵守指令时，不仅员工的内在动机受限，同事的榜样作用也会受到影响。员工对榜样性同事的社会学习将局限在创新结果的模仿而不是创新技能与策略的模仿上，因而无论创新的意识还是创新的能力都不会因社会学习而受益。只有领导允许员工有一定的自主性时，他们才可能去学习和运用从同事那里学到的创新技巧与策略，并产生创新行为。反过来，同事榜样作用得到发挥也可以受益于领导微系统的其他表现，例如领导的发展性反馈。如果领导能够为员工提供发展性反馈，那么员工就能将他们从创造性同事那里习得的创造性行为模式、思维模式和工作标准运用到工作中去，从而可以更敏锐地发现问题、想出新的解决办法。由此可见，领导微系统和同事微系统间发生了相互的作用，领导同事中系统解释了微系统作用以外的员工创新行为改变。

二　领导偏心影响同事合作

领导成员交换量表直接询问的是领导与具体个人的关系，因此不涉及这种

---

① Zhou, J., "When the Presence of Creative Coworkers Is Related to Creativity: Role of Supervisor Close Monitoring, Developmental Feedback, and Creative Personality," *Journal of Applied Psychology* 88 (2003): 413-422.

关系在成员间的比较，反映的也是员工的微系统。不过，当以团队为单位计算所有团队成员评分的标准差后，这个标准差的意义就变成了团队领导偏心的程度，即领导成员交换差异。由于领导的偏心会对团队成员的心理和行为产生影响，即发生了领导和同事两个微系统间的作用，这属于中系统研究的范畴。领导的偏心会在团队中形成高关系和低关系两个相互隔离的圈层，低关系圈的成员通过社会比较，发现自己获得更少的资源和成长机会，处于被排斥的状态，因而对高关系圈的成员产生嫉妒和怨恨，不愿与之合作；而高关系圈的成员既可能因为优越感而疏远低关系圈成员，又可能因为低关系圈成员的敌意而疏离他们。唐于红等对中国技术团队的研究显示，成员对团队领导偏心的认识会对团队成员间的互助合作产生显著的负面影响，弱化团队在知识支持、信息支持、情感支持方面的作用，不利于团队成员的创新。[①]

中系统代表着微系统之间的相互作用。微系统种类多样，微系统间的作用即中系统的种类应更加丰富，然而现实研究所涉及的中系统类型非常少。就本书所掌握的情况看，只涉及了泛化的工作与家庭系统的互动以及少量的领导与同事互动研究。事实上，细分以后的工作、家庭、不同的社群等微系统可以组成大量中系统，探索这些中系统会对员工的创新行为产生何种影响将帮助我们更完整地了解员工创新行为生态系统的内部运行机制。

---

① 唐于红等：《领导-成员交换差异对团队创新绩效的影响——团队成员交换与团队政治氛围的作用》，《财经论丛》2020 年第 5 期。

第六章 创新行为的外系统及其影响

外系统是那些与员工的微系统有直接关系，但和员工没有直接关系的系统。相对微系统和中系统而言，外系统与员工的联系不够明显，其造成的影响是间接的、长期的、难以观察以至于常常被忽视的。因此，目前大量的研究成果集中于对员工微系统的研究上。但一方面，随着微系统研究的逐渐深入，可供挖掘的研究主题日益稀缺，研究推进变得非常困难；另一方面，研究者也开始意识到不应忽略那些看似无关的影响，并开始对这些看似与员工行为无关的因素进行探索。尽管这些对员工创新行为的探索并未明确提出其基于生态系统理论，但是它们的模型以及所论述的机制无不指向生态系统理论中有关外系统的观点，即不直接发生交换的系统也能通过直接发生交换的系统发挥作用。

根据外系统的来源，本书将这些可能影响员工创新行为的外系统分为五类，它们分别是：来自领导的外系统、来自同事的外系统、来自组织的外系统、来自配偶的外系统以及来自社会的外系统。其中，来自领导的外系统主要是指领导的领导，来自同事的外系统主要是指同事的领导以及同事的同事，来自组织的外系统主要是指企业的控制家族，来自配偶的外系统主要是指配偶的同事以及以收入和就业体现出来的工作单位与社会关系，来自社会的外系统主要是指员工所在的单位表现出来的与社会的互动。

第一节 来自领导的外系统

在科层组织中，员工会受到直接主管的领导，而主管一般也受更上级主管的领导，领导-领导交换关系是指员工的直接主管与其领导的互动，根据外系统的定义，领导的领导对员工来说属于来自领导的外系统。尽管员工通常并不直接面对领导的领导，然而，员工与团队领导的关系嵌套在团队领导与上级主管之中，员工的行为很难不受更上级主管的影响。例如，已有研究表明，在高水平的领导-领导交换的情境下，团队领导与普通员工的紧密互动能促成员工更高水平的组织认同感、组织支持感和对顾客更加亲切。[1] 既然来自领导的外系统可能对组织期望的员工层面结果产生积极影响，那么就也可能通过各种途径对团队以及团队中的员工创新行为产生影响。

领导-领导交换指的是员工的直接主管（团队领导）与他的上级领导之间的亲疏远近，是反映领导和他的领导关系的代表性指标。高水平的领导-领导交换意味着团队领导与他的领导互动较多、关系亲近。现有的研究认为这种亲密的关系能够促进员工的创新行为，原因在于以下三个方面。

首先，团队领导为了向上反馈有价值的意见就需要对团队的工作有真实和清晰的认识，这要求他们广泛听取团队成员的反馈。团队领导礼贤下士的行为对员工的积极参与具有促进作用，团队内的信息交流更加充分，从而有利于团队和员工的创新。[2]

其次，团队领导与上级关系紧密，则团队成员会认为自己的领导属于圈内人，能给团队带来更多的资源，因而更加认同和信任团队领导，也更加认同自己团队成员的身份，更多地投入团队的工作，团队内部高水平的配合有利于创新的产生。

最后，领导-领导交换具有涓滴效应，团队领导模仿上级对自己的偏爱，将资源分配给下属，给下属提供帮助，给下属更多机会，这些帮助有助于消除员工创新中面临的官僚束缚。高水平领导-领导交换中的团队领导能够获得比其他团队更多的资源，在资源丰富的情况下，一方面，团队领导在分配上不需要斤斤计较，以至于让团队中较差的员工产生严重的不公平感；另一方面，团

---

① Tangirala, S., et al., "In the Shadow of the Boss's Boss: Effects of Supervisors' Upward Exchange Relationships on Employees," *Journal of Applied Psychology* 92 (2007): 309-320.

② 黄海艳：《交互记忆系统与研发团队的创新绩效：以心理安全为调节变量》，《管理评论》2014年第12期。

队中最差的员工尽管获得的资源比内部最好的员工要少，但他也能获得比其他团队中最好的员工更多的资源。因此，这些较差的员工能从外部比较中恢复平衡，团队内的冲突更少，合作更融洽。①

因此，即使员工并未直接接触到领导的领导，但员工领导和他上级的良好关系仍然可以惠及员工，这除了带来更加丰富的资源外，还会增加员工工作的主动性，为员工的创新创造有利的主客观条件。②

第二节　来自同事的外系统

同事是职场文化形成和维持的重要主体，是员工完成工作任务的合作伙伴，和员工有着高度相似的工作场所微系统，也是与领导同样重要的员工创新行为解释变量。来自同事的外系统主要通过影响员工与同事的合作来发挥作用。本节讨论的来自同事的外系统主要包括同事的领导和同事的远端同事。

一　同事的领导

同事的领导同时也是员工的领导，似乎同事的领导应完全属于微系统。然而，当我们观察直接领导对创新的影响路径时就会发现，领导一方面直接给员工带来物质与情感的影响，这属于微系统的方面；另一方面，领导还会影响员工的同事，并通过改变同事的行为间接影响员工创新。显然，这时的领导是以同事领导的身份对同事产生作用，他对于员工创新行为的影响是间接的，因而，领导这个部分的影响归属于员工的外系统。

领导在组织中可以分配资源，决定员工的当前回报和长远发展，因此他们的思想和行为模式更容易受到关注并成为下属学习的对象。如果领导关心爱护下属、愿意指导下属、分享知识、鼓励合作和交流、注意维护人际关系、主动提供帮助与支持，那么员工的同事通过社会学习也容易在与员工的日常相处中

---

① Yang, J., "Leveraging Leader-leader Exchange to Enrich the Effect of Leader-member Exchange on Team Innovation," *Journal of Management & Organization* 26 (2020): 555-570.

② 陈超等：《领导—领导交换对团队创新的链式中介效应研究》，《管理评论》2021 年第 6 期。

表现出这些特征。

徐世勇等的研究认为，员工的同事会学习情感型领导处理人际冲突的经验、学习他们如何主动与他人交往并通过积极的行为手段调动积极的情绪，因而，在工作场所形成与员工的亲密关系。作为来自同事的外系统，领导是经由同事的社会学习，产生出涓滴效应，因营造出有利于员工创新的工作氛围而最终促进员工创新的。①

二 同事的同事

一个组织中存在多个团队或亚团队（团队中的亚群体），小群体成员彼此之间是更加亲密的同事，而跨群体的同事关系则相对疏远。因此，从内外有别的角度来看，小群体外的同事与群体内的成员形成交换，即同事的同事构成了员工的另一个外系统。

仇勇等的研究发现团队断层会阻碍个体创新。② 这一发现说明同事的同事外系统能够对员工创新产生影响。团队断层是组织多元化中的新兴概念，和传统上用传记特征等单一属性衡量团队多元化不同，它是从组合的角度来反映多样化的排列方式。如果团队成员属性特征的组合差异明显，就会形成一种隐形的分割线，将团队分割成多个亚群体，即在团队内部产生了成员的分化。此时，个体对所在亚群体的认同甚于对团队的认同，更为重视其他亚群体带来的人际威胁，注意力也从任务导向转向关系导向，因而，同事的同事异质性很高，分属不同的亚群体时，就会阻碍本圈层内员工的创新行为。

第三节 来自组织的外系统

员工在组织微系统中工作，组织与外部世界，例如组织和税务部门、工商部门、供应商、股东等的互动与大部分普通员工没有关系，它们是来自组织的

---

① 徐世勇等：《情感型领导对同事关系亲密度与员工创新行为的影响：一个被调节的中介模型》，《科技进步与对策》2019 年第 20 期。

② 仇勇等：《团队断层会阻碍员工创新吗?》，《科学学研究》2019 年第 5 期。

外系统。例如，企业控股家族对员工而言，属于来自组织的外系统。

家族企业一般采取自我经营或者聘请职业经理的方式管理，但是企业中的普通员工很少与企业的控制家族发生联系，因此企业的控制家族可视为员工的外系统。赵英男等对中国 16 个省份中小家族企业的调查结果揭示了企业控制家族这一外系统对非家族成员员工创新行为的影响方向与机制。①

首先，控制家族的适应性可促进员工创新。控制家族内部角色关系与互动模式不同，那些关系平等、通过协商而非独断来进行决策、规则具有弹性的家族被认为具有较高的家族适应性。家族适应性正向影响员工创新，原因在于：非家族成员的员工尽管不会受到族规的限制，但是他们也可以通过社会学习接受控制家族的价值、态度，并且模仿控制家族的思想和行为模式。家族适应性强，普通员工学会的是平等和参与，因此，他们在工作中的自主性更强、投入更多，也更多地感受到工作的意义和体验到效能感，即产生心理授权感，而心理授权感已被证明对创新行为有显著的促进作用。

其次，控制家族的所有权水平对员工创新有反向影响。控制家族所有权越高，它们提供给普通员工的薪酬往往越低；它们越倾向于亲自监督员工，因而较少借助长期激励的方式来绑定员工；此外，设置的管理岗位也越少。因此，在家族所有权高的家族企业中，员工模仿控制家族的行为模式以获得高薪和晋升的动机不足，就会较少地模仿家族企业行事风格。无论控制家族的思想和行为模式多么有利于激发创新，它们也很难对非家族成员的员工创新行为产生刺激。

第四节　来自配偶的外系统

配偶是员工非常重要的外系统，作为最重要和最亲密的家庭成员，配偶对于员工创新行为的影响已被多个研究所证实。配偶对员工创新行为起到的无论是积极还是消极的作用，主要途径都在于资源的流转。资源不仅可以在夫妻双方各自的中系统间跨越工作家庭边界流转，也可以在配偶间流转，因而产生了资源在配偶的非家庭场所—共同的家庭环境—员工的工作场所流转的路径。这

① 赵英男等：《家族适应性影响员工创新行为的作用机制与边界》，《管理学报》2019 年第 4 期。

一路径反映了来自配偶的外系统对员工创新行为发挥作用的资源流向。

理论上来说，来自配偶的外系统可以包括配偶的所有非家庭场所，例如工作场所、朋友、顾客、社群、学校等。不过，实证支持能够影响员工创新行为的、来自配偶的外系统局限在配偶的工作领域，一个是配偶的同事，另一个是以就业和收入体现的配偶的单位与社会关系。

一 配偶的同事

Stollberger 等通过对美国来自教育、咨询、信息技术、医疗保健、银行等多个行业的夫妇的调查发现，在排除员工配偶的上司提供的工作家庭支持以及配偶所在单位的工作家庭支持文化的影响后，员工配偶得到的来自同事的工作家庭支持仍然会通过转移资源的方式影响到员工本人。来自员工配偶同事的间接影响会激活员工在工作中的收益螺旋过程（a gain spiral process），即愉快的心情-心流体验-工作需求满足过程，从而使员工在他们自己的工作中产生创造力。[①] 员工的配偶对员工而言是微系统，员工配偶的同事和员工几乎没有接触，是员工的外系统。然而，配偶同事的支持不仅能改善员工配偶在其组织中的表现，还可能成为员工的配偶向他/她和员工共同家庭转移的资源——由于同事的支持，员工的配偶可以使用从其同事那里学来的工作与家庭平衡策略，可以更有效地组织工作和家庭生活、照顾孩子、承担家庭责任，使夫妻双方更专注于工作，因此，配偶同事的支持间接地改善了员工在工作中的表现，说明配偶同事这一外系统对员工创新行为具有积极作用。

不过，配偶同事的支持作用能在多大程度上促进员工的创新，关键在于配偶是否将他/她所得到的工作家庭支持传递给员工。配偶转移支持的行为与夫妻间的爱情类型有关。研究将夫妻间的爱区分为交换之爱、浪漫之爱以及慈悲之爱。慈悲之爱（compassionate love）是不以交换为前提，也不以肉体吸引为前提的、利他导向的、表现出怜悯或感激特征的感情。具有慈悲之爱的配偶更

---

① Stollberger, J., et al., "Sharing Is Caring: The Role of Compassionate Love for Sharing Coworker Work-family Support at Home to Promote Partners' Creativity at Work," *Journal of Applied Psychology* 107 (2022): 1824-1842.

关心他们的另一半，也更容易察觉到另一半的需要，并做出帮助和支持的行为。那些对自己的另一半怀有慈悲之爱的配偶更可能实施这种传递。

二　配偶的工作单位与社会关系

组织行为学的研究通常聚焦于心理和行为方面的因素与机制，在方法上倾向于使用量表进行变量的度量，并用这种方法论证了来自配偶的外系统对员工创新行为的影响。这一结论也得到了采用不同测量方法的其他学科的证明。

郑筱婷和李美棠将工作单位区分为体制内和体制外，用客观的工作单位解释配偶带给家庭的安全感，同时用客观的收入数据来反映配偶的社会资本与经济资源和解释创新的风险。这是与组织行为学不同的研究范式。在这种范式下，基于对中国家庭追踪调查数据的分析，发现妻子的就业情况对丈夫的创业有影响。在丈夫没有收入或者收入低于所在省省会最低工资的情况下，妻子有工作具有鼓励丈夫进行生存型创业的作用，如果妻子是在体制内工作，那么这种鼓励的作用更大；但当夫妻双方都有工作时，妻子有工作则会微弱地抑制丈夫进行机会型创业，除非妻子的收入很高。[①]

严格来说，创业与创新行为并不是同一概念，不过，本书的创新行为不仅包括创意产生，也覆盖创意落地过程，因此，部分基于创意的创业也可视为一种创新行为。尽管上述研究并未对创业是否基于创意进行区分，但从概率上看，这些创业中应有一部分与创意实现有关，因此，该项研究的结论对于创新行为研究也具有一定的参考意义。

妻子的工作状态和收入与妻子的工作单位以及妻子的社会关系有关，大部分情况下不受丈夫影响，因此，它们可以被视为丈夫的外系统。上述研究描绘出一个事实，即妻子的工作状态和收入会影响到丈夫的创业，如果创业是基于创意，那么则是影响到丈夫的创新行为，其中的影响机制涉及妻子工作外系统与丈夫的互动。

当丈夫没有收入或收入低的情况下，妻子的工作及其所带来的收入对家庭

---

① 郑筱婷、李美棠：《女性就业与收入对其配偶创业行为的影响——基于中国家庭追踪调查数据的实证研究》，《南开经济研究》2018 年第 2 期。

意味着对抗风险的能力，因此，家庭成为丈夫创新的避风港。在中国情境中，体制内的工作往往稳定性高，这意味着更高的抗风险能力，抗风险功能合理地解释了为何妻子拥有体制内的工作时，丈夫的生存型创业更多。然而，妻子有工作对创新具有双刃剑的作用，妻子的工作不仅可以抗风险，也意味着丈夫创新创业的机会成本。当夫妻双方都有工作时，丈夫创业意味着要跳出舒适圈，因而会抑制丈夫的机会型创业。但是当妻子的收入特别高时，这又意味着妻子拥有丰富的经济资源和社会资本，可以提高丈夫创新成功的概率，成为妻子工作不利影响的对冲因素。可见，妻子的工作单位与社会关系可以通过改变家庭的抗风险能力、创业机会成本和创业概率间接地影响丈夫的创新创业行为。

第五节　来自社会的外系统

在布朗芬布伦纳的生态系统理论中，社会系统是员工的宏系统，包括这个社会的经济环境、社会环境、制度环境、文化环境以及技术环境。不过本节所指的社会并不是宏系统所说的环境概念，而是主体概念，指的是广大社会公众。

员工处于社会之中，社会公众对员工的行为能够产生影响，例如，员工因树立了服务社会的理想而努力工作，又或者员工因为厌恶服务对象而辞职。因此，有实质接触的社会公众可视为员工的微系统。

企业的管理者由于有更广的工作范围，他们比一般员工更可能和社会接触，产生与工作无关的行为。企业则需要直接面对社会公众，企业不仅要基于等价交换的原则为社会提供产品和服务，还被期望履行工作以外的社会责任。

企业与管理者从工作的角度来看是员工的微系统，但当企业和管理者只是顾及社会利益、履行社会责任，如捐赠时，那么他们的行为与员工没有直接关系，如果这种行为能够对员工的行为造成间接影响，此时的企业和管理者对员工而言，可视为来自社会的外系统。

一些研究从宏观层面探讨了企业与社会互动对企业层创新的影响，例如，企业通过履行社会责任可以与主要利益相关者建立密切关系，因而有助于获取技术创新的无形资源；有利于企业与利益相关者实现知识共享和交换，补充创新必须的知识；有利于激发企业创新研发的动机；有利于提高企业技术创新的能力；有利于促进企业产品和过程创新；有利于在企业中营造良好的创新氛围；等等。[①]

也有一些研究从员工层面讨论了企业和管理者表现出来的社会责任对员工创新行为产生的积极影响。例如，从企业文化上看，企业管理上的利益相关者导向能够鼓励员工创新生产而激发创新。企业社会责任能促进员工创新，由于企业不仅为盈利而奋斗，也致力于提高整个社会或者比较广大人群的福祉，因而能够引发员工的自豪感，加深他们对组织的认同，唤醒他们的生理状态，带来积极的情感，还会影响他们创新的内在动机。[②] 从管理者个案上看，"管理者对社会负责"对员工而言是一种积极的领导行为，即便管理者的社会责任感是以违背组织正式规则、政策和指令的形式呈现出来的，这种亲社会违规行为对员工创新行为总体上也是促进而非阻碍的，特别是当员工比较传统、尊崇权威时，他们更会将管理者违反组织规则然而对社会友好的行为解读为对自己和利益相关者的善意，而不是对组织规则的刻意挑战，从而强化管理者社会责任感对其创新行为的促进作用。[③]

此外，企业对无关他人尚且能表现出负责的态度，会让员工认为管理者对自己的员工只会更加友善，员工的安全感得到提高，创新更加没有顾虑。那么，这就产生一个疑问，员工究竟是因为认同企业高尚的行为还是为回报企业的知遇之恩而创新的呢？周念华等将企业社会责任划分为对内的社会责任（体现为对员工的关爱）和对外的社会责任（体现为对社会的奉献），他们通过研究发现，在两种社会责任并存的情况下，两种社会责任都能对员工的创新行为做出解释。[④] 这说明，员工并不仅仅因为企业是"员工"的企业而创新，他们也会因为企业是"社会"的企业而创新，前者反映的是组织的微系统身

① Luo, X., and Du, S., "Exploring the Relationship between Corporate Social Responsibility and Firm Innovation," *Marketing Letters* 26 (2015): 703-714.

② Abdullah, M. I., et al., "The Organizational Identification Perspective of CSR on Creative Performance: The Moderating Role of Creative Self-efficacy," *Sustainability* 9 (2017): 2125.

③ 刘效广、马宇鸥：《管理者亲社会违规对员工创新行为的影响》，《科技进步与对策》2021年第5期。

④ 周念华等：《感知的企业社会责任对员工创新行为作用机制的实证研究》，《研究与发展管理》2021年第6期。

份，后者反映的是组织的外系统身份。

外系统作为与员工没有直接联系的系统，其作用是隐晦和或然的。从逻辑上论证外系统的作用并让人们接受是比较困难的事情。很多时候，人们会认为，舍近求远地寻找前因毫无意义，外系统即使有用，其影响也小到可以忽略不计，因而并没有很强烈的动机去描绘一个完整的生态图景。外系统的作用的确是微弱的，如果无法有效剥离其他具有冲抵作用的影响因素，则在研究中难以得到显著的结果，因此，研究者多半不愿冒风险开展相关研究，同时，即使有研究者发起挑战，他们也有较大概率得出不显著的结果，这些结果通常无法发表，也在一定程度上限制了外系统与员工创新行为关系知识的积累。因而，"先天不足"可说是外系统相关研究薄弱的主要原因。

除了研究数量比较少以外，外系统研究中存在的不足还包括研究不成体系。从文献梳理情况看，现有研究已经覆盖了领导、同事、配偶、组织、社会公众等多个来源的外系统，然而这些研究或是没有明确理论依据，或是以更微观的理论，例如资源保护理论、社会学习理论等为依据。尽管这些理论的确能够解释他们的发现，但这些研究彼此之间无法形成有效连接，显得非常零散。究其原因，乃是这些研究并未意识到它们反映的是外系统的影响，都是对生态系统理论的实证支持。因此，如果能够以生态系统理论为依据，就能很好地将这些研究整合起来，描绘出创新行为环境外因更完整的图景。

此外，既有对外系统的研究范围还比较窄，存在多种类型的外系统尚未被讨论的情况。例如，来自领导和同事的外系统，仍局限在领导与同事的工作场所以内，没有涉及领导和同事的家庭和社群。可以想象，领导和同事的家庭和社群也可能给他们带来新思维和新机会，特别是领导在社群中的崇高地位也具有提振员工对企业信心的作用，其作用机制与领导-领导交换异曲同工，这类外系统对员工创新行为的影响机制在逻辑上是完全可以站住脚的。此外，目前来自组织的外系统研究仅涉及企业的控股人，没有涉及政府、非顾客的社会公众、基金、协会等其他利益相关方，这些或许也可以成为将来外系统研究的方向。

第七章　创新行为的宏系统及其影响

在布朗芬布伦纳的生态系统理论中，宏系统包括经济环境、社会环境、制度环境、文化环境以及技术环境。其中经济环境与经济政策分不开，社会环境与民族文化底色关系密切，因此本书从文化、政治以及技术宏系统三个方面展开论述，基本涵盖了布朗芬布伦纳所构想的宏系统。

第一节　文化环境的影响

首先要明确的是，本章所讨论的文化环境不同于前文创新行为微系统中的组织文化，而是社会文化、民族文化的概念。两者在三个方面存在区别：一是覆盖范围不同，组织文化仅覆盖一个团队或者一个单位，而社会文化覆盖一个民族、一个国家；二是内容不同，组织文化更加具象化，内容更具体，而社会文化则更加抽象，内涵更丰富；三是形成过程不同，组织文化伴随组织产生而逐渐形成，社会文化的形成时间绵长，与一个民族的兴衰相连。组织文化处于社会文化之中，因而往往受到社会文化的影响。

对于究竟何为文化环境，布朗芬布伦纳未给出明确的定义。《大辞海》将文化分为广义和狭义两种情况，其中广义的文化指人类在社会实践过程中所获得的物质、精神的生产能力和创造的物质、精神财富的总和。狭义的文化指精神生产能力和精神产品，包括一切社会意识形式，即自然科学、技术科学、社会意识形态，有时又专指教育、科学、艺术等方面的知识与设施。汉默里把文化分为信息文化、行为文化和成就文化，其中，信息文化是指人类积累的各种知识，行为文化是指人们生活的方式以及行为模式和态度、价值观等心理倾向，成就文化是指艺术和文学成就。

创新行为研究认为文化背景本质上代表了人们的自我意识类型、价值观与认知法则，这一表述体现出浓郁的组织行为学研究特征，可见，创新行为中对文化环境的理解是以价值观等心理倾向这一类文化为主的。

宏观的社会文化对个体创新行为的意义在于，文化对整个社会创新理念的凝练、创新习惯的养成、创新制度的完善、创新能力的提高起着关键性的作用，它不仅可以在宏观上通过制度和结构的形成影响组织文化进而通过组织文化微系统影响员工创新，还可以直接被人们用来为自己的生活赋予形式、秩序、目的和方向，作为一整套的意义体系，引导和规范创新行动的产生、维持和发展。

研究文化对创新行为影响的方式并不唯一，一种方法是将某种文化的强度作为解释变量来解释创新行为的水平，另一种方法则是社会文化研究中的跨文化比较。创新学者最近在《社会文化宣言》中指出，创新研究的主要挑战是将历史上被孤立甚至对立的研究的各种维度编织在一起。① 这句话的含义是在强调，不应孤立地论证某种民族文化对创新的影响，而应当通过跨文化的比较来反映文化在创新形成和发展方面的客观区别。这种表达反映出社会文化研究方法的独特性，该类研究强调创新现象的多维性，致力于揭示个人、社会和文化因素之间复杂的相互作用，倾向于用跨文化比较的方式来呈现不同文化下创新行为来源的异同以及文化与个体的相互作用。显然，社会文化研究的方法在呈现文化影响上更加直观，然而，大部分研究受样本获取能力的限制，很难采用跨文化的研究方法，因此，上述第一种方法在定量研究中更为常见，而第二种方法多见于非定量的研究。本书专注于中国员工的创新行为，而中国员工主要受中国文化的影响，因此，本书聚焦创新行为研究中的中国文化元素以及包含中国文化的跨文化研究。

---

① Glaveanu，V. P.，et al.，"Advancing Creativity Theory and Research：A Socio-cultural Manifesto，" *The Journal of Creative Behavior* 54（2020）：741-745.

一　独立文化研究

独立文化研究是指那些范围限定在中国文化情境中，样本来自中国本土，不做文化间的比较的研究。

中国传统文化兼容并包，呈现多方面特点，尽管很难用一个词完整地形容中国文化的所有方面，但仍然有学者尝试从整体上去概括中国文化的特点，不过，从中国文化的某一个方面来阐述和论证它对员工创新行为的影响得到的结论可能更有说服力。

（一）中国文化整体性特点对创新的影响

不同学者所归纳的中国文化整体性特点不尽相同，有代表性的有中庸文化观、人文文化以及天人合一观。

中国文化中庸性的特点被普遍认同。所谓"中庸之道"，其核心理念为在"异"中求"同"，兼容并包，调和差异以促平衡。中庸之道很好地描述了中国人普遍的社会心理特征。关于中庸文化对创新行为的影响存在争议，争议的焦点在于中庸文化是否会阻碍创新。

阻碍论认为中庸文化，抹杀个性、避免冲突，是阻碍创新的文化，这种说法给中庸文化蒙上了原罪的阴影。比如，吴以桥认为：中庸文化抹杀个性，人们的行为要整齐划一，不能标新立异，因而会限制创新。[1] 行为的中庸取向还暗含着行为不走极端，避免人与人之间的冲突的准则，因而，受中庸文化影响的人会尽量避免不破不立的创新冒犯到其他人。Yao 等的量化研究发现中庸文化倾向会削弱能力和创新行为之间的关系，中庸倾向的员工即使有很强的能力，也不太会在工作中做出创新的行为。[2]

另有一些学者对阻碍论进行了反驳。比如，魏钧和张德对中国传统文化中的个人文化认知与期望所进行的定性研究发现，中国传统文化并未排斥创新，

---

[1] 吴以桥：《论中国传统文化对我国技术创新的消极影响》，《南京师大学报》（社会科学版）2009 年第 2 期。

[2] Yao, X., et al., "Moderating Effect of Zhong Yong on the Relationship between Creativity and Innovation Behavior," *Asian Journal of Social Psychology* 13（2010）：53-57.

且对组织创新文化的形成具有正面影响。传统儒家典籍《大学》中所述"苟日新，又日新，日日新"说明中华民族提倡创新，而国家开发银行"求实创新"以及远大空调"崇尚独创性是远大企业文化的核心"等组织文化的表述则是传统文化中创新因子的鲜活体现。他们的研究得到实证检验的支持，在中国情境中的组织与个人文化契合度的量表中，创新精神成为与其他诸如和谐仁义、平衡兼顾、遵从制度等并列的文化因子，[①] 这说明中国传统文化并不是反创新的。张光曦和古昕宇认为创新既要求新颖又要求实用，两者存在矛盾，中庸文化"过犹不及""执两用中""权变适中""和而不同"的思想能帮助创新个体调和这些内在的矛盾，因而中庸文化有益于个体创新。[②] 廖冰和董文强认为中庸追求系统和谐发展，和谐的组织中人际冲突少、组织内耗低、员工进行知识交流的意愿高，因而中庸文化对创新的作用是正向的。[③]

　　双方论述均言之有据，合乎逻辑，似乎将论战推入了"死胡同"。然而，双方研究的对象可能并非同一事物。新的创新研究将创新区分为渐进式创新和激进式创新，前者是对原有事物的点滴改良，变化幅度小，对他人的利益冲击小，接受度高；后者有时也被称为颠覆式创新或者突破式创新，这类创新会标新立异、走极端，需要突破文化限制。杜旌等提出，以"执中"和"一致"为代表的中庸性价值取向的确会限制激进式创新，但是当组织中的中庸氛围强度很高，即周围同事对中庸的处事原则态度高度一致的情况下，中庸的价值取向对渐进式创新其实是有促进效果的。[④]

　　还有一些研究提出中国文化是人文文化，而西方文化是科学精神、科学文化。李醒民认为，科学精神以追求真理为逻辑起点，以实证精神和理性精神为支柱，支撑着科学研究所必须的怀疑批判精神、平权多元精神、创新冒险精神、纠错臻美精神以及谦逊宽容精神。[⑤] 而人文文化以追求精神世界的满足为

①　魏钧、张德：《中国传统文化影响下的个人与组织契合度研究》，《管理科学学报》2006 年第 6 期。

②　张光曦、古昕宇：《中庸思维与员工创造力》，《科研管理》2015 年第 S1 期。

③　廖冰、董文强：《知识型员工中庸思维、组织和谐与个体创新行为关系研究》，《科技进步与对策》2015 年第 7 期。

④　杜旌等：《中庸抑制创新吗？——一项多层次实证研究》，《科学学研究》2018 年第 2 期。

⑤　李醒民：《科学精神与科学家精神　从民国时期的相关讨论说起》，《科学文化评论》2022 年第 6 期。

起点，重视的是个体修养和社会规范，因此并不重视科学创新。[①] 此外，中国的人文文化在修己时崇尚天人合一、顺应自然，因此人们也习惯于不对自然进行改造而是"逆来顺受"。因此，人文性文化的特点与改造自然的创新内在动机是互相冲突的。对于这种观点，本书并不认同。首先，追求自我修养和追求了解世界是两个维度的追求而不是两个方向的追求，因此，它们或许会争夺个人资源，但它们并不存在本质上的冲突。其次，中国文化追求的是天人合一，重在"合"字，为了实现"合"，改变自己是一条途径，改变自然规律是另一条途径，只不过改变自己更易于掌控，更容易实现而已。所以所谓的"天人合一"不等同于垂手认命，中国历史上诸多对自然的伟大改造就是明证。

（二）中国文化局部性特点对创新的影响

常见的中国文化局部性特点包括集体主义、面子文化、求稳文化等内容，它们对员工创新行为有不同的影响，且这些影响都充满中国文化气息。

1. 集体主义特点的影响

在霍夫斯泰德的民族文化论中，集体主义文化中的人们自出生就融入一个有强大凝聚力的群体，终其一生，人们都要对这个集体保持忠诚，而集体则为其中的个体提供庇佑，孩子们从小被教导维护集体的认知与行为规范，例如，要从"我们"而不是"我"的角度考虑问题；做事要维持和谐、避免直接的冲突；资源要与亲人共享；沟通要视情境而调整；等等。

西方学者普遍认为崇尚集体主义的文化不鼓励个体表达新想法、发表不同意见，因而集体主义对创新行为有抑制作用。不同于西方学者从文化角度的解读，成良斌从知识产权保护的角度论述了集体主义对创新的抑制机制，揭示了文化与政策执行的交互作用，为生态系统中的宏系统互动提供了一个有意思的例证。由于集体主义在价值判断时采用的是人数法则，表现为当个人利益与集体利益冲突时，倾向于牺牲个人利益，因此，强调个人权利的知识产权保护政策在集体主义氛围比较浓厚的文化中会面临较高的法律执行成本，难以贯彻。然而，知识产权制度是创新者利益保护的重要手段，如果产权保护形同虚设会

---

① 刘钝：《科学史、科技战略和创新文化》，《自然辩证法通讯》2000 年第 1 期。

大大削弱人们的创新意愿与创新行为。① 从这个角度来看，集体主义对于创新行为的确存在不利的一面。

不过，中国文化中的集体主义并非一无是处。集体主义倾向排斥资源的独占性，因而能够破解知识共享在个人意愿方面的阻碍，有利于知识的交流和学习。此外，在集体主义文化中，人们合作的意愿和氛围更好，长期的合作更容易进化出有利于合作的组织结构，这些变化对于需要用到大规模技术生产的创新也特别有利。例如，我国的高铁技术、核电站技术、路桥技术等都走在了世界前列，这些技术具有前述大规模技术生产的特点，因而吃到了集体主义促进创新的红利。

集体主义阻碍创新观点的片面性还在于没有认识到集体主义的多重内涵以及没有考察集体主义作用的具体条件。集体主义可以区分为水平集体主义和垂直集体主义，水平集体主义重视集体内部的和谐，而垂直集体主义重视集体利益和目标的实现。西方学者批评集体主义的理由对垂直集体主义不适用，因此两者的影响或有不同，此外，集体主义对创新的影响也可能存在边界条件，在不同的条件下，集体主义对创新行为的影响或许会产生方向性的变化。例如，来自中国的研究发现，水平集体主义与个体创新负相关，垂直集体主义与个体创新在两个子研究中分别呈现不相关和正相关关系，这说明集体主义对创新的作用不可一概而论，尽管水平集体主义会抑制创新，但垂直集体主义则可以有限地促进创新，特别是当个体处在有迫切创新需求的小团体中时，垂直集体主义的促进作用更加明显。②

能够改变集体主义对创新行为的影响方向的边界条件还有领导风格以及团队合作的模式。例如，变革型领导会将员工个人利益与团队和组织的利益结合起来，因此在集体主义的垂直性方面，即利益实现方面，在变革型领导的带领下更为明显，当意见不一致时，相信垂直集体主义的员工在和谐气氛和集体利益之间，将会选择后者。家长型领导同样重视集体利益，且表现出对下级的包容，鼓励员工提出新想法。在团队合作的方式方面，如果团队的分配是以团队

---

① 成良斌：《论文化传统对我国技术创新政策的影响》，《科技管理研究》2007 年第 9 期。
② 杜旌等：《集体主义的确阻碍创新吗？——一项基于情景作用的实证研究》，《科学学研究》2014 年第 6 期。

而非个人为单位的，将有助于形成集体凝聚力，促进员工对集体身份的感知而愿意创新。在竞争来源方面，如果团队的竞争主要来自外部而不是内部，则成员个人倾向于贡献新想法帮助团队获胜，反之，成员个人倾向于保持沉默以维护和谐的团队关系。在团队决策权方面，团队决策权的大小也会影响集体主义的作用：如果团队内部决策权大，则成员个体感到自己是集体的主人，因而愿意提出新观点；但如果团队内部决策权小，需要在外部指令下工作，则团队成员更多感受到自己只是集体的一个组成部分，创新的内在动机下降。[①]

2. 面子文化

面子文化也是中国文化特色之一。从心理学来看，面子是个体的声望、成就、社会形象、个体能力表达的载体，体现出一个人的自尊与尊严，要面子并不是中国人独有的心理现象，而是存在于每一个追求尊严的个体心中。然而，面子不仅是心理现象，也是社会现象和文化现象，受到个体所处文化的影响，是植根于文化的社会心理结构。中国文化中特别注重人际关系，这是带有他人取向、关系取向和道德取向的文化。因此，中国人的面子情结中不仅反映了自我尊严的需要，还反映了获得他人认同、符合社会规范、维护组织声誉的需要，这就使中国人对于面子格外重视，并与其他文化中的面子相区别。

面子文化既可以通过直接影响员工本人的心理而对其创新行为产生影响，也可以通过影响顾客心理、改变员工的外部环境而对员工创新行为产生影响。

顾客的面子文化能促进员工创新。在对日本的一项研究中曾经谈到，日本民间对于新产品的接受度高以及对新技术犯错的容忍度高是日本创新能力强的文化因素。类似地，我国顾客群体的面子文化也有利于社会对新产品的接纳，因而有利于员工创新。例如，重庆一项对无人驾驶出租车接受度的研究发现，面子文化对公众行为意向存在正向影响：使用新技术的产品，会让消费者感到紧跟潮流，起到美化个人形象、增强自信的作用。[②] 可见，基于社会形象的面子使得那些具有时尚特征的技术有较高的社会接受度，提高了员工对相关新技术、新产品市场化的预期，从而愿意进行创新。

---

① 杜旌、汤雪莲：《集体主义对个人创新影响的理论探索》，《科技进步与对策》2013 年第 2 期。

② 孙龄波等：《基于改进 TAM 的无人驾驶出租车接受度研究》，《铁道科学与工程学报》2022 年第 6 期。

然而，员工的或者领导的面子文化对员工创新行为的影响就不那么简单了。

首先，按照面子的结果，可将面子观念分为挣面子和不丢面子两个维度，它们都是面子管理的重要内容，不过两者并非简单的对立关系而是独立的社会过程。挣面子是去获得更多的面子，挣面子的结果能让个体收获心理奖赏，不丢面子则是指保护面子不减少，不丢面子的结果能使个体避免心理负罪。

一些研究发现怕丢面子对行为具有抑制作用，因而对创新具有负面作用，例如好面子会抑制冲突，造成虚假和谐，不利于发现问题；好面子的领导往往会忽视实践；怕丢面子会让员工不愿分享知识。怕丢面子还会对时间压力和创新行为之间的关系起到反向调节作用，即员工越害怕丢面子，则他感受到时间压力时越会避免去进行创新。①

不过随着面子研究的不断深入，有更多的研究开始发现并验证了面子对员工创新行为的积极影响，他们认为，面子对组织中的信息获取或者知识传递具有正面作用。例如，Hwang 等通过对香港的研究证明，挣面子的需要不仅能促进员工知识共享的意图，也能促进信息搜寻的行为。② 王国保通过对河南部分企业的调查也证明，尽管挣面子的需求不能影响员工的知识收集行为，但可以通过知识共享正向影响员工的创新，而不丢面子的诉求则对知识收集和知识贡献，以及员工创新都有积极的影响，当组织沟通氛围良好时，这种促进作用更加明显。③

其次，根据面子获得的依据又可将面子分为能力型面子和关系型面子，前者的面子是因为有被公众认可的能力而获得的，后者的面子是因为有被公众认可的品行而获得的。以在线品牌社群为例，能够解决群体成员面临的产品或品牌问题，表达出的是"我行"的形象，获得的就是能力型面子；能够送出和收到群体成员之间的相互关心，与群体成员建立友好和谐的关系，表达出的是

① 张敏：《时间压力下项目创新行为实验研究——基于面子的调节作用》，《科学学研究》2013年第 3 期。

② Hwang, A., et al., "The Relationship between Individualism-collectivism, Face, and Feedback and Learning Processes in Hong Kong, Singapore, and the United States," *Journal of Cross-Cultural Psychology* 34 (2003): 72-91.

③ 王国保：《面子意识与知识共享、员工创造力关系的实证研究——以组织沟通氛围为调节变量》，《科技管理研究》2014 年第 17 期。

"我好"的形象，获得的就是关系型面子。[①] 能力型面子会给员工特别是组织中有较高地位的员工带来压力，他们很难接受自己的创新性想法不被领导支持，因而，能力型面子压力越大的员工，越可能越过领导，去实施越轨创新。[②]

再次，根据面子顾虑的对象，面子顾虑可以分为自我面子顾虑、他人面子顾虑以及相互面子顾虑。自我面子顾虑即个体对自我形象的关注，他人面子顾虑即个体关心另一方的形象，相互面子顾虑即个体注重所有当事人的形象并为利益主体间的关系承担责任。研究发现，这三种面子顾虑对商业模式创新行为均有显著的正向作用，但是它们的作用机制存在一定区别。例如，项目的发起方式、采购方式以及是否存在有意向的私人部门能够调节自我面子顾虑和商业模式创新之间的关系，但对另外两种面子顾虑与商业模式创新间的关系则不起作用。[③] 而项目的发起方式等因素之所以产生调节作用，其内在机理也在于是否会因为竞争给创新者的能力型面子带来不确定然而公开的伤害。

最后，根据面子的主体，面子可以分为个体层面的面子和集体层面的面子。从个体层面来看，结论与之前的研究类似，即如果预期会挣面子，则员工会产生创新的意愿，但如果预期会丢面子，则员工创新的意愿会下降。从集体层面来看，集体共同的面子不仅能增强员工个体创新的意愿，而且对个体层面的挣面子预期与创新意愿的关系有正向调节的作用。当那些对集体高度认同、珍视集体荣誉的个体感觉创新能挣面子时，会产生更加强烈的创新意愿。[④]

3. 求稳文化

和所有文明一样，中国不可避免地发生朝代更迭。这些更迭，大部分是通过暴力的方式实现的。无论时间长短、区域大小，战争都会中断社会进步，给百姓生活带来灾难，导致统治阶级利益受损。因而，中国的思想家探寻各种国

---

① 赵建彬等：《在线品牌社群网络关系对创新行为的影响研究》，《软科学》2016 年第 11 期。
② 马璐、谢鹏：《工作场所地位对员工越轨创新的影响：能力面子压力与地位关心水平的作用》，《科技进步与对策》2021 年第 3 期。
③ 杜亚灵、查彤彤：《PPP 项目中面子顾虑对商业模式创新行为的影响研究：项目获取途径的调节作用》，《管理工程学报》2022 年第 2 期。
④ 赵卓嘉：《面子对研发人员创新意愿的影响：个体与集体面子的不同作用》，《财经论丛》2017 年第 2 期。

家管理的方法，中国的统治者也最终选择支持那些有利于维护王权统治、社会稳定的学派。儒家学派所强调的三纲五常有利于维护社会关系的稳固，克己复礼则为人们的行为提供了统一的模板，使个体行为模式被固定下来。其他有影响力的学派，例如法家、墨家还有道家，尽管其施政思想有所不同，但本质上都不希望社会动荡。然而，创新意味着改变，改变的结果具有不确定性，如果是颠覆式创新，则意味着对原有事物的推倒重来，这与求稳的文化是相悖的。因此，求稳的文化会使人们在社会生产中反对改进技术，将先进的技术诬蔑为奇技淫巧。当时代需求从春秋时期的求稳转变为当代的求创新、求发展后，求稳文化抑制创新的负面作用就会凸显。[①] 求稳文化在中国不同地区的影响力存在差异，有研究认为求稳文化对中原地区的影响更明显。中原文化强调"重道轻器""循序渐进"，在这种文化引导下，该地区的创新主要体现为模仿创新，因为"重道轻器"所重视的"道"是书本所传承的知识，以社会伦常关系为主要内容，而发现自然、改造自然的科学技术手段是被轻视的"器"；"循序渐进"的文化则强化了人们维持技术与工艺稳定，适度改良而拒绝彻底革新的信念。[②]

二　跨文化研究

尽管对中国文化的独立研究可以在一定程度上反映出中国文化对个体创新行为的解释力，然而，独立文化研究并不能告诉我们相比其他文化的其他特征，中国文化对个体创新行为的影响是否独具特色。布朗芬布伦纳在其对宏系统作用的论述中高度推崇跨文化研究，然而，他也不得不承认，由于跨文化研究需要来自不同文化背景的样本，尤其是差异比较大的文化背景中的样本，这种要求使研究难以开展，如果是对比有敌对态度的两种文化系统的作用，更是难上加难。受益于全球经济社会交往的增多以及先进信息通信技术的运用，现在进行跨文化研究比布朗芬布伦纳所处的时代少了很多阻碍，这为我们开

---

① 阎海峰：《中国传统文化与创新精神》，《华东理工大学学报》（社会科学版）1999 年第 3 期。
② 伦蕊：《从模仿到自主：中原地区大型企业创新行为的文化渊源与演进方向》，《科技进步与对策》2008 年第 9 期。

展跨文化研究，更好地了解文化宏系统对于微观层面创新行为的影响创造了条件。

首先，跨文化研究揭示了不同文化对个体层面创新行为的影响具有显著差异。最近一项采用社会文化方法，针对教育及心理学专业大学生的大规模实证研究发现，在阿根廷、中国、俄罗斯、沙特阿拉伯、土耳其、澳大利亚、智利、科索沃等八个不同国家的文化中，学生创造性活动的来源与影响路径有不同的表现。例如，大部分被调查国家的大学生的创造性结果建立在他们已经具备创新动力的基础上，但智利和中国的学生可以被动地生产出创造性结果。教师的支持鼓励只有在阿根廷、中国、俄罗斯和沙特阿拉伯，才对大学生的创造动机、信心与创造力、成长信念等创新的动力因素有正向作用，而在澳大利亚、智利、科索沃，教师的支持鼓励则没有作用。七个国家的父母的支持性行为需要通过提升动力因素才能间接地促进学生产生创造性成果，然而智利父母的支持性行为不仅能直接影响，还是负向地影响孩子的创造性成果产出。[①] 不过，Zhang 等在向我们描绘不同民族文化中创新行为存在差异图景的同时并未对造成这些差异的原因给出文化视角下的解释，但是他们确实给我们呈现了一个直观的结果：至少在他们的样本中，教师对大学生创新的作用并非泛文化现象，家长在某些特殊的文化中也可能对大学生的创新"帮倒忙"。Zhang 等的研究只是控制了年龄、性别以及专业因素，没有控制父母、教师微系统外所有可能引发变异的因素，因而，现有的结果也存在除文化因素之外其他解释的可能，不过考虑到任何社科研究都无法严格做到这一点，所以，我们可以谨慎地接受文化因素宏系统会影响个体创新的观点。

其次，跨文化研究告诉我们不同的文化对创新行为的具体影响。吴金希通过逻辑推理的方式对日本文化、美国文化以及中国文化进行了对比。就中国文化而言，其中的兼容并蓄、和谐、人本精神、辩证思维都对创新有积极作用；就日本文化而言，对创新有积极作用的包括危机意识下的团队协作、学习并持

---

① Zhang, Z. S., et al., "Social Environmental Factors and Personal Motivational Factors Associated with Creative Achievement: A Cross-cultural Perspective," *The Journal of Creative Behavior* 55 (2021): 410-432.

续改善、愿意接纳创新产品；就美国文化而言，对创新有积极作用的有 try 文化、对失败和多元的包容以及诚信基础上的合作创新文化。[①]

最后，跨文化研究还告诉我们，不同的文化为何或者通过怎样不同的路径对微观层面的创新行为产生影响。文化会影响家庭责任感，因而会造成有家庭责任员工的工作投入度不同。Wharton 和 Blair-Loy 对同一家公司在中国香港、美国和伦敦三地分部的专业人士工作情况的研究揭示，中国香港的员工比西方文化中的员工对大家庭和亲属负有更多的责任，因此，在中国文化中，员工更可能感受到工作对家庭的干扰，因而会表达出更强烈的减少工作时间的愿望。[②] 工作时间意味着工作投入，工作时间短，工作投入就低，创新就少。文化会影响人自我概念的形成，改变员工对外部环境的感受，从而影响个体的行为。在中西方文化中，人们对自我的定义是不同的：西方文化中的自我是实体的自我，是可以因为思考而不用依赖任何社会关系就能独立存在的；而中国文化中的自我是属性的自我，必须通过各种社会角色所规定的伦理格局中修行来逐渐形成，需要借助与有意义的他人的关系才能确立。这就导致西方文化中的个体对外部世界的要求和期望比中国文化中的个体要更不敏感，这些外部因素也更不能影响西方文化中的员工。正如他们所预期的，组织支持感可以影响中国文化背景中的员工创新行为，而不能影响西方文化背景中的员工创新行为。此外，他们也发现，西方文化比中国文化对绝对公平的要求更高，体现在创新行为上，就是组织中的公平会成为西方员工创新的激励因素。[③]

第二节　政治环境的影响

布朗芬布伦纳认为政治环境也是一个重要的宏系统。政治体制是政治环境影响创新行为的底色，多种多样的政策，例如财税政策、人才政策、科技政策、教育政策等是政治环境影响创新行为的终端。

[①] 吴金希：《创新文化：国际比较与启示意义》，《清华大学学报》（哲学社会科学版）2012 年第 5 期。

[②] Wharton, A. S., and Blair-Loy, M., "Long Work Hours and Family Life: A Cross-national Study of Employees' Concerns," *Journal of Family Issues* 27（2006）：415-436.

[③] 张旭：《文化背景对组织支持和组织公平影响的调节作用》，《经济管理》2013 年第 7 期。

一　政治体制的影响

认为政治体制与科技创新有关，制度结构的变迁可以削弱、改变或者可能阻碍科学事业发展的观点来自科学社会学。该学派创始人罗伯特·默顿理想中能够促进科技发展的政治体制是以普遍主义为主导价值的民主体制。他以美国的实践为例，对这种体制做出了具体描述：科学研究采用多头并举的研发模式，更多使用科学伦理的标准而非政治准则来评价创新，由科学家的学术能力与学术地位决定研究资源的分配，科学家可以自由地开展学术交流。同时，他还以德国在科研管理方面的例子为该体制的反面教材。[①] 只要我们越过默顿的文字，不受专有名词的限制，就会发现他所描述的民主体制并不是政治体制，而是在他所处时代，施行这些体制的国家所呈现的带有时代背景的社会表现。因此，他所诟病的也不是政治体制，而是当时的集权德国在科研管理方面的做法。

事实上，在科研管理方面，中国与当时的德国也并不一样。例如，中国科研资源的分配兼顾重点攻关项目保障和多元项目竞争；科研人员的业绩评价标准主要是基于科研成果而没有特别强调政治准则；而且，中国非常鼓励国内学者外出学习，也热情欢迎国外的科学家来中国交流。在现有的政治体制下，我国的科技发展进步很快，科研成果数量呈现井喷态势，我国的政治体制为创新提供了良好的土壤。结合默顿的论述，比较中美两国在制度方面的共性，不难发现，影响创新的关键问题不在于是否实行西方民主体制，而在于是否坚持了以重视能力、客观评价和鼓励科学思想交流为特点的普遍主义式管理。

二　政策影响

尽管从逻辑上很容易理解，政策可以影响企业创新的意愿与动力，企业能够通过组织、战略、制度的调整将政策的影响传递给员工，然而，政策对企业

---

① 田方萌：《中国模式与创新绩效：科技"大跃进"的多重成因》，《公共行政评论》2017 年第 6 期。

的影响和政策对员工的影响似乎属于两个不同的研究范畴，大部分讨论政策对创新影响的研究集中在企业层，讨论政策对员工创新行为直接作用的研究比较少。

就支持性政策与企业创新的关系而言，大部分研究认为单一的政府支持性政策对企业创新具有促进作用，也有一些研究持"抑制论"观点，不过抑制的原因是资源错配，[①] 与员工的微观行为关系不大。如果政府可以将多种支持性政策相结合，则可以制衡单一政策固有的缺陷，对企业创新产生稳定的促进效果。因此，支持性政策如果对员工创新起作用，总体方向也应当是正向的。

那么政府的政策是如何透过企业影响到员工行为的呢？一个可能的原因是财税政策通过内部激励途径影响员工创新：财税减免或补贴等政策提高了企业可支配的资源，企业将这些资源用于奖励创新，激发了员工创新的动机。另一个可能的原因是，政府兴办园区、设置项目、设立服务机构等政策缩短了企业间的物理距离或是打破了企业间的隔膜，员工交流的范围扩大，提高了探索性学习和应用性学习的能力。[②]

部分政府政策，例如人才政策也可以直接影响员工的行为。由于人才政策作用的对象一般是个体，因而人才政策与个人创新行为的联系更紧密，更易于观察，也更容易澄清其中的作用机制。此外，财税政策对个人行为的作用路径也比较短，作用直接。下面，我们在对政府创新支持政策进行简单分类后，分析人才政策与财税政策对员工创新行为的影响。

（一）政府创新支持政策的类型

政府政策是政府为了实现特定目的，对一定历史时期内应该达到的奋斗目标、遵循的行动原则、完成的明确任务、实行的工作方式、采取的一般步骤和具体措施等进行的权威化的表达。政府政策的对象既可以是组织，也可以是特定的人群，如对海外归国人才的吸引政策。不过，就创新支持而言，政府政策多集中在组织层面，组织层面的政策通过刺激组织创新间接地作用于个体创新

① 郑烨等：《打开政府支持行为与企业创新绩效关系的"黑箱"——一个研究综述》，《华东经济管理》2017 年第 10 期。
② 薛捷：《区域创新环境对科技型小微企业创新的影响——基于双元学习的中介作用》，《科学学研究》2015 年第 5 期。

行为。

　　Shu 等将政府对创新活动的支持政策进行了总结并将其分为了执行有益、提供技术支持、提供资金支持以及帮助企业获取各种许可等四个方面。① 胡志坚和冯楚健的梳理更为全面，将世界各国主流的创新促进政策分成了七个模块，分别是财税政策、金融政策、政府采购政策、引进技术的消化吸收和再创新政策、知识产权政策、人才政策以及军民结合政策。②

　　根据前人对政府创新支持政策的梳理发现，大部分研究同意财税政策对创新具有显著作用。财税政策可以分为减免和补贴两大类，例如 Parisi 等认为政府支持税收抵减对企业增加研发支出具有显著影响③，戚文海提出政府对技术创新的支持政策包括贷款、补贴、税收减免、研发活动的直接拨款、对创新活动的奖金和奖励等④，Kang 和 Park 将政府支持行为理解为对企业创新活动的政府研发资金和财政补贴⑤。Flynn 等的研究表明政府采购具有促进中小企业发展的作用。⑥

　　第二类广受认同的创新支持政策是人才政策。例如，龙静等认为户籍优惠政策有利于人才引进⑦，Zhang 等将人才政策分为能力提高型政策、动机提升型政策以及机会提供型政策⑧。

---

① Shu, C., et al., "Firm Patenting, Innovations, and Government Institutional Support as a Double-edged Sword," *Journal of Product Innovation Management* 32 (2015)：290-305.

② 胡志坚、冯楚健：《国外促进科技进步与创新的有关政策》，《科技进步与对策》2006 年第 1 期。

③ Parisi, M. L., et al., "Productivity, Innovation and R&D: Micro Evidence for Italy," *European Economic Review* 50 (2006)：2037-2061.

④ 戚文海：《转轨时期俄罗斯政府在技术创新中的地位与作用》，《中国软科学》2005 年第 11 期。

⑤ Kang, K. N., and Park, H., "Influence of Government R&D Support and Inter-firm Collaborations on Innovation in Korean Biotechnology SMEs," *Technovation* 32 (2012)：68-78.

⑥ Flynn, A., et al., "The Impact of Size on Small and Medium-sized Enterprise Public Sector Tendering," *International Small Business Journal* 33 (2015)：443-461.

⑦ 龙静等：《政府支持行为对中小企业创新绩效的影响——服务性中介机构的作用》，《科学学研究》2012 年第 5 期。

⑧ Zhang, Z., et al., "Examining the External Antecedents of Innovative Work Behavior: The Role of Government Support for Talent Policy," *International Journal of Environmental Research and Public Health* 18 (2021)：1213.

此外，还有学者提出产权政策也会影响企业创新。[1] 例如，盛亚和孔莎莎发现加大知识产权政策的实施力度能显著提高新产品销售率，但会限制专利授权量；产权政策目标具有双重作用，其中，权利界定目标能提高技术创新绩效，而侵权惩戒目标却会限制技术创新绩效；不同的政策措施的作用也不同，行政措施对技术创新绩效的影响很小。[2] 因此，知识产权监管工作对创新也很重要。

（二）人才政策对创新行为的影响

按照绩效提升的思路，狭义的人才政策可以分为能力提高型政策、动机提升型政策以及机会提升型政策。[3] 能力提高型政策涉及招募、甄选以及培训，包括提供招聘会、提供求职补贴、户籍放宽、特殊技能比赛、人才称号与荣誉证书、参与技能培训的补贴、参与学术交流的补贴、给培训平台提供的补贴或支持等。动机提升型政策涉及绩效管理、薪酬激励管理，包括推进分类评估和市场化评估的人才评估改革、工资和生活津贴、科技转化奖励、创新项目资助、创新技术平台运营资助、荣誉奖金等。机会提升型政策涉及工作卷入和工作设计，包括项目资金支配权力下放、召开高水平人才恳谈会等。

政府的人才政策通过三个路径影响员工进行创新的意愿以及最终的创新行为。首先，政府的人才政策可以使员工的创新态度变得更加积极。政府设立的那些鼓励交流、培训的人才政策增加了员工的知识储备、拓展了知识的外部来源；资助型的政策鼓励企业实行创新项目，为员工积累创新实战经验的同时也为他们提供创新的机会，因此，为员工提供了创新支持、风险容忍以及外部知识开放这三个产生创新导向态度的重要条件。[4] 其次，政府的人才政策可以让员工形成创新的主观规范。制度理论认为制度可以通过强制和诱导的方式使组

---

① 刘佩、邓承月：《基于中小企业自主创新激励的知识产权政策体系构建》，《求索》2016 年第 2 期。

② 盛亚、孔莎莎：《中国知识产权政策对技术创新绩效影响的实证研究》，《科学学研究》2012年第 11 期。

③ Zhang, Z., et al., "Examining the External Antecedents of Innovative Work Behavior: The Role of Government Support for Talent Policy," *International Journal of Environmental Research and Public Health* 18 (2021): 1213.

④ Radas, S., et al., "The Effects of Public Support Schemes on Small and Medium Enterprises," *Technovation* 38 (2015): 15-30.

织及个体意识到制度的期望与压力，从而对组织的结构、组织的氛围，甚至组织与组织中的个体行为产生强烈的影响。制度所造成的压力比市场的压力更大。政府政策对创新人才所展现出的明显偏向性，会产生制度压力，使企业和员工意识到只有积极创新才是符合政府期望的。最后，政府的人才政策可以提高员工感知的可控性。政府的人才政策不仅给员工提供了直接的有利条件，还为他们的行为做了背书，使他们的创新得到更广泛的认可，因而可以降低员工创新的心理难度。

广义上的人才政策则不仅包括针对成年人或者高级人才的短周期政策，还包括更长周期的教育政策。例如，世界知识产权组织在评估各国创新生态环境时，就将基础教育、高等教育与研究开发的表现同时纳入人力资本和研究支柱。一个国家对教育的投入关乎国民素质的整体水平。不同领域的教育投入在创新行为中产生不同的影响，并互相协同。例如，在 STEM 类学科方面的投入会影响学生科学和技术的能力基础并进而影响未来员工科技创新的能力。我国已经开始重视对青少年的科技创新教育，并推出了若干政策，例如鼓励学校开设青少年科教融合创新教育课程，编写相关教材与科普读物，加强实践活动的科技含量；推动新的科技场馆、创新实验室、区域性创新实验室联盟的建设，推动校外科技教育实践基地的建设，充分利用科研院所、高新技术企业以及原有科技场馆先进设备；组织科技创新大赛、权威性的学科竞赛、挑战杯学术科技作品竞赛等，以赛促学，以赛促进。而对于创业意识、创业精神培育的投入，例如在高校广泛开设的创新创业教育课程则可以提供基本的创业知识和提振学生企业家精神。创新从创意的产生到产品的落地以及市场化离不开科学家、工程师和企业家的通力合作。因而，创新友好的教育政策从意识、能力以及团队三个方面为创新行为提供了可能。

（三）财税金融政策对创新行为的影响

促进企业研究开发的财税政策包括研究开发税前抵扣、研发费用向后结转或回溯抵扣、科研设备加速折旧、提取技术准备金、促进中小企业技术创新的财税政策、鼓励技术转让的财税政策等。[①] 前五项的政策对象一般是企业、大

---

① 胡志坚、冯楚健：《国外促进科技进步与创新的有关政策》，《科技进步与对策》2006 年第 1 期。

学、研究机构或者产学研共同体，其原理大致是通过允许研发相关的费用以财务变换的方式不计入或少计入纳税基础，从而降低税收负担的方式为企业提供财务支持。例如，研发费用向后结转或回溯抵扣是指准许企业冲抵以前年度的盈余，申请退还以前年度已纳税的部分税款，或者以某年度的研发费用抵销以后年度的盈利，以减少其以后年度应纳所得税额，从而稳定企业营收和税负；科研设备加速折旧则是通过提高早期折旧比重而使企业可以延迟纳税，将资金用于其他方面。鼓励技术转让的财税政策的受益方除了企业外，也涵盖普通的公民，例如，韩国对于公民按照合同自行研究开发的技术所获得的收入，可以减免所得税，因而，鼓励技术转让的财税政策有可能对员工层的创新行为施加直接影响。

促进企业研究开发的金融政策主要有对中小企业创新提供信贷和融资支持，为中小企业和高技术企业提供商业贷款担保，对风险投资实施税收优惠，建立创业投资母基金，发展支持高科技企业资本市场，利用经营者期权、高新技术债券、知识产权抵押担保等金融工具支持企业技术创新。和财税政策相比，金融政策的资金支持更为直接。

无论是直接作用还是间接作用的政策，创新创业的意愿和行为都会受到政府政策的影响，不过，资金支持政策和技术转让政策的作用更加直接，因而效果可能更明显。例如，一项对中国农业职业经理人的研究发现，地区资金支持体系对创新创业行为可以产生显著的正向影响，因为良好的融资环境能够显著降低经理人创新创业的资金约束。金融政策的作用在于，由于通过银行贷款能获取的资金更多，同时，能取得贷款的经理人往往信誉更高、社会资本更广，也意味着他们能获取更多资源，因此获取贷款和政府补贴能够强化经理人创新成功的信心，创新意愿也就更强。[①]

技术转让政策的作用在于整合了开发资源，同时降低了转让方的税收负担，降低了技术使用方的创新创业成本。专业技术供给机构在智力支持和资源整合上比自行开发技术更有优势，技术创新成本低；同时，付费技术无须投入大量智力与资源、无须承担开发风险；最后，技术转让能够享受税收优惠，降

---

① 陈锐等：《农业职业经理人创业创新行为及其影响因素研究》，《四川农业大学学报》2020 年第 4 期。

低技术交易成本。可见，直接购买技术转让方提供的关键技术、特色技术和盈利性技术可以给购买技术的经理人带来更多预期收益。因此，与自我摸索相比，依托付费技术的经理人使用新技术和创业的意愿更强。然而，从自主创新的角度看，技术转让政策具有双刃剑的作用，一方面，它会鼓励人们使用新技术成品，而不是自己去创新，因而会抑制新技术开发；另一方面，它又可以扩大新技术的市场，帮助新技术快速变现，因而会激励新技术开发。因而，技术转让政策对技术开发和技术使用方的作用方向是不同的，可能需要在不同的群体中采用配套政策，才能使技术转让政策对创新行为发挥更积极的作用。

值得注意的是，由于不同人群在财税金融政策红利的可及性上不同，他们对政策的敏感性也不同。例如，上述对农业职业经理人的研究发现，供职于合作社的经理人的创新行为较易受到政策因素的影响，然而供职于家庭农场的经理人的创新创业行为不太容易因政策而变化。因而，在设计财税金融政策以激励民间创新行为时，不仅要考虑激励的力度问题，还要考虑激励的影响面，让更广泛的创新微观主体能够享受政策的扶持。

第三节　技术环境的影响

《国家创新驱动发展战略纲要》中将创新分为科技创新、制度创新、管理创新、商业模式创新、业态创新以及文化创新等多种创新类型，[①] 说明技术是创新的结果。同时，技术又可为创新提供支撑，例如，新的科学发现往往建立在原有知识积累的基础之上，是对原知识系统的延伸；某些产品、工艺的创新需要使用新的技术手段；在线教育、互联网医疗、数字化治理、社区团购等新业态、新商业模式也都建立在新的信息技术的基础之上。技术发明以解决人们生产生活中的不便为目的，新技术不但增强了人们改造自然的能力，也加强了人们之间的信息流动与合作，因此，技术通常被认为是创新行为的促进因素。不过，事物皆有两面，先进的技术也可能对创新行为产生负面影响。下面，本书从正反两个方面对技术环境对创新行为的影响进行阐释。

---

① 《中共中央　国务院印发〈国家创新驱动发展战略纲要〉》，中国政府网，http：//www.gov.cn/zhengce/2016-05/19/content_5074812.htm。

一 技术环境对创新行为的正面影响

技术可以分为专门性技术和一般性技术，专门性技术是那些适用领域或行业相对小的技术，一般性技术则是那些在多个领域广泛使用的、社会大众接触比较多的技术，例如移动互联技术、大数据技术、机器人等。

专门性技术可以实现技术的纵向积累和延伸，为本领域创新夯实知识基础，其对创新行为的正面影响无须赘述；一般性技术则可以为创新提供信息、操作等方面的便利，这些便利一方面对创新行为有正面影响，另一方面它们也可能导致员工的信息过载和过劳，因而对创新行为产生负面影响。

（一）移动互联和智能终端技术的影响

移动互联和智能终端技术对创新行为的积极影响体现在四个方面：首先，可以提高员工的时间利用效率；其次，方便信息与知识的传递与交流；再次，视线集中性好；最后，具有避免打扰员工的潜质。

移动互联和智能设备的出现使员工的工作不再依赖固定电脑，笔记本电脑具有和台式电脑一样的工作性能，甚至智能手机也可以处理一些比较复杂的工作，因而，员工可以将碎片化的时间利用起来，相当于增加了生命的长度和可用于创新的时间。人们的创新往往灵光闪现，移动设备使人们可以迅速捕捉、记录，甚至实践这些灵感，将创新从思想变为行为。

移动互联和智能终端技术对于沟通的促进作用是毋庸置疑的。这项技术不仅使团队成员间可以更好地相互传递信息与知识、沟通工作任务，也方便了领导布置协调工作。因此，它可以减少员工在创新中沟通方面的障碍。

为了方便携带，智能手机和平板电脑往往屏幕比较小，一页空间有限，为了适应这种变化，移动设备的页面显示往往被设计得更加简约，重点内容更加突出，在获得必要信息方面甚至比电脑更加方便。

此外，移动互联和智能设备兼有即时通信和非即时通信的优点，虽然人们总是津津乐道它能让处于不同地点的人们齐聚一堂，但这种技术也允许员工在各自合适的时间处理工作，只要每个成员在时间限制内完成工作，就不会影响整个团队的工作进度。因此，这种技术具备让员工不受打扰地优先完成自己的创新的潜质。不过，很可惜的是，这种潜质往往因其沟通的便利性而被掩盖了。

实证研究表明，沟通技术平台在使用上的便利性与沟通的强大功能使科研人员愿意使用这项新技术，沟通效率的提高使他们表现出了更多的创新行为。[①]

（二）机器人技术的影响

工业机器人技术的广泛使用降低了企业生产成本，满足了企业对创新的需求，并通过企业需求的转变对员工创新行为产生影响。

诸竹君等提出了工业自动化影响企业创新行为的四种效应，即效率增进效应、技能互补效应、技术选择效应以及行业竞争效应。[②] 根据他们对效应机制的论述，我们亦可推断出效率增进效应和技能互补效应对员工创新行为的正向影响。例如，在效率增进效应中，他们总结了新技术提高效率的两个渠道，一个是工业自动化设备的使用促使企业吸收前沿知识与技术，另一个是工业自动化技术的运用替代人工，降低了成本。在第一个渠道中，新设备的操作最终由员工来实现，与其说是企业学习新知识倒不如说是新设备的使用倒逼员工去了解和熟悉新知识，从而丰富了作为创新基础的员工的知识储备库，为了更快地熟练使用新设备，员工可能还会相互交流使用心得，从而营造有利于知识分享的氛围。在第二个渠道中，由于工业自动化技术降低了企业的生产成本，企业利润水平得以显著提升，并通过熊彼特效应增加内部创新活动的资金投入。企业增加的创新投入最终体现为员工创新的工作场所微系统得到优化，员工获得更多创新的资源支持，从而增加创新行为。

在技能互补效应中，工业自动化会导致企业增加对技术和管理两类高技能劳动力的雇佣，实现企业创新活动资源配置的优化。这一结果同样会从两个方面对员工创新行为产生有利的影响。首先，技术高技能人才的增加使企业内技术创新人才基数扩大，相应的专业多样性也会增加，从而有助于功能全面的创新人才团队的搭建，通过群体动力刺激员工创新。其次，管理高技能人才的增

[①] 刘利等：《沟通技术平台支持的高校科研团队创新行为影响因素研究——团队领导支持的跨层调节作用》，《科技进步与对策》2018 年第 10 期。

[②] 诸竹君等：《工业自动化与制造业创新行为》，《中国工业经济》2022 年第 7 期。

加能提高企业内部管理水平，带来更好的管理与领导理念，建立有助于创新的员工-领导关系。

二 技术环境对创新行为的负面影响

不过，新技术对创新行为的影响也不一定都是正向的。由于新技术在一定程度上打破了原有的时空界限，也就具备了突破工作家庭边界等传统边界的可能。因而，已经有学者开始关注新技术对员工工作影响的"阴暗面"，例如，有便携性和快速处理能力的技术可能会使员工产生工作不安全感、工作超载和信息疲劳。[①]

先进的信息技术使员工与工作的联系可以不再受到时间和空间的限制，员工在家中也可以办公，尽管这类技术为员工远程办公提供了便利，但也会模糊员工工作与家庭的边界，发生"技术入侵生活"的问题。如果员工非常在意这种边界感，则破坏边界的技术会给员工带来不好的感受，对员工的身心状态产生不良影响。早前的研究已经证明，清醒的头脑、愉快的情绪有助于人们进入心流状态，从而迸发创造力，因此，技术就可能因为对工作家庭边界的侵犯而给员工创新行为带来负面影响。

不过，相关研究尚缺乏坚实的实证证明。一方面，对新技术与员工创新行为关系"阴暗面"的研究数量不足，缺少重复研究；另一方面，现有看似证明了其中负向关系的研究不够严谨，其结论可信度不够高。例如，一项来自中国的研究研究了技术入侵生活给员工创新行为带来的影响。[②] 不过，他们的研究只是验证了技术入侵会导致工作焦虑，工作焦虑会降低工作满意度，工作满意度与创新行为有三条正向作用路径，却并未对这三条路径是否构成一个链式中介进行进一步检验。总体而言，在新技术与创新行为的负向关系方面，证据仍然是不够充分的，有待进一步研究。

---

① Ayyagari, R., et al., "Technostress: Technological Antecedents and Implications," *MIS Quarterly* 35 (2011): 831-858.

② 吴金南等：《技术入侵生活对员工创新行为的影响：以工作满意和工作焦虑为中介变量》，《中国管理科学》2016 年第 S1 期。

第八章　创新行为的历时系统及其影响

在布朗芬布伦纳的生态系统理论中，历时系统是指个体发展过程中经历的各种事件，这些事件会对人们的行为产生影响。不过，即使是同样的事件，由于每个人对事件的理解不同，或是事件发生在不同的条件下，它们可能对个体产生不一样的影响。没有文献明确主张自己的研究属于历时系统与创新关系的范畴，然而，那些涉及个人经历以及事件给个体创新带来影响的讨论本质上都与历时系统有关。本章将就个体经历，例如个体在学习和生活中相较身边人更加多样性的经历，个体成功、挫折甚至失败的经历，以及个人无法掌控的外部性事件对个体的冲击及随后对创新行为的影响进行论述。

第一节　多样性经历对创新行为的影响

在一个稳定的社会中，总会存在若干规则，其中的一些规则涉及人们发展的道路。大部分人会遵循社会给定的规则前进，例如孩童在既定的年龄上学，在公立的学校中完成六年的小学、三年的初中、三年的高中学习，然后在一类岗位工作或者在一个学校、一个专业深入学习。然而，也有一些人，他们的轨迹相对上述主流轨迹发生了偏移，例如进行了跨学科、跨学校或者跨国家的学习，有过跨工种或是跨组织的工作经历，这些变化使他们的经历呈现多样性的特征，研究发现，多样性经历对个体创新行为有影响，不过影响的深度和机制同样存在多样性特点。

一　跨学科学习经历的影响

跨学科的学习经历意味着个体学习过多个学科的知识，由于学科分类有等级之分，因此，在同一个一级学科之下的两个二级学科的差异就要小于跨越两个一级学科的两个二级学科的差异；此外，即使是在一级学科之间，不同一级学科的差异程度也有不同，例如经济学和管理学同为哲学社会科学，二者之间的差异就要小于经济学与物理学之间的差异。

一般认为，主动的跨学科学习，例如在校辅修第二专业、攻读双学位或是学历跃升中的转专业能丰富个体知识储备，打开个体眼界，拓展个体思维；而被动的跨学科工作调动，则会迫使个体努力学习，快速拓宽知识面和延伸知识链，以适应新工作的要求。这些都是创新行为得以产生的客观基础。有过多个跨学科工作经历的世界生产力科学院院士原道谋在接受采访时，结合切身感受表示，"对人类而言，大自然的一切都表现为密码，对未知密码的破译就是创新。密码存量越多的人对密码破译的能力就越强，创新的机会就越多"。[1] 因而，将跨学科学习经历与更多的创新行为联系起来在逻辑上看起来是十分顺畅的。而一些有过跨学科学习经历的科学家的成功，早期如牛顿，对物理学、天文学和数学等多个学科都有重大贡献，近期如 2022 年的诺贝尔化学奖获得者沙普利斯之前的专业是医学，2022 年诺贝尔生理学或医学奖获得者帕博在大学的最初两年攻读的是科学史和考古学，这些似乎也在用事实证明，跨学科的学习经历对创新行为是一种积极因素。

然而，这种想法忽略了个案和普遍规律的区别，犯了以偏概全的错误。首先，这些案例的样本数量比较少，仅仅依靠几个案例是无法推断普遍规律的；其次，这些存在正向关系的案例的主角只是杰出的科学家，其中的规律对于普通人是否适用存疑，对于杰出科学家群体也不一定普遍适用；最后，跨学科学习经历的界定不清楚，并未明确学科跨越的合理幅度。因而，要明确跨学科学习对创新行为的作用，还需要更严谨的论证。

---

① 宜林:《记一个从"拼盘"工作经历走向"T"型知识结构的人——世界生产力科学院院士原道谋学术生涯传记》,《生产力研究》2006 年第 3 期。

徐国兴以博士期间发表的论文有被 SCI、SSCI、EI、CSCI 以及 CSSCI 等五个数据库收录为指标来衡量中国博士研究生的创新行为，以不同求学阶段（本、硕、博）有攻读不同门类的学科来标记跨学科学习经历，经 F 检验，发现本升硕阶段转专业或许对博士研究生创新有积极影响，但当考虑博士研究生年级抽样误差因素后，博士研究生的创新行为与跨学科学习之间的关系并不显著，甚至对于二年级的博士研究生来说，没有跨学科学习经历的博士研究生发表高质量论文的平均数量比有跨学科经历的博士研究生更高。[①] 他的研究还提到，"从统计结果来看，在学习过程中没有转学科经历的杰出科学家的比例比较大"，可见，跨学科科学家的成功可能只是个案，只是因为他们非凡的天赋，并不反映普遍规律。

尽管跨学科学习具有扩大知识面、延展综合素质的作用，也许对不需要深厚理论功底的创新，例如形式创新、拼凑式创新、某些应用型创新有促进作用，但对于基础科学、基础理论的创新，仍然需要深厚的专业基础，这离不开长时间专一的学习深耕，即使选择跨学科学习，如果以创新为目的，也需要控制学科跨越的幅度。正如原道谋院士所言，对于无法选择的跨学科要求，要抓住主导学科，不断派生、延伸与创新，形成一棵从各个角度观察都具有"T"型知识结构模式的知识树。[②]

二 留学经历的影响

除跨学科的学习是一种多样性学习经历的体现外，留学则是另一种意义上的多样化学习经历。留学意味着在另一种文化中，与另一群人产生具有一定深度的交流，同时，留学目的地的学术影响力与原就读学校至少齐平，一般还要更高，因此，留学还意味着日常交往的对象更加优秀。因此，留学可能从三个方面影响个体的创新行为，一是多样性给思维发散性带来刺激，二是优秀榜样提供了社会学习的对象，三是留学接受方提供的社会资本以及学术圈融入机会。

① 徐国兴：《跨学科学习对博士生科研创新能力影响的研究》，《学位与研究生教育》2013 年第 2 期。
② 宜林：《记一个从"拼盘"工作经历走向"T"型知识结构的人——世界生产力科学院院士原道谋学术生涯传记》，《生产力研究》2006 年第 3 期。

多样化对创新思维拓展具有普遍性的助益作用。例如，有留学经历和没有留学经历的工科大学生在好奇心、想象力、挑战性以及冒险性等四项创造力表现上有所差异，有国外留学经历的工科生，无论是留学生还是短期交流生，其创造力都比没有留学经历的学生要高。不过，这种对比在反映国际交流对于创造力提高的因果关系方面存在瑕疵，因为存在学生创造力高所以才有外出交流或者留学的意愿、机会以及付诸实际行动的可能。不过，对比长期留学和短期交流学生的创造力则可以避免上述问题。因为留学组和短期交流组的学生在留学的意愿与机会上更为接近，二者的比较结果在揭示多样性经历对创新的作用上更具说服力。事实上，短期交流的经历比以学位为目的的留学经历对创造力的促进作用更强，这是因为国际交流对创造力的提升是建立在文化冲击可带来多元文化背景思考的基础之上，只有学生有意识地了解"他文化"并大量地演练多元文化视角思考，才能真正提高创造力。然而，以学位为目的的留学生对了解异国文化的兴趣不如短期交流生，而且，由于他们的出国发生在生命更早的阶段，除了了解当地文化，他们还有其他任务，例如独立生活、人际关系等，这些都需要花费精力来完成，因而练习从多元文化视角去思考的动机和行动都弱于短期交流生，他们在创造力提升上的获益自然也就没有短期交流生那么明显。[1] 可见，在实景中从多元文化视角去思考的经历提高了思维的发散性。跨文化的学习经历，特别是短期交流经历是创造力的有效预测因素。

留学提供了与优秀学者接触的机会，促进了个体以科学研究为结果的社会学习。受朱克曼对诺奖获得者成长规律研究的启发，蓝丽娇和卢晓东对我国本科毕业于1972年以后的两院院士的简历和传记进行了分析。他们认为，院士的留学经历使他们与学术圈的金字塔尖建立了社会联系，这种联系从对科学的感情到治学的态度、从思考问题的方式到工作的标准等方面对院士们产生了全方位的影响，有助于年轻时期的院士们形成其从事科学工作的方式、关于担任干练的科学家角色的概念和对自己扮演这种角色的看法。[2] 可以说，留学期间

① 郑尧丽等：《国外留学经历与大学工科生创造力的关系研究》，《高等工程教育研究》2013年第1期。

② 蓝丽娇、卢晓东：《后疫情时代我国拔尖创新人才要继续"走出去"——基于对院士留学经历的分析》，《高校教育管理》2021年第1期。

的导师成为这些院士成长期的榜样，他们能够在各自的领域做出创新性的贡献，与对国外杰出学者的模仿分不开。

如果说榜样的力量强化的是创新者的内在，改变的是创新者本人，那么留学经历所带来的社会资本和社会融入机会则改善了创新者的外部环境。研究发现，攻读博士学位的留学经历对高被引的国际论文发表有显著促进作用，这种作用具有学科差异，医学和人文学科专业学者受益更明显，但是短期出国交流对发表高被引论文则没有明显促进作用。两类留学经历最基本的差距体现为时间的长短，如果两类经历的结果不同，那么根源就要从"改变需要的时间长度要求"来寻找。高水平论文的写作需要创新的思维、创新的态度、创新的能力，这些决定了论文本身的质量，但一篇论文能否发表在一定程度上还和作者是否打通了发表渠道有关系。创新的思维与态度的改变需要的时间不长，因而，它们不是高被引论文发表的根源，创新能力的提升需要时间积累，以人际互信来表征的创新实现渠道的建立也需要长时间的熟悉与磨合，因此，这两者才是有长期性特征的留学经历可促进高被引论文发表的原因所在。蓝丽娇和卢晓东认为，留学导师能够引导学生进入前沿的研究领域。[①] 钱艳俊等的分析更加直白，他们认为留学经历对高被引论文发表的促进作用是通过学者社会资本积累实现的。留学经历可以帮助学者融入更高学术层次的社会网络，这个网络不仅给成员提供先进的理念、研究的热点与趋势等无形支持，也给成员提供进行实质性合作研究的机会，不过社会资本积累和社会网络融入的程度在本质上是人际互信关系建立的过程，它们与关系存续的时长有正向关系，因此，攻读学位比短期交流更能帮助学者与国际学术圈建立牢固的关系，从而从中受益。[②] 当然，用高被引论文的发表来表征创新的质量同样存在瑕疵，因为论文是否被引不仅受论文本身创新性和写作质量的影响，和通讯作者的学术影响力也有密切的关系，如果不能剥离出通讯作者的声望影响，当前研究的结论仅能提示留学带来的社会资本增长能促进科研人员创新，但不足以推断留学经历也有相同的效果。

---

① 蓝丽娇、卢晓东：《后疫情时代我国拔尖创新人才要继续"走出去"——基于对院士留学经历的分析》，《高校教育管理》2021年第1期。

② 钱艳俊等：《留学经历对科研人员至关重要吗？——以高被引国际论文为例》，《情报资料工作》2018年第5期。

总之，审视留学经历对个体创新行为的影响需要区分几个情况。首先是留学的类型，长期的以学位攻读为目的的留学和短期的进修交流型留学的影响不一，前者主要功能在于提升个体能力和社会资本，后者主要功能在于增长见识、拓展个体思维，能够支持的创新类型不一样。其次是留学的人群，本科阶段甚至更早阶段的留学主要会影响个人三观的形成，博士阶段的留学则主要影响个人的专业技能与社会关系网络，前者的影响是隐晦但深远的，后者的效果如果以论文发表来衡量，则效果更加直接。最后是创新行为的衡量，在破四维的要求下，我们似乎不应只关注论文的发表，甚至对高被引论文和高质量论文的对应关系也不应抱有迷信的态度，我们需要找到更多指标来反映个体的创新行为水平，测量多样化经历对不同层次、不同阶段、不同重要程度创新行为的影响。

三　多样化职业经历的影响

在一个高度不确定的时代，人们终其一生从事同一种工作的情况越来越少，有时，工作转换的程度不大，而有时，会发生不同性质工作的变换，例如从完全的技术工作变为完全的管理工作，这种转变增加了其工作经历的多样性。根据舒伯的生涯彩虹理论，人们自迈入社会的那一刻起，工作的角色就成为退休以前占据个人生命最主要的角色，排除睡觉时间以后，大部分人在工作场所的时间比在家庭中的时间还要多，工作环境成为个体接触最多的环境，因此，工作经历对个体行为的影响是显而易见的，工作经历的多样性不仅能和学习经历的多样性一般，给个体带来创新所需的多样化知识，而且具有改造个体认知、情感及行为的巨大潜力。

下面，本书从职业转换的内容与过程两个角度论述多样化职业经历可能给创新行为带来的影响。其中，职业转换的内容描述的是曾经从事的职业与创新的关系，职业转换的过程描述的是主动的工作转换选择，即"跳槽"。

（一）特殊的从业经历与创新行为

在诸多工作经历中，曾经从事过科技类工作的经历很容易引发我们的好奇。尽管创新不都是指技术创新，但科技工作确实是创新行为发生比较密集的工作类型。那么，曾经的科技从业经历在个体转岗以后，是否会因为某种惯性，使得个体有比其他人更多的创新行为呢？

　　许多以企业高管为对象的研究得出了较为一致的结论，即个体曾经从事科研工作（无论是自然科学研究还是人文社会科学研究）、发明创造甚至只是普通的技术工作都能对企业的创新绩效产生积极影响。专家效应、声誉效应以及思维效应是内在的三大作用机制。

　　所谓"专家效应"，是指那些有过学术经历且具有工程或科学的专业权威性的个体能够更准确地为创新指明方向，更严谨地把控技术流程，更多地避免在创新过程中发生低级错误。

　　所谓"声誉效应"，是指那些技术权威出身的个体在成为企业高管后，可以利用之前的社会资本为企业在技术、知识等资源的创新、交换、扩展、整合中争取更多的机会与便利。[①]

　　所谓"思维效应"，是指那些曾经从事过科学技术发明创造工作的个体，在新的工作中继续沿用原来在科技工作中的思维模式。技术工作具有专业化水平高、复杂、自主、创新、高风险、高要求等职业特点，从业者常常需要对现有知识做出反思、不断分析问题、解决问题，因此，科技从业经历会从日常锻炼、思维习惯以及社会认知等方面对个体的创新品质，例如，创新能力、创新思维以及创新精神产生积极的影响，这些有利于创新的思维模式将随着科技工作者的转岗而无意识地被带入新工作并继续发挥作用。

　　显然，前两种效应一方面受限于个体的身份地位，难以发生在一般的技术工作者身上，另一方面前两种效应的主要效果集中在创新的绩效方面，对于行为的改变作用不大，但思维效应则对更广泛的科研从业经历者具有普遍性意义。而且，思维模式可以决定行为，例如，有过技术工作经历的创业者对新产品的研发投入更多，这说明从事技术工作的经历提高了人们对创新的偏好，从而更可能实施创新的行为。[②]

　　除了科研工作经历以外，学者们也研究了其他职业经历对创新的影响，例

---

①　Nonaka，I.，and Konno，N.，"The Concept of 'Ba'：Building a Foundation for Knowledge Creation，" *California Management Review* 40（1998）：40-54.

②　丁绒、罗军：《内生的力量：技术型创业者与企业创新》，《云南财经大学学报》2022 年第 6 期。

如服兵役的经历①、飞行员的经历②等，这些职业经历会塑造或激活个体的性格，影响他们的创新偏好。具体而言，曾经有过服兵役经历的高管在经营决策上更加保守，更少投入创新；飞行员的经历激活了高管寻求刺激、冒险、追求新奇体验的特征，它们会鼓励员工研发创新，产生更多专利。

（二）"跳槽"与创新行为

"跳槽"是员工主动离职的行为，"跳槽"的显性结果是工作单位、岗位，甚至是行业的变化，隐性结果则是与原来系统的社会关系的部分断裂。创新行为的产生需要很多条件，除了创新主体的意愿能力之外，创新友好的环境也非常重要，然而，"跳槽"造成的社会关系断裂对创新的环境基础具有负面影响。例如，产业集群中的非正式创新网络是创新友好的环境，这种网络不受正式规则的限制，由许多有相似兴趣爱好或者身份背景的个体自发组成。人们在非正式创新网络中学习和交流前沿知识，非正式创新网络成为众多思想和技术自由碰撞的平台以及创新思想产生和早期检验的场所。积极参与非正式创新网络是创新行为的正向预测因素。

然而，有"跳槽"经历的研发人员在参与非正式创新网络的意愿和频率上都要比没有"跳槽"经历的研发人员要低，而且企业营造的良好创新文化环境对有过"跳槽"经历的研发人员也会失效，他们并不会和没有"跳槽"经历的研发人员一样，因为企业创新支持的文化与实践就更加愿意去参与非正式创新网络。③

"跳槽"可以反映员工关系需要的水平，相对而言，关系需要水平比较低的个体可能"跳槽"较多，因此，非正式创新网络参与程度低也可能源于个体的内在动机而非"跳槽"经历，即"跳槽"与网络参与只是共变而非因果关系。虽然，马庆国和杨薇的研究并没有在设计中排除上述可能，因而在证明因果上存在瑕疵，但是，"跳槽"的确会改变个体在非正式创新网络中的资源禀赋与位置，造成对原有社会联系的破坏。为了维护自己在频繁

---

① Benmelech, E., et al., "Military Ceos," *Journal of Financial Economics* 117（2015）：43-59.

② Sunder, J., et al., "Pilot CEOs and Corporate Innovation," *Journal of Financial Economics* 123（2017）：209-224.

③ 马庆国、杨薇：《创新文化、人格特征与非正式创新网络》，《科学学研究》2007年第4期。

"跳槽"中的内在稳定感，一些人还会主动构建自我与环境的"隔板"，减少与环境的情感联系。前者给个体参与非正式创新网络带来了客观障碍，后者则会导致个体主动减少参与行为，无论哪种做法，都会削弱非正式创新网络对员工创新行为的积极影响。因而，我们认为"跳槽"对创新而言很可能是负向因素。

四　学生时期的多样化经历的影响

我们已经探讨了工作期间的多样化经历与创新行为的关系，如果我们把时间线向前延伸，就会发现，学生时期的多样化经历对个体创新素质的提升有帮助，这些素质将会在工作以后继续对工作中的创新行为产生积极影响。

学生时期的多样化经历大致可以分为多样化的学术经历和多样化的社会经历，前者如跨专业学习、课堂讨论以及报告参与、论文写作、课题参与等，后者则是指参与志愿服务、社团活动、国际交往等。

国内有研究认为，大学社团活动作为"第二课堂"，可以增进社团成员的批判性思维能力，而这种能力对于创新行为有重要作用。[①] 国外的研究也倾向于支持两类经历的多样化都有助于创新素质的培养，如 Nelson Laird 发现，多样性的经历，无论是课堂经历、学生参与有关种族民族的课程经历，还是与同伴或教师的交流互动经历、课外活动的参与经历、学术项目中的学习经历或人际交往经历都可促进学生批判性思维的培养、自信心的树立、智力的发展以及坚持学习特质的养成。[②]

不过，也有国内研究发现多样化的学术经历和社会经历在创新素质提升上的作用并不相同，具体而言，尽管对于普通的学生，多样化的学术经历和多样化的社会经历都对创新行为有积极作用，然而，对于参与拔尖计划的学生，则

---

① 周引航、陈伽淇：《大学期间社团参与经历对员工创新行为的影响》，《太原城市职业技术学院学报》2022 年第 4 期。

② Nelson Laird, T. F., "College Students' Experiences with Diversity and Their Effects on Academic Self-confidence, Social Agency, and Disposition Toward Critical Thinking," *Research in Higher Education* 46 (2005): 365-387.

只有多样化的学术经历能促进他们的创新行为，多样化的社会经历的创新促进作用并不显著。①

对于这个差异，研究者并未给出合理解释，考虑到这项研究参与拔尖计划的学生人数仅为 118 人，样本数偏低，也可能只是出现了弃真错误。因此，我们更愿意相信，对于员工后备军的大学生而言，其丰富的在校经历，无论是与专业学习有关还是无关，对其产生新想法、运用新技术、主动争取资源以将想法付诸实践都是有好处的。

第二节　成败经历对创新行为的影响

人们在工作和生活中很难一直顺风顺水，失败对于个体而言是一种挫折，会从物质和精神两个方面对个体造成打击，对创新行为而言显然有不利的一面；然而，也有一些人面对困难不服输，将失败看作挑战，坚持不懈地创新。温德尔·菲利普斯的名言"失败乃成功之母"描绘出激励遭受失败的创新者坚持创新的内在的精神力量。成败经历与创新的内在矛盾引发了我们的好奇，我们希望了解，成败经历对创新究竟有何影响，成败的经历将会通过哪些途径对个体的创新行为产生影响？在研究这个问题之前，首先需要对成败经历进行界定。笔者认为，成败经历应当既包括结果型的成败，也包括情感型的成败。情感型失败不一定伴随着实质性的损失，但同样会给个体情感带来冲击。作为一个充满灵性的过程，创新往往发生在积极的情绪状态下，因而，我们在探讨成败经历时，不应忽视情感型失败对创新的影响。

一　情感型失败经历的影响

社会排斥是指个体被有相同群体特征的多个他人排斥的经历。被排斥的个体不能融入群体，从而产生多种负面的情绪、认知以及行为，例如愤怒、焦

---

① 梅红等：《目标定向、多样性经历对个体创新行为的影响——基于陕西省 8 所高校的实证研究》，《复旦教育论坛》2017 年第 4 期。

虑、抑郁、嫉妒、悲伤等情绪，在智力任务中表现下降的认知变化以及攻击行为。客观的成败有时会引起社会排斥，例如"枪打出头鸟"或是"墙倒众人推"，但社会排斥并不总是因为成败引起，有可能只是因为被排斥者异于众人的自带属性，例如说话的口音、毕业的院校等，这类社会排斥给人造成的是精神上的困扰，属于情感型失败。

根据社会排斥是否被明确、直接地传达，可以分为"被拒绝"和"被忽视"两种情况，其中，激烈地辩论、批判或者反驳属于"被拒绝"，不给予任何回复和反馈属于"被忽视"，这两种排斥对个体创造力在流畅性、变通性和新颖性方面的影响有所区别。

具体而言，如果个体的存在或建议总是得不到回应，他们就会逐渐意识到自己的创新努力，无论好坏都没有人关心，从而不再积极投入创意观点的提出。不过，社会排斥主要影响高阶认知，对于简单任务的影响不大，因而，"被忽视"的经历主要抑制的是创造力的变通性和新颖性，而不是创造力的流畅性，即只会影响创意观点提出的质量而对数量影响不大。但是"被拒绝"却不会降低创意观点提出的流畅性、变通性以及新颖性，甚至在网络环境中，还会提高创意观点的质量指标，尽管质量提高不太显著。这是因为，个体在"被拒绝"时对自己行为的影响力尚有信心，基于保护自尊心的需要，就会更加积极地参与创新活动，希望通过良好的表现提高社会形象，争取社会认可。①

因此，就社会排斥而言，不能简单断言失败的情感经历一定有损创造力。事实上，对创造力损害较大的失败情感经历是"感受冷漠"而不是"感受挑战"。

在工作场所微系统一章中，我们也讨论了职场排斥对创新行为的破坏。职场排斥是发生在工作场所的排斥事件，也可用于反映员工与同事的关系。尽管职场排斥不一定是被排斥者的社会特征引起的，它在起因上更加复杂，在作用机制上也超越了心理感受的范畴，不过在对创新的损害上，职场排斥与社会排斥存在一定的相似性。

---

① 王静、范秀成：《社会排斥与创造力：被忽视与被拒绝的差异》，《经济管理》2018年第4期。

二 结果型失败经历的影响

工作中客观发生的失败对个人的影响相对情感型失败更加直观，结果型失败对创新也具有双刃剑的作用，不过，其双刃剑的两面发挥作用的机制存在差异，其中，抑制作用源于对效能感的冲击，促进作用则源于风险偏好的改变。

（一）失败结果的消极作用

根据社会认知理论，人们的行为受到自我效能感的影响，对行为的结果自信程度越高，就越可能做出对应的行为，自我效能感有一般意义上的一般效能感和具有针对性的特殊效能感之分，前者对各类特殊的行为具有普遍的刺激作用，后者如创新自我效能感，只对特定的行为有刺激作用。因而，无论是一般效能感还是创新自我效能感，对创新行为都会产生影响。

结果的成败通过反馈机制为自我效能感提供了信息来源，这里的结果的成败不仅指个体自身的成败，也可以是其他人的成败。个体会观察他人创新的过程与结果并代入其中，从而评估自己在相似情况下创新成功的可能，如果成功可能性大，则自我效能感提升，个体会开展后续的创新，反之，则避免采取创新行动。个体当然也会根据自身成败的经历完成对自己接下来行为的成功概率的评估，并产生自我效能感的变化。成功和失败的经历对于自我效能感的影响方向是相反的，成功经历的影响是积极的，失败经历的影响是消极的。顾远东等对中国研发人员的研究证明成败经历可以通过创新效能感的中介对研发人员创新行为产生影响。[1]

不过，如何定义一段创新的经历是成功还是失败在于个人而非外人，只有研发人员自己感知到的成败才会对他们的创新效能感产生影响。[2] 此外，尽管榜样的经历可以影响个体的效能感，但亲身经历在自我效能感的所有影响因素中是效力最强的。个人经历丰富的个体在遇到个人经历与榜样经历相悖时，倾向于相信自己的经历，因此，榜样经历对于经历少的人影响更大。考虑到创新

---

① 顾远东等：《研发人员的成败经历与创新行为的关系研究》，《科研管理》2017 年第 7 期。
② 顾远东等：《组织创新氛围、成败经历感知对研发人员创新效能感的影响》，《研究与发展管理》2014 年第 5 期。

活动对于常规活动而言，不确定性高，每一次创新都可算作一次新尝试、新经历，因而，榜样经历也同样重要。

（二）失败结果的积极作用

客观的失败不仅会改变人们的自我效能感，也会改变人们的风险偏好，风险偏好的改变可能引发后续创新行为的改变。前景理论阐明了参照点变化所带来的风险偏好改变，使我们可以从风险偏好的角度来解释结果型失败经历对创新行为的影响。

前景理论提出，人们会根据参照点来定义自己的收益和损失，当个体处于收益区时，对损失更敏感，倾向于风险规避行为，而当个体处于损失区时，则会对收益更敏感，风险偏好会提高。

财务成本、声誉成本以及对未来期望的收益是人们确定参照点的标准，前期创业失败的经历会改变上述标准，使参照点提高，从而导致创业者落入损失区的可能性增大，因而风险偏好提高。因此，个体在二次创业时，会选择风险程度更高的创新型创业。

按照风险大小，创业可以分为创新型创业和模仿型创业，前者收益更高，风险也更高。当创业者因为初次创业失败而变得更加偏好风险时，他们在二次创业时更可能选择创新型创业。如果创业个体对失败恐惧心强或者身处对失败不宽容的文化中，这种促进作用更强。① 这项研究看似与创新行为无关，然而，由于他们的研究对象并非普通的创业行为而是创新型创业选择行为，其结果对了解员工创新行为的规律就有了借鉴意义。

创新型创业与模仿型创业的不同在于创新型创业没有产品、市场或者技术可以模仿，因此创新型创业不仅是一种创业行为，也是一种创新行为。鉴于人类行为规律的相似性，创业者因为失败、不计得失，变得更愿意承担风险去创新，在创新时发生失败的员工又何尝没有同样的心路历程呢？

当然，失败的经历也不只是激活了失败者的"赌徒"心理，失败本身也能提供学习机会，之前的经历也或多或少能积累经验、关系和其他资源，这些也是促进创新行为的积极成分。

① 杨小娜等：《失败经历会促进创业者的创新型创业吗？——基于前景理论的视角》，《研究与发展管理》2019 年第 4 期。

第三节　职业冲击事件对创新行为的影响

人具有主观能动性，因而在一些情况下能够决定自己是否要经历某些事情，例如，人可以自行选择是否出国留学、是否改换工作，但是人们工作和生活在一个大环境中，在某些情况下，对于环境中的事件没有选择是否经历的权力，只能接受。这些事件的发生具有外部性，不因个人意志而转移，它们既可能只发生在组织或者家庭等小范围内，例如家庭中的婚姻状况或是成员状况的变化，组织中的不能预期的职位变动、获得重大奖项、遭遇差评、裁员等，也可能波及整个国家甚至全世界，例如国家层面的技术封锁。这些事件既可能在很短的时间内结束，也可能需要持续很长一段时间，但它们都会被个体视为影响生涯进程的大事件，改变个体的态度与行为。下面，本书将从微观和宏观两个角度阐述职业冲击事件对员工创新行为的影响以及可能的作用机制。

一　职业冲击事件

Seibert 等认为，职业冲击事件是指任何会触发个体思考并做出改变职业、转换就业状态或重新接受教育等重要职业行为的事件。[①] Akkermans 等从时间、可预测性、可持续性、效果等四个方面进一步补充了职业冲击事件的特征：在时间上，职业冲击事件应具有中断性和重大性的特点；在可预测性上，事件至少在一定程度上是不受个体控制的；在可持续性上，事件会引发个体后续职业生涯相关行为的变化；在效果上，事件的作用既可能是积极的也可能是消极的。[②]

传统的创新研究默认影响创新行为的因素或者因素组合，例如前述微系统、中系统、外系统、宏系统甚至包括一部分历时系统是稳定的，因而，是从

---

① Seibert, S. E., et al., "Even the Best Laid Plans Sometimes Go Askew: Career Self-management Processes, Career Shocks, and the Decision to Pursue Graduate Education," *Journal of Applied Psychology* 98 (2013): 169–182.

② Akkermans, J., et al., "Tales of the Unexpected: Integrating Career Shocks in the Contemporary Careers Literature," *SA Journal of Industrial Psychology* 44 (2018): 1–10.

静态的视角来分析这些因素与创新行为的关系。然而，职业冲击事件具有突发性，在时间上是短期的，发生是没有规律的，大多数情况下是一次性事件，因而，用职业冲击事件来解释创新行为是从动态视角进行的分析。

一方面，职业冲击事件会引发个体的情感反应，这些情感反应既可能是短期的情绪变化，也可能是经过长期的情感积累而引发的态度改变。情感反应与创新行为之间关系的方向还未达成共识，例如，积极情绪的扩展-建构理论和情感事件理论都认为积极的情绪能够拓展个体的认知灵活度、增加拓展性互动行为，强化个体行为动机，因而能促进创新行为，然而，情绪投入理论和情绪信息理论则认为积极情绪会向个体提供环境安全、正常、无须改变的信息，因而个体没有做出创新行为的动机，反而是消极的情绪会导致个体警觉和尝试分析并通过创新来解决问题。[①] 但显然，无论何种理论都主张情感反应与创新的关系并非中性，而是具有因果联系的。另一方面，职业冲击事件也可能打破原有的工作平衡，激发员工创造性解决问题恢复平衡的动机。总之，职业冲击事件具有影响员工创新的潜在可能。

二 微观职业冲击事件的影响

微观职业冲击事件是那些起源于家庭、团队或组织等微观主体，影响范围局限于几个人或者少数组织中的成员的事件。本部分重点讨论组织并购以及新颖的职业冲击事件两类微观事件对员工创新行为的影响。

（一）组织并购

组织并购是两家或多家组织吸收重组成一个组织。组织并购是组织层的行为，员工个人通常无法干预。组织并购会对并购企业中的员工产生冲击，被兼并或收购一方的员工受到的冲击一般更大。例如，被兼并一方的中高层可能面临职位的降级或调整，基层员工则需要适应组织新的规章制度，同时也面临职位调整甚至被裁员的风险。客观上来讲，组织并购也可能给员工带来机遇，例如，新组织带来新的技术与市场，能够提高组织的竞争力，最终给员工带来更

---

① 谢荷锋、邹洁：《情绪与创造创新：研究热点、知识演进和理论框架——基于 CiteSpace 可视化分析》，《南华大学学报》（社会科学版）2018 年第 5 期。

好的发展机会，因而组织并购是风险与机遇并存的事件，但更重要的是员工主观上将组织并购列为威胁还是机会，是员工的看法而不是事件本身决定了组织并购事件后续对员工行为的影响。

王陵峰等对中国 8 家经历过并购的企业的研发人员进行了回溯调查，大部分员工在组织并购初期将并购视为威胁而非机遇。根据威胁刚性理论，如果人们认为一个事件会带来负面结果，他们就会将这个事件解读为威胁，相应地，体现为他们在搜寻信息和使用信息的行为上变得更加谨慎，例如，他们变得倾向于不去主动参与多种多样的信息加工并在多种行为间进行尝试，而是选择最为熟悉、稳妥的行为，因此，组织并购期间员工对威胁的感知程度会负向影响研发人员的创新行为。不过，人们在对待一个事件的时候，态度并非一成不变，就组织并购而言，他们也可能因为后期环境的变化而将组织并购看成机会。良好的领导成员交换以及良好的成员间关系可以帮助员工扭转对组织并购事件的负面看法，这是促成改变的重要环境因素。①

（二）新颖的职业冲击事件

职业冲击事件的类型很多，冲击事件的来源可能是工作本身、组织甚至是家庭，例如，同事的突然离职、顾客的抱怨、成为关键决策团队成员、参加职业培训等，这些事件在吸引相关实体（如人）的注意力，调动其资源与投入，对其产生显著影响方面，即事件的强度方面是不一样的。事件系统理论指出，事件的强度可以从事件的新颖性、关键性和颠覆性三个方面进行衡量。例如同事的突然离职会造成工作量短期内激增，对某些岗位而言，这可能是司空见惯的事件，即使不做处理，影响也不一定很大，而且早已出台相应的处理办法，因而事件的新颖性、关键性和颠覆性就不高；又如顾客的抱怨很可能要求员工中断当前工作，投入不熟悉的人际关系处理工作中去，如果不能妥善处理，不仅影响组织声誉也会给员工个人带来损失，其新颖性和关键性就比较高，员工需要尽快调整自己，学习新的办法去解决新问题。加入决策团同样是具有高新颖性和关键性的职业冲击事件，特别是需要做出非程序化的决策时，事件对员工创新提出了更高的要求。不难看出，对于一个影响力范围有限的事件，在这

① 王陵峰等：《并购中组织的 LMX，TMX 对员工创新影响的实证研究——基于威胁刚性理论的视角》，《科学学与科学技术管理》2011 年第 6 期。

三种衡量事件强度的因素中，无论事件的关键性和颠覆性如何，员工大体上是可以依据既有的规章制度与流程来解决的，但如果事件的新颖性很高，就很难有现成的经验可借鉴，更不会存在先验的规章制度来提供行为范例。因而，职业冲击事件的新颖性可能是三种强度因素中对员工创新行为影响最大的因素。

Chen 等研究了职业冲击事件新颖性与创新行为的关系。他们的研究思路与上文中的王陵峰等对事件的研究不同，他们并不针对某一种特定的职业冲击事件，而是聚焦于职业冲击事件的新颖性这一特性给创新所带来的影响。即使是相同的冲击事件，个人的感受不同，因此而引发的投入与关注就会不同。因此，与其研究具体某类事件的影响，不如考虑事件内在特点的影响更能揭示变量间的底层逻辑。他们在两项研究中分别归纳出 127 种和 190 种职业冲击事件，先由员工对事件的强度因素进行评分，再考察强度因素与创新行为的关系。研究发现，新颖的职业冲击事件是通过员工即兴行为的中介作用来促进创新的：当员工感知到工作中的事件具有高新颖性时，由于标准的应对规则、程序和原则难以发挥作用，他们可能会采取一系列非计划内的即兴行为来应对这类非常规事件，而采取即兴行为的个体会积极寻找新信息和新资源，挑战组织传统，尝试新的解决方法从而进一步促使创新行为的产生。[①] 新颖性不仅可以单独发挥作用，还能与其他事件强度因素协同发挥作用，在同一研究中，Chen 等还探索了事件的新颖性与关键性的交互作用。由于关键的事件会引起人们的警觉，提高人们的时间敏感性，即人们会有如果不马上处理，就可能会影响将来成功的认识，相应地，人们会向关键事件倾斜资源，为创新提供更好的条件。因此，事件的关键性在新颖的职业冲击事件与员工创新行为之间起到正向的调节作用。

三　宏观职业冲击事件的影响

宏观职业冲击事件是那些影响范围超过个体一般职业搜索半径的事件。不同工作的职业搜索半径不同，相对而言，高级经理人或是高级科研人才的职业

[①] Chen, Y., et al., "Workplace Events and Employee Creativity: A Multistudy Field Investigation," *Personnel Psychology* 74 (2021): 211–236.

搜索半径要大于普通员工，但他们中的大部分也很少跨国就业，因此，宏观职业冲击事件主要是那些国家政策、国际关系或者类似金融危机、疫病、划时代技术创新等持续时间长且波及整个国家的事件。

宏观职业冲击事件对员工创新行为的影响可能存在两条路径。其一，通过改变员工的心态，从员工内部直接影响员工行为；其二，通过影响员工所在组织的行为从外部资源或压力方面间接影响员工行为。

（一）宏观职业冲击事件作用的内部机制

从内部途径来看，个体不仅要接受事件当下造成的影响，而且由于宏观职业冲击事件影响的范围超出了个体搜索半径，个体又无法干预事件本身的走向，因此，个体预期将受到事件的长期影响。这种预期的长期影响将不限于情绪的变化，而是包括情感、心态、信念甚至性格等更稳定心理因素的变化。

张亚莉等研究了美国对中国的技术封锁对我国科研人员自主创新行为的影响。尽管技术封锁会给科研人员的工作带来麻烦，导致出国交流的机会减少以及科研设备的购买和使用受限，从而恶化创新的客观条件，成为创新行为的阻力。然而，技术封锁的经历也会引起科研人员情感上的变化并最终反映到实际行动中来。科研人员情感上的变化与他们对技术封锁事件关键性和颠覆性的判断有关：关键性是指技术封锁对于组织甚至国家的重要程度，越关键的事件就会吸引组织分配越多的资源；颠覆性是指技术封锁对常规活动的干扰程度，颠覆性越高，干扰越多。科研人员遭遇美国技术封锁后，首先会对封锁事件的关键性和颠覆性进行判断，如果他们认为技术封锁很关键，那么他们会燃起强烈的责任感，希望突破技术关卡，实现科研自由，表现出和谐式工作激情，同时，他们也会预测组织将对相关技术进行资源倾斜，组织会将科研产出减少归因为技术封锁而不是科研人员的懈怠并实施惩罚，因而，不会产生因为压力而导致的强迫式工作激情。如果他们认为技术封锁对工作产生了巨大的干扰，那么，他们和谐式和强迫式的工作激情都会增加。对工作的激情会促使科研人员对工作投入更多时间和精力，从而产生更多的创新行为。[①]

---

① 张亚莉等：《技术封锁事件对科研人员颠覆性技术创新投入行为的影响》，《科技管理研究》2022年第7期。

（二）宏观职业冲击事件的外部机制

从外部途径来看，宏观职业冲击事件也会影响到组织。一些冲击事件的对象首先是组织，例如经济形势的变化以及相应的政策变化，这些事件首先改变的是组织的行为，组织受到经济动力的驱使，改变投入的方向和力度，从而对员工产生冲击，引发员工后续创新行为的变化。

技术封锁事件不仅可以直接影响员工的行为，也可以通过影响企业的行为而间接对员工创新行为造成影响。技术封锁会改变企业创新的租值，企业获得和保护创新租值的能力越强，就越能从技术封锁中获得创新的收益，也就越有动力实施技术创新。黄叶苨和龙玉发现，高科技企业的股票在经历"301调查"（技术封锁事件）后，获得了显著高于非高科技企业的正超额收益，研发投入也显著增加。研发投入是员工创新行为的激励因素，在技术封锁事件中，经实证检验的企业研发投入的正向预测因素包括企业的技术比较优势（单位资产的年均发明申请量多）、估值的提升（账面市值比增长）、知识产权保护得力（知识产权保护指数高）、国家战略地位（央企）、地域（地处西部）等。[①] 因而，对于具有技术水平高、市场认可度好、创新的知识产权受到了较好保护、被赋予了科技强国战略任务或者处在原创技术获益高于引进技术的西部地区等特点的企业，技术封锁会促使他们在技术创新上加大投入力度，为员工创新行为创造更好的条件，从而有利于员工创新。

经济或金融危机是强度较大的经济形势变化，会对企业经营行为产生巨大影响，金融危机对企业和员工个人创新的影响主要是通过资源分配的变化来实现的。

员工创新资源受金融危机影响的程度一方面与企业所处的人才环境有关。金融危机迫使企业提高创新资源使用效率，一些跨国企业将创新投入从人力成本高的地方转移到人力成本低但人才素质高的地方，使资源转入地企业员工的创新条件得到改善。例如，2008年国际金融危机发生后，跨国公司全面收缩投资规模，裁撤研发人员、关闭研发机构，却增加了在华的研发投入并提高了

---

① 黄叶苨、龙玉：《外部技术约束对中国企业创新租值影响研究——来自美国"301调查"的证据》，《亚太经济》2022年第4期。

在华研究机构的战略地位。[1] 从这个角度看，金融危机对员工创新行为的影响方向取决于他们供职单位所处的人才环境：在人力成本低且人员素质高的国家工作的员工，会因为金融危机而得到更多的研发资源与研发机会，有利于其创新；而在人力成本高的国家工作的员工，则会因为金融危机而变得保守。

员工创新资源受金融危机影响的程度另一方面也与企业原有资源存量有关。金融危机会对企业资源存量以及融资造成负面影响，即金融危机会导致企业冗余的下降。但是，企业冗余并不必然导致企业技术创新行为的发生或衰减，企业冗余和企业风险规避行为（创新的反向行为）两者存在"U"形关系。[2] 因此，对于平时冗余较多的大企业，金融危机反而是企业技术创新的催化剂，但对于平时冗余较少的中小企业，金融危机则会限制它们的创新能力。从这个角度看，金融危机对员工创新行为的影响方向取决于他们供职单位的冗余程度：在大企业工作的员工，会因为金融危机而接收到更多企业对于技术创新的要求；而在小企业工作的员工，则会因为金融危机造成的企业资源窘迫而缺乏创新必须的资源从而减少创新。

---

① 钟声：《金融危机后跨国公司在华技术创新投资行为分析与对策研究》，《理论学刊》2013 年第 5 期。

② 龚晓瑾：《金融危机对组织冗余和企业技术创新的影响探析》，《现代财经（天津财经大学学报）》2009 年第 9 期。

第九章　我国创新行为生态系统的改善

　　个体处在生态系统之中，由前面章节的论述可知，生态系统的状况可以激发或阻碍个体的创新行为，因而，如果我们希望员工能够有更多、更高质量的创新行为，就应当有意识地改善个体所处的生态系统。布朗芬布伦纳的生态系统理论为我们揭示了生态系统作用于人类行为的内在机理，可以作为我们改善创新行为生态系统的理论依据。在本章中，我们将首先根据生态系统理论阐述创新行为生态系统影响个体行为的近端过程机制，然后按照近端过程机制的指引，提出改善创新行为生态系统的建议。

第一节　创新行为生态系统的近端过程

　　根据布朗芬布伦纳的生态系统理论，人们在当前环境中持久的交互过程即近端过程是人类行为改变的关键所在。一切外部环境，无论是哪个层次的生态系统，都需要经由近端过程，通过使个体的内在特征转化为现实特征，才能真正实现对个体的影响。这个理论应用于对员工创新行为的解释，与创新学者的思想不谋而合——社会动因、组织动因只有通过个体的内因起作用，才能激发个体在组织中的创新行为。

　　不过，能够影响个体创新行为的内因类型众多，一些内因，例如人格和价值观等，属于人类身心发展的研究范畴，往往从出生开始即受到环境的影响，经历很长时间，在特定的人生阶段形成，一旦形成则高度稳定，不再受环境影响；另一些内因形成时间较短，较容易受当前环境影响而发生变化，如认知、意愿、心理状态等。尽管前者对于创新行为的影响不容忽视，但稳定的特性往往使它们以前因而非中介的形象出现在创新研究中，难以直观地呈现生态系统通过近端过程发挥作用的机制，因此，本书仅探讨那些相对易变的内因以及与它们相关的近端过程。

布朗芬布伦纳的生态系统理论将个体所处的生态系统进行了层次和状态的划分：从微观到宏观，生态系统被分为微系统、中系统、外系统和宏系统；从静态到动态，生态系统又剥离出历时系统。这些系统不仅可以通过近端过程影响个体的创新行为，系统之间也能相互作用，使它们对创新行为的影响产生交叠的效应，即高阶影响。尽管从语义上看，高层系统和低层系统的相互作用可以是双向的，但在实际研究中，系统间的单向作用，即高层系统影响低层系统是主流。

可见，根据生态系统理论，生态系统的影响大致有两条路径：一条是高层系统逐层影响低层系统，通过低层系统的近端过程间接地影响创新行为；另一条是高层系统通过自身的近端过程直接影响创新行为。但无论是哪条路径，近端过程都是生态系统影响员工创新行为的关键。

创新行为生态系统中各层次系统通过作用于个体心理因素或是与个体心理因素发生交互从而对个体创新行为形成直接或间接影响的过程就是创新行为生态系统的近端过程。受各系统影响或与之发生交互的具有环境敏感性的心理因素大致可分为动机和态度两大类，即创新行为生态系统的近端过程有动机与态度两条路径。

一 近端过程中的动机路径

动机是激发和维持个体的行动，驱使个体的行动指向特定目标的心理倾向或内部驱动力。人们在工作和生活中总会产生各种各样的需要，一旦有了满足这些需要的愿望，人们就有了行为的动机。尽管动机的种类繁多，但在创新行为的研究中，内在动机出现的频次比较高，这可能是因为创新研究的基础理论——创造力成分理论旗帜鲜明地提出了内在动机是创造力前因的论断。内在动机和外在动机的划分是依据动机的来源与结果进行的。如果动机是因为行为本身的特点，奖励来源于做出行为而不是其他奖赏，这种动机就是内在动机，例如创新行为让人产生征服感，参加集体活动非常快乐；如果动机是为了外部的奖励或者避免惩罚，这种动机就属于外在动机。Amabile 的创造力成分理论认为内在动机是创造力的源泉，内在动机具有环境敏感性。Deci 和 Ryan 的自我决定理论对内在动机的心理基础进行了深入剖析。将这两个理论结合来看，我们很容易推出：内在动机将引导人们实施创新行为，人们的内在动机产生于个体对自主、胜任或联结的基本需要，因此，如果环境能够满足个体的这三种基本需要，就能通过内在动机这条近端过程的路径产生对创新行为的正面影响。与内在动机相对的是外在动机，尽管创造力成分理论没有专门讨论外在动机的作用，但一些实证研究提供了外在动机也可影响创新行为的证据，不过两类动机对创新行为造成的影响有所区别，内在动机影响的是创新构想的产生和执行过程，而外在动机无法激活创意的产生，只能强化创意的执行。[①]

（一）近端过程中的内在动机路径

多个层次的生态系统通过内在动机影响员工创新行为的命题都有实证支持。

就微系统而言，物理环境、工作特质、与领导同事乃至顾客的关系、组织的管理措施都可以通过影响员工的内在动机而改变他们的后续创新行为。例如，Shalley 和 Oldham 发现在工作场所中放置隔板会被员工理解为对自己思想感情和行为的限制，工作的自主性和人与人之间的联系受限[②]；Tierney 和 Farmer 发现复杂的工作会激起员工的挑战欲，只要挑战在适当范围内，员工就会通过创新来解决问题以满足自己的胜任需求[③]；Liu 等的元分析证明内在动机是工作的自主性特征与创新行为的中介变量[④]；徐本华等发现领导与员工关

①　卢小君、张国梁：《工作动机对个人创新行为的影响研究》，《软科学》2007 年第 6 期。

②　Shalley, C. E., and Oldham, G. R., "Competition and Creative Performance: Effects of Competitor Presence and Visibility," *Creativity Research Journal* 10 (1997): 337–345.

③　Tierney, P., and Farmer, S. M., "Creative Self-efficacy: Its Potential Antecedents and Relationship to Creative Performanc," *Academy of Management Journal* 45 (2002): 1137–1148.

④　Liu, D., et al., "Motivational Mechanisms of Employee Creativity: A Meta-analytic Examination and Theoretical Extension of the Creativity Literature," *Organizational Behavior and Human Decision Processes* 137 (2016): 236–263.

系融洽、彼此信任能够让员工获得心理授权[1]；Tu 等发现同事之间的不友好关系，例如职场排斥会损害受排斥员工的控制需求和归属需求，对他们的内在动机造成破坏，职场负面八卦也具有类似的效果[2]；刘露和郭海发现顾客的期望会增强员工培养创新兴趣的内在动机，一些看似与创新无关的组织管理活动，例如职业生涯管理，也可以起到增强员工的内在动机、提高他们对工作的兴趣与工作激情的作用[3]。在上述研究中，这些微系统对于内在动机的作用都反映到了员工创新行为的变化上。总而言之，凡是提升了员工内在动机的微系统最终得到了员工创新行为增加的回报，反之相反。

就中系统而言，Zhou 对大学科研工作者和医护人员的两项独立研究都得到了相同的结论，即领导微系统与同事微系统之间会彼此影响，尽管高创造性同事将成为一般员工创新模仿的对象，但是一旦领导对员工采取的是严密监控的管理方式，员工就不得不严格遵守领导指令，此时员工感到没有模仿的自由，内在动机受限，对创新的模仿行为就会减少。[4] 宋嘉艺等的研究补充了工作家庭中系统通过内在动机影响员工创新的证据，工作微系统和家庭微系统之间的冲突，无论冲突方向如何，都会降低个体自主性内在动机，从而导致创新行为水平的下降。[5]

就外系统而言，企业表现出来的对社会负责的态度或行为能够提高员工自豪感，这种自豪感在本质上是员工亲社会动机得到满足的体现。Liu 等的元分析验证了亲社会动机在创新近端过程中的作用。[6] 尽管一些研究认为亲社会动

① 徐本华等：《领导成员交换与员工主动创新行为：一个被中介的调节模型》，《管理科学》2021 年第 2 期。

② Tu, M., et al., "Spotlight on the Effect of Workplace Ostracism on Creativity: A Social Cognitive Perspective," *Frontiers in Psychology* 29 (2019): 1215-1224.

③ 刘露、郭海：《规范性创新期望如何影响员工创新？一个基于"我想"、"我能"的中介效应研究》，《中国人力资源开发》2017 年第 7 期。

④ Zhou, J., "When the Presence of Creative Coworkers is Related to Creativity: Role of Supervisor Close Monitoring, Developmental Feedback, and Creative Personality," *Journal of Applied Psychology* 88 (2003): 413-422.

⑤ 宋嘉艺等：《知识型员工工作家庭双向冲突对创新行为的影响机制》，《管理评论》2020 年第 3 期。

⑥ Liu, D., et al., "Motivational Mechanisms of Employee Creativity: A Meta-analytic Examination and Theoretical Extension of the Creativity Literature," *Organizational Behavior and Human Decision Processes* 137 (2016): 236-263.

机既不属于内在动机也不属于外在动机，但本书认为，亲社会动机体现了员工与他人联结的心理需要，从来源来看，可归入内在动机的范畴。

就宏系统而言，其作用也可通过内在动机来传导，例如，杜旌和汤雪莲发现，在集体主义文化中，团队成员的创新行为并不一致，那些有较大决策权的成员的创新内在动机比较大，而那些认为自己只是集体的组成单位而非主人翁的成员的创新内在动机并不强，相应的创新行为也比较弱。[①]

（二）近端过程中的外在动机路径

尽管高质量的创新依赖内在的心理状态，然而，创新的种类具有多样性，有些创新并不需要达到标新立异的程度，因此，只要是能够为创新提供激励，即使这些激励来自外部，也可能达到促进员工创新的效果。

在工作场所微系统中，货币报酬是最常见的外在激励形式，如果员工需要财富，则货币报酬能够引发员工创新的外在动机，货币报酬与外在动机之间的关联也能够激励人们去创新。Eisenberger 和 Rhoades 的研究证明了这一机制对于未成年人创新行为的适用性[②]，Zhang 和 Begley 的研究结果则说明对于成年员工，这一机制同样有效[③]。组织设置创新行为奖励，说明组织将创新行为视作员工超越常规工作任务的付出，因而激活了员工创新的外在动机，员工为了追求奖励开始关注工作中不合理的地方，并且设法对这些地方进行微调。这些微调虽非颠覆式创新，但它们可以提高效率、解决问题，因此，可被视为渐进式创新。

在非工作场所微系统中，家庭的经济需求是员工行为的重要外在动机。养家动机越高，员工就有从工作中获得更多报酬的需要，如果工作单位恰好提供了创新奖励，则养家动机和货币奖励能够形成正向的交互，然而，如果工作单位并不提供类似奖励，或者获得创新奖励的门槛比较高，则来自家庭的外在动机对创新行为的影响将是负面的。因为，如果员工的工作是因养家动机而产生

---

① 杜旌、汤雪莲：《集体主义对个人创新影响的理论探索》，《科技进步与对策》2013 年第 2 期。

② Eisenberger, R., and Rhoades, L., "Incremental Effects of Reward on Creativity," *Journal of Personality and Social Psychology* 81（2001）：728.

③ Zhang, Y., and Begley, T. M., "Perceived Organisational Climate, Knowledge Transfer and Innovation in China-based Research and Development Companies," *The International Journal of Human Resource Management* 22（2011）：34-56.

的，则员工视工作为对家庭的责任，是不容犯错的，所以，他们就会选择那些稳妥可靠能获得正常回报的行为，同时尽力克制自己尝试带有风险的创新行为。

近端过程的外在动机路径在外系统和宏系统中同样存在。例如，就外系统而言，对于在家族企业中供职的普通员工来说，那些不直接参与经营管理的控制家族成员就是他们的外系统。赵英男等发现，在升职加薪的外在动机驱动下，员工会模仿管理者，在行为上向具有创新精神的企业家靠拢，然而，相对于职业经理人，家族成员经理人对员工的管理更加苛刻，薪酬也比较低。因此，家族成员实际参与企业管理越多，员工模仿企业家行为的外在动机就越弱，创新水平就越低。① 就宏系统而言，政策也可通过激活外在动机而对员工创新行为发挥作用。一方面，政府给予的科技创新奖励、项目经费直接激活了个体创新的外在动机；另一方面，财税减免或补贴政策通过提高企业资源分配弹性鼓励企业对员工创新进行奖励间接激活了个体创新的外在动机。

二　近端过程中的态度路径

态度是个体对人、观念、情感或者事件等特定对象所持有的稳定的心理倾向，是包含认知、情感以及行为倾向三种成分的心理结构。当研究者对态度的某种成分特别感兴趣时，他们有时只研究其中一种成分，有时又会将几种成分结合起来研究，但所研究的对象不一定包含全部三种成分，甚至某些构想，由于在不同研究中的测量工具不同、测量的角度有侧重，也无法严格归入某一种成分。因此，本书按照认知、情感、行为倾向和综合态度来讨论近端过程中的态度路径，将那些成分归类清晰和归类有重叠的分开论述。

（一）近端过程中的认知路径

工作场所微系统中的领导、顾客以及非工作场所中的家庭微系统通过认知路径影响员工创新行为的机制得到实证研究的支持，不过同事的作用不够显著。受到改变的认知从对象上看，分为对自我的认知和对外物的认知；从认知

---

① 赵英男等：《家族适应性影响员工创新行为的作用机制与边界》，《管理学报》2019 年第 4 期。

过程上看，分为认知的投入和认知的输出。

领导尤其是领导成员交换对员工认知的影响比较大，涉及认知的多个方面。在对内认知上，领导成员交换能提高员工对内部人的身份认知；在对外认知上，领导与员工组成小圈子，还会改变员工对风险和收益的认知，员工自持自己人身份，对创新风险以及因此而产生的责罚更不敏感，同时，也会将创新产生的收益内化为自身收益的一部分，因此会产生低估风险和高估收益的认知变化。在认知投入上，领导对员工的启发、指导以及语言激励等具有提高员工认知能力的作用；在认知输出上，领导风格可以改变员工的认知广度，例如，开放的领导促使员工认知广度拓展，而闭合型领导则因设置了过于明确且详细的行动目标和标准限制了员工的认知广度。

顾客对认知的影响具有双面性，一方面，顾客的参与会占用员工的注意力，造成认知资源的损耗；另一方面，顾客作为产品的终端消费者又能为员工提供新的认知信息。员工在这种认知资源改变中做出与之匹配的行为决策就是减少那些依赖内部认知的探索式创新行为而增加依赖外部认知的利用式创新行为。

尽管同事也是重要的工作场所微系统，但在 van Dierendonck 和 Mevissen 的研究中，同事冲突不会带来员工创新行为的显著改变。[①] 同事关系是否重要受工作特征的影响，在那些员工可以独立完成不需要合作的工作中，同事的作用的确没那么重要。

家庭和工作的关系并没有工作场所那么直接，然而，家庭能对员工的认知产生潜移默化的影响。良好的家庭关系帮助员工拓展认知的宽度、深度，提高认知的灵活性以及包容性，提高的认知能力随着员工身体的移动进入工作场所，为创新行为提供更强的认知资源。

中系统和微系统的最大区别在于中系统对个体的影响不是单个系统产生的，而是系统之间的相互作用产生的。家庭工作中系统对认知的影响方向取决于工作与家庭的关系，如果主要体现为冲突，则会因为对认知资源的争夺而损坏创新所需的认知能力，或是因为频繁的冲突而使员工对自己的认知水平或者

---

① van Dierendonck, D., and Mevissen, N., "Aggressive Behavior of Passengers, Conflict Management Behavior, and Burnout among Trolley Car Drivers," *International Journal of Stress Management* 9 (2002): 345-355.

环境的安全性产生怀疑。如果工作与家庭的关系主要体现为相互支持，则对员工的认知产生与上文相反的影响，即有利于创新行为的发生。

Yang 的研究给外系统影响创新行为的认知路径提供了证据。员工的领导与领导的上司之间的互动是员工的外系统，他们的关系会影响员工直接领导所能掌握的资源，从而影响员工本人分配的结果，如果领导-领导交换水平高，员工就更可能获得比别的团队表现相似的员工更多的资源，因而不容易产生不公平的认知，减少了创新行为产生的障碍。[①] 这种影响可能因西方文化对公平的高要求而更加明显。

宏系统中的文化系统本身就是一个群体就某些认知达成的共识，通过代际、朋辈以及正式的教育体系实现认知传承，因而对从小就在其中生活的个体的认知内容有重要作用。例如，在集体文化中成长起来的员工才会较多的认为表面和谐关系的维护、避免直接冲突是必要的，集体的利益是重要的，因此才会引起水平集体主义阻碍创新，垂直集体主义促进创新的争论。政府的宏观人才政策可以影响员工对创新可控性的认知。因为人才政策不仅有事后的激励，更重要的是在事前提供支持，例如，政府的评优、资助选拔相当于为中标的创新做背书，这可以提高创新接受度，提高创新者对创新结果预期的认知，从而更愿意实施创新。

历时系统同样可以改变人的认知和创新行为。例如，成败经历会改变一个人的风险偏好。前景理论描述了风险参照点变化的原因与结果，为经历过创新失败的个体之后的高风险行为提供了合理解释。简单理解就是创新失败，则认知中的风险参照点提高，风险偏好提高，相当于对风险的评价下降，进而从事风险和收益更高的创新行为。又如，所在企业被并购会唤起员工对环境威胁性的认知，威胁刚性理论可以解释并购经历引发威胁认知—行为趋于保守—创新行为受挫的改变过程。

（二）近端过程中的情感路径

情感是态度当中的感受部分，是一种生理性的体验。按照不同的分类标准，可以将情感分成不同的类型，例如按照性质可以把情感分成积极情感和消

---

① Yang, J., "Leveraging Leader-leader Exchange to Enrich the Effect of Leader-member Exchange on Team Innovation," *Journal of Management & Organization* 26 (2020): 555-570.

极情感，按照情感的强度又可以把它们区分为高强度的和低强度的。此外，除了一般性心理情感外，研究者还发现一些情感具有社会性，例如道德情感所产生的持久而稳定的内心体验就是因为根据社会道德准则进行道德活动而产生的。和情感相关的概念还包括情绪，情绪也是一种心理感受，不过维持时间短、强度大。尽管情绪持续时间短，研究者也发现了情绪在近端过程中发挥作用的证据。Chi 等论证了情绪与日常创造力的因果关系，不过他们的研究也显示：无论是积极情绪还是消极情绪，只要是活化（activating）的情绪都有助于创造力的提升，因为，活化的积极情绪会带来愉快的感受，活化的消极情绪则会引发警觉与专注，它们都是创新的催化剂。[①]

严格来讲，情感反应与创新行为的关系尚未达成共识，一些学者认为积极情感具有增强认知灵活性、强化动机、拓展社交行为的作用，因而有利于创新行为的发生；另一些学者则认为积极情感会导致个体安于现状，缺乏变革创新的动力，而消极情感则常常引发批判性思考和改善环境的动机。从表面上看，似乎不同学者的观点形成了交锋，但两类观点谈论的积极情感和消极情感过于泛化，积极情感或消极情感本身是多种具体情感的总称，例如快乐、热情、希望、信任等都属于积极情感，情感本身也有强度高低之分，例如同样是消极情感，痛苦就是高强度的，而忧伤就是低强度的。脱离具体情感来谈论它们对创新行为的近端作用，很难得出一致的答案。因此，本书按照情感的性质来分类之后，强调具体情感的作用路径。由于道德情感通常带有正面积极的意义，故也纳入积极情感类别。

1. 积极情感

首先，工作场所微系统可以通过激发员工愉快或活跃的情感进而促进他们的创新行为。

工作场所的愉快情感可以来自工作设计，例如工作内容本身就与员工的兴趣高度契合，员工在工作的同时就产生愉快的感觉；工作场所的乐趣也可以由组织文化营造，工作本身可能并不有趣，但是组织在管理中有意营造出一种玩

---

① Chi, N. W., et al., "Having a Creative Day: A Daily Diary Study of the Interplay between Daily Activating Moods and Physical Work Environment on Daily Creativity," *The Journal of Creative Behavior* 55 (2021): 752-768.

兴的文化氛围，例如用游戏角色来标记职位名称、将工作制度拟合成游戏规则等，也能给员工带来欢乐。愉快的情绪从生理方面讲，具有提高认知灵活性的功能，从社会系统方面讲，则有助于员工之间、员工和领导之间建立更深的信任，形成超越一般同事的关系，从而交换创新需要的资源，因而，作为积极情感的愉快是生态系统作用于创新行为近端过程的节点。

活跃的情感会因为市场导向的企业文化而被激活。如果企业经营注重跟随市场变化，并将之贯彻于企业日常管理，由于市场瞬息万变，员工也必须保持专注和敏捷，在这样的环境中，员工的情感状态将变得更加活跃，创新行为也因为活跃的情感而增加。

其次，工作家庭中系统可以通过幸福感影响员工的创新行为。工作家庭平衡能够增加员工，特别是女性员工的心理资本，能够向员工传达资源稳定的信息，从而提升员工的幸福感，实证结果显示，那些工作家庭较为平衡的女性员工幸福感更高，并且她们的创新行为和绩效水平也更高。

最后，历时系统也可通过情感的近端过程影响创新行为。例如，当遭遇外国技术封锁，并且所封锁的技术对国家科技发展具有关键意义时，科技工作者会因此产生责任感。这是科技工作者基于自己的职业身份而涌现的使命感，是基于对国家民族的热爱而产生的道德情感。在强烈的责任感驱动下，科技工作者会自觉加大工作投入力度，从而展现出更多的创新行为。

2. 消极情感

消极情感使人们心情低落，状态变差，很容易和低创新关联起来，然而，实证研究并没有确实地证明这一点。例如，Madjar 等称在他们的研究中，消极情感对创造力没有显著的贡献[1]；一些研究甚至认为消极情感会因加强批判性思考而促进创新，积极情感会因心情愉快削弱这种思考而不利于创新[2]。

不过在对具体的消极情感，如焦虑、不安全感、压力、排斥等的研究中发现，它们对员工创新的负面作用还是比较明显的。

---

[1] Madjar, N., et al., "There's No Place Like Home? The Contributions of Work and Nonwork Creativity Support to Employees' Creative Performance," *Academy of Management Journal* 45 (2002): 757-767.

[2] Martin, L. L., et al., "Mood as Input: People have to Interpret the Motivational Implications of Their Moods," *Journal of Personality and Social Psychology* 64 (1993): 317-326.

在微系统中，服务对象和内部管理都可能成为员工的压力源。刘德文等发现顾客参与创新会造成员工情感的变化，例如感受到新增工作需求的挑战式压力和无法胜任、意义缺失的阻断式压力，除了挑战式压力对利用式创新有帮助外，其他压力在大部分情况下对创新行为的影响是负面的。[①] 张伶等发现组织提供的家庭亲善政策能够降低员工工作压力从而显著提高员工的创新能力。[②]

在宏系统中，新技术会通过消极情感的近端过程影响员工创新。造成员工工作焦虑或者不安全感的新技术包括两类，一类是移动技术，另一类是快速处理技术。移动技术会造成技术入侵生活，使人们无法从工作中安全抽离，引发焦虑情绪；快速处理技术则会加快员工工作的节奏，造成员工工作超载、信息疲劳，出现不安全的心理状态。这两种消极情感最终都会对员工的创新行为造成负面影响。

在历时系统中，"跳槽"的经历与社会排斥的经历都可通过情感的近端过程影响个体的创新行为。"跳槽"可能会激活个体要求稳定的自我保护，从而保持对环境的情感淡漠，这会导致个体与非正式创新网络的脱节；而被刻意漠视的社会排斥经历也会引发忧郁、悲伤等消极情绪，损害个体的认知、打击个体的自信。两者在情感强度上都比较低，无法激发专注、批判性思维等有利于创新的改变，因此，总体上是不利于创新的。

3. 情感路径的复杂性

情感作为一种心理状态，有许多种类，能用表情表达的就有 21 种，如果算上情绪，则种类更多，因此用分类法来判断情感路径的方向既难得到一致的结论也不能很好揭示特定情感的作用过程。

情感路径的复杂性还体现在权变因素的影响上。张剑等提出，任务特征和主管支持等组织背景因素可作为情感路径调节变量的概念模型。[③] 以不安全感为例，刘淑桢等通过研究证明了领导支持的调节作用：尽管单独来看，不安全

---

① 刘德文等：《挑战还是阻断？顾客参与对员工双元创新行为的影响》，《外国经济与管理》2020年第 7 期。

② 张伶等：《基于工作压力和组织认同中介调节效应检验的家庭亲善政策与创新行为关系研究》，《管理学报》2014 年第 5 期。

③ 张剑等：《促进还是阻碍：情感对员工创造性绩效的影响》，《心理科学进展》2010 年第 6 期。

感会阻碍创新行为，然而，如果领导提供足够的支持，不安全感会因为员工积极进行工作重塑而变为一个对创新行为有积极作用的因素。[1]

鉴于情感路径的复杂性，理解创新行为中的情感近端过程有必要综合考虑情感的强度、情感的内容以及情感发生的具体情境。

（三）近端过程中的行为倾向路径

行为倾向即做出某种行为的意愿，创新意愿的萌生意味着个体发自内心的希望去创新。与创新行为关系最直接的行为倾向就是创新意愿，此外，创新的自我期待也可以转化为创新意愿。

微系统可以通过创新意愿、创新自我期待的路径影响员工的创新行为，但领导、顾客和家庭的影响力有所区别。刘露和郭海发现员工会把自己重视的家庭成员对自己的创新期望内化为自己的期望[2]；Carmeli 和 Schaubroeck 的研究也支持家庭期望内在转化的观点，不过，在他们的研究中，尽管家庭、顾客和领导的期望最终都可以转化为员工的期望，但领导期望的转化作用最明显[3]；刘德文和高维和则发现，顾客提供的过高的创新要求和创新观点不仅会增加员工的工作负担，还会模糊员工在组织中的定位，因而就期待而言，顾客微系统对员工创新意愿的作用是具有双面性的[4]。微系统对个体创新意愿的影响不仅来自创新期待的转化，还可以通过改变知识分享的氛围和风险承担的程度等影响员工的创新意愿。

宏系统中的文化因素对人们心理状态的影响是潜移默化的。例如，面子文化使人们的创新意愿与面子得失的预期挂钩；中庸文化强调接纳不对抗；集体主义强调群体的利益可以增强知识共享与合作的意愿，集体主义甚至还具有放大个体挣面子与创新意愿之间关系的作用；某些文化中的刻板印象，如女性就应该顺从守规矩，将女性创新解释为离经叛道，这种观念会削弱女性的创新意

---

[1] 刘淑桢等：《工作不安全感如何成为创新行为的助推力——基于压力认知评价理论的研究》，《经济管理》2019 年第 11 期。

[2] 刘露、郭海：《规范性创新期望如何影响员工创新？一个基于"我想"、"我能"的中介效应研究》，《中国人力资源开发》2017 年第 7 期。

[3] Carmeli, A., and Schaubroeck, J., "The Influence of Leaders' and Other Referents' Normative Expectations on Individual Involvement in Creative Work," *Leadership Quarterly* 18 (2007): 35–48.

[4] 刘德文、高维和：《顾客参与对员工创新意愿的影响机制研究》，《管理学报》2019 年第 1 期。

愿。宏系统中的政策因素也能影响创新意愿，例如，鼓励支持性的政策可为创新减少关于资金、市场、产权收益持续性等的后顾之忧。

（四）近端过程中的综合态度路径

近端过程中出现较多，且得到实证支持的综合态度包括组织认同、信任以及自我效能感。

组织认同是一种包含劳动者情感、身份认知和评价的心理状态。Blader 等猜测高组织认同的员工有可能要么最愿意创新，要么最不愿意创新，[①] 这取决于员工对规范冲突的感知程度，[②] 如果员工认为现在的组织规范冲突低，那么组织认同高的员工就会保持现状，避免创新，反之相反。因此，那些能够影响员工组织认同的生态系统就能影响员工的创新行为。张伶等的研究发现组织实施家庭亲善政策对组织认同和创新行为有积极影响，这一研究描述了工作场所微系统通过组织认同路径影响创新行为的近端过程。[③]

在社会科学中，信任被认为是一种依赖关系，但在具体的学科中，信任定义的侧重点不同。一些学者倾向于认为信任是一种过程，一些学者则认为信任是一种结果，还有一些学者将信任理解为心理品质。根据信任的来源，信任可以分为认知信任和情感信任，前者建立在判断他人能够正确做事的基础上，后者建立在他人做了符合个体价值观或者情感需要的事情的基础上。可见，信任同时包括认知因素和情感因素，可以视为一种综合性的态度。信任路径同样主要在工作场所微系统中发挥作用，信任的来源和对象不同会对员工创新行为产生不同的影响。Carmeli 和 Spreitzer 发现工作场所中的信任能够加强员工之间的沟通，使员工进入工作繁荣的状态，并因此增加了工作中的创新行为。[④] 沈勇和何斌将工作场所中领导与下级间的信任细分为谋算型信任、认知型信任和关系型信任，谋算型信任重利，关系型信任重情，认知型信任是长期的稳定的

---

① Blader, S. L., et al., "Organizational Identification and Workplace Behavior: More than Meets the Eye," *Research in Organizational Behavior* 37（2017）：19-34.

② Packer, D. J., and Chasteen, A. L., "Loyal Deviance: Testing the Normative Conflict Model of Dissent in Social Groups," *Personality and Social Psychology Bulletin* 36（2010）：5-18.

③ 张伶等：《基于工作压力和组织认同中介调节效应检验的家庭亲善政策与创新行为关系研究》，《管理学报》2014 年第 5 期。

④ Carmeli, A., and Spreitzer, G. M., "Trust, Connectivity, and Thriving: Implications for Innovative Behaviors at Work," *The Journal of Creative Behavior* 43（2009）：169-191.

信任关系，区分以后，他们的研究仅支持谋算型信任与创新行为的正向关系，即在领导和下级的相处中，利益共赢才是保证信任发挥作用的关键因素。[①] 不过，当微系统转到顾客方面时，信任的作用又会变化，Li 和 Hsu 的研究发现，在顾客与员工之间，情感信任对员工的创新行为有显著的正面影响，但认知信任的作用却并不明显。[②]

自我效能指一个人对自己在特定情境中从事某种行为并取得预期结果的信念，包括效能预期和结果预期两个成分，前者是对自己能力的认知，后者是对行为结果的信念。因此，自我效能感也是包含认知与情感的综合态度。创新自我效能感是创新行为非常有力的预测因素，相比动机，孔祥西等的研究发现，创新自我效能感对顾客参与和员工创新行为关系的中介作用最强。自我效能感有自身经验、他人经验、语言劝说以及情绪唤醒等四种来源，自我效能感具有预期的自我实现作用。[③] 个体所处生态系统能够覆盖自我效能感的四种来源，其中微系统、中系统、外系统以及宏系统主要覆盖后三种来源。例如，为员工提供创新成功的典范或失败的教训；用语言对员工施加正面或负面的影响，如鼓励或是辱虐、八卦；施加压力影响员工的身心状态；等等。历时系统是个人亲历的事件，因此可以影响自身经验，顾远东等的研究说明研发人员成败的经历可以通过创造力效能感的中介作用对研发人员创新行为产生间接影响。[④]

满意度属于综合性态度，既有认知，又有情感成分。Tang 等的研究证明良好的家庭微系统能提高婚姻满意度，婚姻满意度高能让人从家庭中积累积极的心理资源并向工作场所外溢，并因此提高工作中的创造力。[⑤] 这一研究为中系统影响员工创新行为近端过程的综合态度路径提供了实证证据。

---

① 沈勇、何斌：《人际信任与组织创新氛围交互效应下的员工创新》，《江海学刊》2012 年第 6 期。

② Li, M., and Hsu, C., "Customer Participation in Services and Employee Innovative Behavior: The Mediating Role of Interpersonal Trust," *International Journal of Contemporary Hospitality Management* 30 (2018): 2112-2131.

③ 孔祥西等：《顾客参与对员工创新行为的影响——创造性自我效能和内部动机的链式中介模型》，《软科学》2020 年第 1 期。

④ 顾远东等：《研发人员的成败经历与创新行为的关系研究》，《科研管理》2017 年第 7 期。

⑤ Tang, Y., et al., "Good Marriage at Home, Creativity at Work: Family-work Enrichment Effect on Workplace Creativity," *Journal of Organizational Behavior* 38 (2017): 749-766.

第二节　从近端过程出发改善我国的创新行为生态系统

一　改善创新行为生态系统的策略与主体

（一）改善创新行为生态系统的策略

根据生态系统理论以及前人研究的结果，我们不难得到这样的结论——任何对生态系统的改变，只有这种改变触及近端过程，才能对人的创新行为真正产生影响。从创新行为产生的近端过程看，那些能够提升内在动机、提高认知的宽度与灵活性、拉近个人与组织关系、引发积极情绪和信心的系统环境对员工创新行为有正向作用。根据本书对动机和态度两类近端过程路径的研究，我们提出如下改善创新行为生态系统的策略。

首先，筛选出那些对员工创新的动机与态度有稳定影响的系统因素，判断这些因素的影响方向，并按照影响方向决定对生态系统进行干预的方向。

其次，对于那些对员工创新的动机与态度影响显著，但影响方向不确定的系统因素，考察可能影响它们作用方向的条件，厘清那些对系统因素作用方向有稳定影响的条件的取值与系统因素作用方向的关系，并按照两者的交互关系决定对系统的组合干预手段。

最后，对于那些没有实证支持可影响员工创新动机与态度的系统因素，不作为系统干预的主要对象，但是保持对本领域相关研究动态的关注，并积极了解其他领域的研究结果，保持对有影响可能的系统因素的敏感性和可干预的系统因素的动态调整。

（二）改善创新行为生态系统的主体

创新对于国家而言，具有安全保障、竞争工具和发展引擎的作用。国家之间的竞争体现在政治、经济、军事、文化等多个方面，要在这些方面保持领先地位，就必须不断创新，只要国家之间的竞争还存在，国家对创新的要求就不会停止。党的十八大明确提出，"科技创新是提高社会生产力和综合国力的战略支撑，必须摆在国家发展全局的核心位置"。党的十九大提出，"创新是引领发展的第一动力，是建设现代化经济体系的战略支撑"。党的二十大在重申创新是第一动力和深入实施创新驱动发展战略的基础上，又提出了"形成具有全球竞争力的开放创新生态"的要求。因此，从国家利益的角度，政府有优化创新行为生态系统的责任。政府的主要任务集中在对宏系统的优化方面。

创新的诉求并非国家独有，企业也有创新的需要。和国家一样，企业也面临竞争。大多数企业不具有垄断性的资源禀赋，想要在竞争中获胜，必须有优于其他企业的表现，例如成本更低、技术更高或者服务更好。所有没有创新的企业最终都会通过互相学习而达到均质状态，没有优势可言，因此，企业只有不断创新，成为被追赶者，才能保持自己的竞争优势。企业对生态系统的优化主要集中在工作场所微系统以及工作家庭中系统。

员工自身也有创新的需要。从客观利益的角度看，在国家和组织都重视创新的情况下，员工创新能为员工和他的家庭带来许多好处，创新往往意味着更高的绩效水平、突出的表现，在注重实绩管理的环境中，它们意味着晋升、奖励和表彰。从主观感受的角度看，创新意味着做别人没有做过的事情，能给人带来新奇的体验；创新结果的不确定性给风险偏好者带来快乐；成功的创新能给人带来成就感。因此，员工个人及其家庭也可以成为创新行为生态系统的改善者，他们的主要任务是优化微系统、家庭工作中系统，以及学会如何从历时系统中获益。

因此，创新对于政府、组织或者员工个人都有重要意义，改善创新行为生态系统是身处这个生态系统中的所有主体的责任。

二　发挥政府在生态系统改善中的作用

员工创新行为是组织实现创新的前提，关乎一个国家在世界范围内的竞争力，因此，所有发达国家和希望进入发达国家行列的发展中国家都非常重视创新和创新生态的打造。在创新行为生态系统中，政府处于宏系统层。从实证研究的结果看，文化、技术以及政策等可以作为政府改善员工创新行为生态系统的抓手。

（一）继承培育有利于创新的文化

文化不仅对身处其中的个体创新行为产生直接的潜移默化的影响，也会影响创新个体身边的微系统并通过高阶影响来发挥作用。当代中国人主要受到传统文化的影响，同时也受到舶来文化的冲击，这些文化中既包括有利于员工创新的成分，也包括不利的成分。政府应当根据实证研究的结果来决定对待各种文化的态度。

1. 继承对创新有利的传统文化

中国的传统文化中对创新有利的部分，如垂直集体主义、尊师重道等应当得到巩固和加强。

垂直集体主义和水平集体主义是集体主义的两种不同形式，垂直集体主义表现为群体成员关心群体的利益，有较大可能为集体利益牺牲个人利益，致力于使本群体超越其他群体，从而获得更广泛的长期利益。创新个体如果深受垂直集体主义文化的影响，则创新不仅是涉及个人利益的事情，还是集体的事情，在垂直集体主义文化中，个人创新动机能够得到提升。

中国传统文化重视教育，《礼记》有云"师严然后道尊，道尊然后民知敬学"，意味着老师是社会重视文化、学习知识良性循环的关键，是社会进步的提灯人。因此，师道尊严成为全社会公认的价值标准，例如，在古代贵族群体中，有"三教圣人，莫不有师；千古帝王，莫不有师"；普通老百姓也将老师的地位与父母看齐，普遍认同"一日为师，终身为父"的观念。老师的身份并不一定来自职业或者地位，"三个臭皮匠"也可以胜过诸葛亮；老师也不一定是完人，不要求在学识上全面超越学生。因此，只要在某个方面胜过其他人就具备了成为老师的条件，这使得大部分人有成为受尊重的老师的可能。但被承认为老师还需要满足另一个前提条件——传递知识的行为。在尊师重道的文化情境中，老师身份能够提供较高的物质、精神满足感，人们为了被承认为老师，就必须分享知识，尊师重道的文化成为分享知识的激励因素。虽然忧于分享、羞于分享和怠于分享等心理活动会阻碍人们分享知识，但只要尊师重道精神提供的激励足够大，就能抵消上述心理阻碍，激励掌握某项前沿知识的普通人分享知识。大量创新研究已经证明，知识分享尤其是前沿知识的分享是提高创新认知非常重要的渠道，因此，"尊师重道"因其鼓励知识分享从而促进创新的作用应当得到发扬。不过，"尊师重道"本身含义丰富，那些对创新有利的部分需要特别关注。首先，要确定为师的门槛，让真正的老师得到尊重。从创新的角度看，一个人有实际的分享前沿或有用的知识的行为就可以和才可以被称为"师",得到尊重。所谓"就可以",是要破除门户之见、身份之别,一个人即使没有职称、职位、高学历,甚至没有发表成果,只要他分享的知识被实践证明有用并且是普及程度尚低的,都应当被认可。所谓"才可以",是要严格入门条件,不以身份为认定的标准,拥有老师身份的人只有做出了传道授业解惑的行为,履行了为师者的责任,才可以得到尊重。其次,要理性提出对老师的要求。这里的老师指的是广义上的老师而不是职业身份上的老师。创新需要的是知识分享,因此,不要在知识分享之外提出更多要求,不要因为分享者行为上的瑕疵而彻底否定他们。最后,要多方位地表达对老师的尊重,从物质和精神层面对老师的贡献进行认可。

2. 发扬对创新有利的文化因素

科学精神是科学的灵魂,以理性与实证性为核心,以探索和创新为外在表现,① 世界正是在科学精神的指引下进行了若干次科学革命,在科技领域实现了若干次颠覆式创新,才实现了生产力的巨大发展。科学精神是我们应当吸收发扬的优秀文化。坚持科学精神首先要坚持理性信念,相信客观世界可以被认识和在一定程度上被改造。其次要使用实证方法,从不同角度、不同层次,用不同方法多方检验,做到逻辑自洽和用事实说话。最后要保持怀疑和批判的态度,不迷信权威,不盲从理论,发现现有认识的不足,不断完善改进,不断拓展对客观规律认识的深度和广度。从时间维度看,吸收发扬科学精神要从小开始抓,加强中小学科学教育,提高学生对科学的兴趣,增强学生科学实践能力。例如,鼓励中小学开设科学课或在其他课程中嵌入科学知识,在教学环节或课外阅读环节引导学生阅读科学名人传记、科学发展简史等兴趣读本并进行分享讨论;鼓励中小学与国内外科研机构或科技企业建立联系,开展以科学为主题的游学项目,开阔学生视野;鼓励科研机构或社会组织等举办"科学日"等科普活动,通过展览、讲座等方式在中小学生心中根植科学精神。

从空间维度看,吸收发扬科学精神要在全社会层面铺开。首先,要引导全社会尊崇科学家。科学家在不断的创新和探索中,推动了人类文明的不断进步。在社会生活中,应该充分尊重科学家,宣传他们在金钱和名利面前始终坚

---

① 李醒民:《什么是科学精神》,《民主与科学》2012 年第 2 期。

持科学精神、在科学道路上不断探索前沿知识的工作事迹和精神风范，设立以领军科学家冠名的各级奖项，鼓励追随者创造出精益求精的成果。其次，要在全社会营造实事求是、热爱科学、崇尚创新的社会氛围，以官方媒体为主导，充分动员新媒体和自媒体创造形式丰富的作品来倡导科学方法、传播科学思想，让人们了解科学研究的过程。最后，作为新兴的传播途径，新媒体和自媒体的影响在逐步扩大，然而，在社交网络、短视频等平台上，不少内容的科学性还得不到保证，因此应加快完善新媒体和自媒体对科普宣传内容的审核制度，形成全社会的科学宣传监督机制，确保科学宣传的精准性和严谨性。

从层次维度看，吸收发扬科学精神要体现出层次差别，对于专业人员，要对他们的科学精神提出更高的要求，普及成果发表的同行评议制，提倡专业协会成员多元化，对学术造假零容忍；对于一般社会成员，加强基层科普建设，提高科技场馆使用效率。

科学精神能够提供创新的内在驱动力和保证创新的严谨性，却不能提供外部激励。创新行为产生的关键是内在动机，但是也不应忽视外在激励。因为，外在激励不仅对创新行为具有一定的、直接的积极作用，而且在某种程度上也可以转化为内在激励：只有员工创新行为的结果被市场接受，创新行为才会转化为现实的价值，这是外部社会对员工创新贡献最大的认可，将带来自我实现需求的巨大满足。因此，对于新生事物，我们应先用宽容的眼光而不是挑剔的眼光去评价，引导舆论在保证真实的情况下使用更多正面的语言；在监管上，给予新事物发展的空间，宽松监管，密切关注新事物发展的状况，应变地调整监管力度。

（二）改善技术环境

技术环境是创新必要的支撑。仅凭一个创意就能产生巨大创新效果的时代已经过去，当前的创新不仅需要好点子，更需要帮助好点子落地的技术环境。在这些技术环境中，基础设施建设被认为是创新行为生态系统的重要底层条件。例如，基础设施是世界知识产权组织推出的全球创新指数的五个投入支柱中的一个。剑桥大学和哈佛大学联合发布的《伟大的科技竞争：21 世纪的中国与美国的较量》（The Great Tech Rivalry：China vs. the U. S.）认为，强大的国家 5G 基础设施和生活在 5G 环境中的用户将成为中美在 5G 应用开发竞争中的关键因素。① 尽管我国基础设施建设在全球的绝对排名并不算低，但相对其他支柱的表现是比较差的。而且，在历年全球创新指数排名中，我国基础设施不仅没有稳定增长的势头，甚至在 2013 年、2016 年、2018 年、2020 年出现了排名降低的情况。② 目前，我国基础设施的配置情况对于创新行为生态系统来说是一个不利因素，需要加强。基础设施具有准公共产品的性质，由政府来推动建设是应有之义。根据全球创新指数（GII）来看，环境绩效和环境认证以及信息通信普及率是我国在基础设施建设方面的薄弱环节。在生态环境方面，政府应当推动经济发展逐步转向可持续的发展模式，通过财政、金融、税收等手段对生态创新技术进行扶持，鼓励企业启用节能减排型设备、采用节能减排型技术、生产节能环保型产品。在信息通信技术方面，政府要督促通信企业提升互联网宽带接入速率；推行"电脑下乡"，提高终端设备普及率；在农村人口稠密地区加强无线基站铺设，提升农村地区上网速度。

除了兴建有利于创新的硬件设施外，大力发展帮助创意落地的技术也是非常重要的。具体而言，那些可能带来技术革命的前沿技术以及有较长下游链条的技术需要被优先考虑。

在现代科技领域中，技术不断革新，使得新的前沿技术不断涌现。这些技术不仅可以使人们以更高效、更便捷的方式进行研究和生产，也能帮助创意快速落地。前沿技术在基础研究中的运用和创新，有助于通过学科结合产生领域突破从而吸引大量科技人才的加入实现滚雪球效应。例如，前述剑桥大学和哈佛大学联合发布的报告中专门论述了人工智能、5G、量子信息科学、半导体、生物技术以及绿色能源等六项技术，暗含着英美对关键技术的判断。这些技术效率高、管控效果更精准，在科技领域展现出优越的升级速度。这些技术的发展不仅可以促进学科交叉合作、技术升级，更是强调人类保存生存能力和发展前景的新方案，是实现经济、社会、环保，甚至全人类福祉的战略性需求。不过，一方面拜登政府 2021 年推出的"美国就业计划"对原定在半导体制造、

---

① Shekhar, J., "The Great Tech Rivalry: China vs. the U. S. ," *Science Diplomacy Review* 3（2021）: 73-76.

② 根据世界知识产权组织（WIPO）历年 GII 指数整理。详见 https://www.wipo.int/publications/en/series/index.jsp?id=129。

清洁能源、生物技术和其他关键技术领域的巨量投资进行了大幅削减，说明美国国内对关键技术的方向认识可能还不统一；另一方面中国的制造体系与研究优势和欧美也有差别。因此，政府应当组织专家对我们的技术方向做出判断以便给予相应支持。

具有较长下游链条的技术也极其重要。这些技术在生产和实际应用过程中，通常涉及更多的技术领域、产业以及市场，从而能够为创意的实现提供更多的信息、资金和技术转换的盈利机会。例如超高清显像技术、生物新药研发和制造技术以及可再生资源利用技术，涉及材料、生物学、化学、能源、环境和公共安全等多个方面，由于它们的复杂性和高成本，往往由多个行业合力开发，不仅为创新提供了多元的创意来源，也丰富了创新结果的使用场景，降低了创新因缺乏市场而回报不足的风险。

总之，发展有利于创新的各项技术需要不断扩展前沿技术和具有长下游链的技术的应用，提高完善技术体系的实用性和专业性，同时注重技术的创新性与可实现性，为创意落地提供更好的技术支持，实现技术和创新的相互促进，共同推动社会的进步与发展。

良好的生态系统不仅应当有促进作用还应当有保护作用。如今，技术的革新和新技术应用成为各行各业发展的巨大动力。与此同时，技术给人类工作和生活带来的影响也受到越来越多的关注。在创意落地过程中，良好的生态系统不可或缺。它不仅要具备促进作用，也应具备保护作用，才能保证创新行为的可持续性。一方面，先进的技术使人们掌握了创新的武器，能够更高效地实现创意落地。但是，技术应用也可能会对员工的生理和心理产生消极影响。事实上，已有相当多研究描述了技术对员工生理和心理存在消极影响的个案。例如，信息过载和常年加班等情况，可能会对员工的身体和心理造成伤害，这种伤害在科技领域特别明显。长时间超负荷工作会造成沮丧、挫败、疲劳等不良反应以及使人精神失衡，甚至丧失发掘创意的能力。尽管在实践中，我们很难完全避免技术对人们的负面影响，但缩小技术对员工所造成的负面影响应当受到重视。在构建具有保护功能的创新行为生态系统过程中，政府要调动行业组织和协会的力量。行业组织和协会可以推动行业内部人士进行交流，共同探讨创意落地过程中的技术问题，也可以促进行业内部协作，共同处理技术应用所带来的各种问题，包括员工身心创伤的问题。这种协作可以充分利用技术创新的优势，也能更好地保护员工，有利于创新行为的持续性。因此，政府有必要制定相应的劳动保护法律以及推动协会与组织制定规章，尊重员工的隐私与安全，限制技术造成的过劳，特别是科研人员的过劳，建立一个和谐的而不仅仅是功利的生态系统。

（三）强化作用于近端机制的教育科技与人才政策

政策是一个国家干预社会活动、公众行为的工具，要尽可能地让这个工具发挥作用，不仅要保证每项政策的目标导向，还必须注意各项政策之间的内在协同。在历次党的代表大会中，党的二十大报告第一次将人才、科技和教育放在一个部分论述，明确了创新政策的三大支柱，也指明了未来政策在构建宏观创新行为生态系统方面的集成性特征。不过，党的二十大报告着眼的是整个国家的创新能力，虽然影响国家整体创新能力的政策作为创新生态宏系统的一个重要部分也能对员工创新行为产生影响，但人才、科技和教育政策发挥作用的路径和力度存在差别。例如，教育政策更多的是在提升全民平均创新能力，除培训类政策外，作用在员工入职前，因此与员工创新行为的关系较远。尽管本书高度认同政策协同的必要性，但那些与员工创新行为关系更为直接的政策才是本书探讨的重点。

政策需要通过近端机制才能影响员工的行为。前文已经阐明动机与态度是创新近端机制的中介变量，那些能够改变员工动机与态度的政策才有可能触动员工创新。因此，本书也将与员工创新行为有关的政策分成动机提升型与态度改变型两个大类，前者通过更加科学的分配与晋升制度激发员工创新动机，后者则是通过提高员工的认知能力以及改变员工创新的预期来发挥作用。

提高员工创新的动机可以从内部动机和外部动机两个方面着手。政策更容易干预外部动机。通常来讲，给予物质奖励、职位晋升以及加强保障能够提高员工的外部动机。在物质奖励方面，政府可以委托专业机构在全球范围，特别是在对标国家和地区开展关键领域及重点人才的薪酬调查，对国家亟须人才的薪酬水平以及主流薪酬结构给出指导意见，避免引进和保留高级创新人才薪酬竞争力不足的问题。出台政策，允许公共部门，例如国有企业对科研技术类人才针对工作特点设计更有活力、更市场化、更体现贡献的绩效考核与薪酬制度。针对在职期间的专利技术持有人、技术入股等出台指导性意见，承认员工在技术创新中的贡献。在职位晋升方面，推进分类评估和市场化评估的人才评估改革，倡导评定单位简化职称评定程序，减少职称评定中的出国经历、项目等级、课题经费、学历学位等门槛性指标，扩大成果形式。在加强保障方面，出台针对科研人员管理的相关指引或办法，明确科研人员在薪酬分配、科研经费、工作时间等方面的管理原则。一是加强科研人员经济保障，提高公共部门中的科技岗位的基本工资水平或者基本工资比例，让科研成果产出周期较长的人员可以体面地工作；二是保证科研人员基本经费，在项目竞争之外，保证公共部门科研人员特别是基层科研人员有少量固定的年度科研经费；三是保证科研人员的工作时间，通过设置科研助理岗位减少科研人员行政性事务的时间挤占，鼓励组织设计实施弹性工作制，允许科研人员在保证总量的基础上灵活安排工作时间，鼓励组织提供幼儿托管服务，减少家庭琐事导致的工作时间损耗。由于内在动机是创新的原动力，长期强调外在动机会削弱内在动机的作用，因此，尽管并不擅长，政府也应当思考制定可以激发国民创新内在动机的政策。一个方向是设法提高科技奖项的荣誉性质，淡化其中的功利性质，这就需要奖励政策与其他政策相协同，例如，降低奖项的奖金额度，淡化奖项的外在激励属性，同时增加获奖者覆盖面，允许更多人参与；不通过个人申报及组织推荐的方式，而是在行业协会中由专业人士投票产生，同时保证选举人的普遍性和专业性，降低派系影响力；禁止将奖项获得作为门槛，禁止将奖项获得用于项目竞争。另一个方向是将评奖标准以及奖项名称与社会责任挂钩，激发科研人员亲社会的内在动机。

　　改变人们对创新的态度可以从提高创新的能力和对创新成功的预期着手。

　　教育、培训和知识共享是能力提升的常规方式。教育对创新的作用具有持续性，非常重要，故而世界知识产权组织将其纳入了"人力资本和研究"支柱。世界知识产权组织计算一个国家创新能力的教育指标的做法对我们决定教育政策方向具有借鉴意义。在这些教育指标中，我们一些指标已经位居世界前列，但那些排名与发达国家有较大差距的指标则值得关注。例如，我们的教育经费总支出的 GDP 占比、中学生人均教育经费的人均 GDP 占比，以及 STEM 专业学生的比重等数据的长期缺失，不利于我们发现和发达国家的差距。因而，一方面政府有必要加强教育部门对这些指标的统计工作；另一方面也提醒政府应当加大对这些方面的投入力度，调整高等教育专业结构，培养科技创新亟须的 STEM 类人才。教育政策对创新影响深远，但作用间接，培训和知识共享的作用更加直接。政府可以根据培训的内容和质量向参加培训的成年人提供直接的补贴或者给予个税的减免，当前能够减免个税的培训种类还比较少，且集中在证书类培训，对提高成人的就业能力有帮助，但对于创新能力的提升作用则有限，因此下一步政府可以有针对性地扩大有补贴资格的培训的范围。除了向个人提供培训补贴外，也可以通过企业间接提供补贴，例如对企业的培训支出予以税收减免的优惠、对培训平台提供补贴或支持等。

三 发挥组织在生态系统改善中的作用

组织是员工创新微系统和中系统的主要构成部分，也是改善工作场所微系统以及工作家庭中系统的主要责任方，大致来看，组织可以从改善物理环境，改进工作与流程，重视管理的公平性、发展性与权变性，管理同事、顾客关系与构建组织文化以及协调工作家庭关系等几个方面着手积极打造适合创新的生态系统。

（一）改善物理环境

舒适的物理环境比窘迫的物理环境对创新的产生更有帮助，但是，物理环境的改善需要较多的财务支持，从提高环境利用率的角度看，组织可以有针对性地改善部分工种工作的物理环境。例如，为以贡献创意为主要工作任务的员工提供宽敞、安静和安全的工作环境，不在工位上安放电子监控设备，避免员工的工作频繁地被意外所打断，降低员工被随时监控的感觉；同时，又必须保证员工能在需要的时候进行信息沟通，以及可以利用工作中的闲暇时间实现非正式的信息交流与知识共享。因此，为这类员工分隔出独立的工作台，配置内部常用联系人的快捷呼叫方式，将工作联系较紧密的部门做空间上的集中，并在中心公共区域设置茶歇空间是比较好的场所设计。

（二）改进工作与流程

对工作的设计要保证自主性与复杂性的匹配。工作特征模型认为可以从技能的多样性、任务的完整性、任务的重要性、工作的自主性以及工作的反馈性等五个方面对一项工作进行描述，那些同时具备工作任务多样、各项任务具有内在一致性、对于组织非常重要、工作本身能够为员工提供反馈的工作被视为复杂的工作，这样的工作可以激发员工的内在动机。然而，如果工作内容的设计缺乏弹性，员工的工作职责规定过于精确、不留余地，那么员工创新最多就只能停留在创意生成阶段而不能转变为行为事实，长此以往，创新的内在动机也会被消磨掉。因此，在工作设计时，对那些以贡献创意为主要任务的工作，要考虑到这些工作本身所具有的复杂性和提升内在动机的特性只是创新行为产生的前提，只有在工作设计时，按照工作复杂性的程度同步提高工作中员工的自主性，才能说得上是创新友好型的工作设计。不过，上述建议只适用于有经验的成熟员工。对于新入职场，尚不了解工作基本规范和流程的年轻员工，即使他们的工作以创意为主，过于宽松的工作约束同时也意味着缺乏目标和必要的社会化工具，自主性设计的优势会被抵消，因而上述建议对他们是不适用的。

提高组织中信息沟通传递的效率。信息是创新行为的认知来源之一，因而信息的沟通畅通对于创新非常重要。无论是直接用于创新的知识型信息还是服务于日常管理的行政型信息的沟通都被发现与创新行为有关，前者影响认知，后者影响情感。简化信息传递环节有两种方法：一种是在组织中成立小规模的创新团队，借助团队成员数量有限、凝聚力强、网络状信息传递方式快速便捷的优势实现信息的高效传递；另一种是压缩信息传递流程，那些具有规模效应的创新，不适合小团队工作方式，就要用这种方法，具体做法是对信息传递流程进行梳理，保留那些具有决策职能或是修改职能的环节，去除那些只具有传递作用的环节。

（三）重视管理的公平性、发展性与权变性

1. 重视管理的公平性

组织中的公平性对员工行为的影响很大，虽然与领导关系亲密的少部分员工可能展现出更多的创新行为，但领导成员交换在组织内的差异对整个员工群

体总的创新行为是有损害的；在组织中的雇佣方式不同造成的身份差异也会对员工创新有负面影响。因此，组织需要明确创新行为发生的主体。如果组织的创新来自全体员工而不是固定的少数几个人，则保证公平的管理非常重要，如果组织的创新仰仗的只是极少数精英员工，其他员工都属于创新的追随者，那么组织也可以对精英员工进行管理上的倾斜，对于与收入和晋升相关的倾斜，前提是倾斜的依据要被广大员工所接受，例如按照创新的数量、创新的效益或者工作时间等过程性指标倾斜，但如果是与精神激励和认可相关的倾斜，则不受此限制。

管理中的公平性还体现在建立双向的激励机制上。惩罚在管理实践中并不常见，但对于不道德或者可能造成重大损失的行为是可以惩罚的。造假符合这一条件。成功的创新使人名利双收，然而真实创新非常困难，捏造创新却很容易，如果组织不对捏造创新的行为给出惩罚，那么欺骗没有成本，这可能推动部分员工铤而走险，导致真实创新的员工被挤出，创新生态逐渐恶化。因此，组织不仅要对创新进行奖励，还要对那些恶意的虚假创新行为进行惩罚。

2. 重视管理的发展性

组织对创新的要求是持续的而非一次性的，因此，组织对待员工应该有长远打算，在管理上不仅用好员工也要重视员工的发展。管理的发展性可以从日常管理、培训和评估三个方面着手。

首先，管理者有不同的管理风格，不同风格对员工创新行为的影响方向有差别，因此，在日常管理中，管理者要弥补自己的管理风格中对创新行为促进作用存在的短板。例如，严厉风格总体来说给员工带来压力，不利于创新，但如果严厉的管理者将要求重点聚焦在员工的工作表现，特别是创新表现上，则在一定程度上对创新有帮助；仁慈风格虽然不会给员工压力，但是又可能导致员工为了不给领导找麻烦而容忍现状不做改变，因此，仁慈风格的管理者在日常管理中要表现出对员工创新行为的欣赏，消除创新是找麻烦的认识误区，以此鼓励员工创新。

其次，根据对培训效果的研究选择合适的培训内容与方式。从培训内容看，习得类的培训对改善创新行为的作用并不明显，但行为和思维类的培训是有用的。例如，创新心智模式培训不教授具体知识，但是会训练员工的求异思维、培养理性质疑的习惯、减轻对挑战的恐惧以及增强创新的信念与动机；知识共享培训也不会教授知识或者刻意提供共享知识的平台，而是让员工感受共享知识带来的好处，练习共享知识的方式，通过改善组织大环境实现知识共享，为创新行为提供便利。从培训方式看，团队式培训比员工分散式培训更有效，团队培训不仅能拉近员工之间的关系，升华情感，而且团队成员的多样性亦有助于思维的发散，一些创意甚至是在培训过程中产生的。

最后，发挥绩效评估的员工开发功能。绩效评估的结果为人力资源管理提供了依据，因此绩效评估必须有一个明确的结果。然而，如果将绩效评估的功能局限于评价工作的结果，则会错失绩效评估对员工创新的积极作用。管理者应当将绩效评估作为诊断和指引的机会。对于员工成功的创新及时给予肯定以增强员工的信心，对于员工失败的创新，同样要肯定员工的尝试，指明风险是创新过程中的正常现象而不是不可原谅的错误，帮助员工建立对创新差错的正确认识与态度。倾听员工对创新过程的理解，引导员工思考突破困难的办法，帮助员工解决创新中遇到的困难，增强员工创新的信心和能力。

3. 重视管理的权变性

首先，要明确组织需要哪类创新，因为颠覆式创新和渐进式创新所适应的生态系统是不一样的。颠覆式创新高度依赖内在动机、心流，如果组织只需要颠覆式创新，就要避免那些破坏员工内在动机和心流的管理方式，例如与创新挂钩的物质激励、施加压力以及严格的管理与领导。如果组织还需要渐进式创新，那么，有利于创新的管理方式会更多，那些不适合颠覆式创新的方式也可以在一定范围使用，例如，物质激励可以用于创新的过程和结果，长期激励比短期激励效果更好，在压力倒"U"形积极作用转折点到来之前可以对员工施加压力，可以在创新方面向员工明确要求。

其次，根据员工的性别特点选择管理方式。主要由男性员工组成的团队，团队成员之间的竞争排斥较小，通过创新能够满足男性团队成员的内在需求，而主要由女性员工组成的团队，团队成员在竞争中的负面感受更多，抵消了竞争本身给创新带来的好处。因此，管理者要评估组织中团队的性别构成，为男性团队设计以竞争为主的工作机制，为女性团队设计以合作为主的工作机制。

再次，根据工作类型选择管理方式。研究表明，不同工作类型的员工的创新行为受压力的影响不同。对于营销、生产以及服务类员工,压力不能增加他们的创新行为,然而,适当的压力对科研工作者有积极影响。所谓"适当的压力"体现在两个方面。一方面是压力的大小,压力对创新的积极作用是倒"U"形的,压力施加不可超过临界点。另一方面是压力的类型,有积极作用的压力是那些员工通过努力可控制,并且能够因为克服困难而得到回报的压力,例如学习新知识、使用新工作方法、因为员工态度而产生的顾客投诉等,是适当的压力;还有一类压力是员工个人无力控制的,它们只能对员工产生消耗,没有任何改观的可能,则是不适当的压力。管理者要注意甄别压力的类型,同时监控压力作用的临界点。

最后,根据员工的情况调整管理的风格。研究认为在实践中没有最佳的管理风格,只有匹配情境的管理风格,这句话也适用于对员工创新行为的管理。例如,领导者本人具有的高创造动机对于低创造动机的员工来说是一种负担,但对于同样具有高创造动机的员工而言,则是志同道合的"顺风车"。当组织中存在高创造性的员工时,管理者就要减少对员工工作的监控,鼓励其他员工向高创造性员工学习,当员工的创造力普遍不高时,管理者就应强调员工的行动力,注重创新的落地而不是创意的产生。由于创新行为的主体是员工,因此,领导风格选择的情境依据就应主要着眼于员工方面。跟随员工改变领导风格且并不排斥同时采用多种领导风格。事实上,单一领导风格就像双刃剑,在一定范围内对员工创新可能有积极作用,一旦走到极端,负面效应就容易产生。因此,我们也提倡在管理中施行双元领导风格,例如权变性地采取开放或者闭合的领导策略以应对创新匮乏和创新冗余等问题。值得注意的是,尽管我们强调管理风格的权变性,但某些情境中的某些领导特质对员工创新行为总有正向影响。例如,对于技术类工作而言,领导本身的专业性就非常重要,因为这种配置不仅意味着员工能得到专业的意见与帮助,也意味着组织对专业的认可,这些对员工形成专业认同,并通过积极创新实现专业上的成长非常重要。

(四) 管理同事、顾客关系与构建组织文化

1. 管理同事、顾客关系

和领导在资源和专业上的作用不同,闫春和黄绍升的元分析发现同事

对员工创新发挥作用比较稳定的路径是信任。[①] 比起正面效果，我们应当更加警惕的是不良同事关系对员工创新的负面影响，特别是已经有元分析证明这种影响更可能发生在中国的企业中。来自同事的职场排斥会对员工的归属需求、自尊需求、控制需求以及自我实现需求造成不同程度的损害，同事的负面八卦则会消耗被八卦者的情绪资源，它们将破坏员工对同事以及组织的信任。

同事之间存在的竞争对创新行为的影响方向并不稳定，并不必然导致创新行为的增加。如果竞争是无序的、内卷的，甚至出现员工为了获胜而在竞争中采取欺骗的手段并被曝光，这也将降低员工对组织的信任，破坏他们创新的可持续性。

尽管相比领导对员工创新的作用，同事的作用可能没那么大，而且维护良好的同事关系需要花费精力，但我们在管理中并不能忽视良好职场关系的建立，这提醒我们要注意建立良好职场关系的场合，监控职场关系管理的效益。研究发现，任务之间的依赖性是职场关系与员工创新行为之间的调节变量，只有员工需要借助团队的力量才能完成最终任务时，良好的职场关系对员工创新的促进作用才明显。因此，在那些需要运用复杂技术，存在明显专业分工的组织中，更需要注意良好职场关系的构建。

顾客和员工的关系对创新的作用也和工作任务的类型有关。大部分情况下，顾客和员工的关系对员工的行为没有太大影响，但如果员工的工作与顾客接触较多，则管理者也需要关注顾客方面的影响。作为管理者，要承担起这种类型工作的人事和信息组织工作，在人事上，要及时了解员工对顾客参与创新的态度，使员工保持在不产生倦怠的状态下；在信息上，要承担起汇总顾客创新意见和整理分享的工作，而不是让员工独自消化顾客的创新意见，以发挥管理层信息处理中枢的作用，减少基层信息分析的压力，实现信息处理的集约化。

总之，在同事关系和顾客关系的管理上，管理者需要平衡关系管理的成本和收益。在同事关系方面，管理者主要注意两个问题。首先，监控员工关系的性质，管理者一旦发现存在不良职场行为，例如对个别员工恶意的排斥、孤

---

① 闫春、黄绍升：《组织内人际信任对员工创造力的作用：基于元分析的证据》，《技术经济》2020 年第 11 期。

立、中伤等，就要及时干预。必要时，建立制度，明令禁止类似行为。其次，根据团队工作任务的性质决定是否主动促成良好同事关系。如果员工个人就可以独立完成工作，则没有必要大力维护同事间的关系；如果团队工作任务高度依赖成员间的合作，则需要管理者主动出击，为建立良好同事关系创造机会。研究表明，趣味活动有助于员工之间工作场所友谊的产生，工作观摩比工作答疑产生更小的威胁，管理者可以运用这些方式对员工的同事微系统做出改善。在顾客关系方面，管理者要主动为一线员工分担顾客反馈信息分析的工作并及时进行结果分享。

2. 构建适合创新的组织文化

打造支持宽容型组织文化。宽松的组织氛围对员工创新的作用总体上偏积极，如支持性氛围、玩兴氛围、职场乐趣、优势心理氛围等能够提高个体的效能感，提高认知水平，活化情感，激发内在动机，而严格古板的氛围容易削弱思维的灵活性与发散性，引发创新差错的忧虑，限制创新。因此，组织应当努力打造支持和宽容型的组织文化，鼓励员工大胆创新。适合创新的氛围具有如下特点：有吸引员工的挑战性目标、有较大的工作自由、人们彼此信任、有共同思考分享创意的机会、让人觉得有趣的整体环境、较少的人际冲突以及组织支持员工的创意。管理者可以尝试从这些方面做出改善：第一，在多种场合，以不同方式公开地表达对开放与创新的崇尚；第二，容许员工在创新尝试中犯错，强调从错误中总结经验，并给予一定限度改进提高的机会；第三，为创新的过程与结果提供物质或精神的奖励与认可；第四，设置围绕工作任务的员工建言的渠道和员工寻求组织支持的渠道；第五，管理层积极创新的言传身教；第六，提供较多正式或非正式的同事间知识分享、创意打磨的机会。

提高除价值观念以外的组织多元化水平。多元化的内涵非常丰富，例如员工传记特征的多元、知识技能多元以及性格爱好多元等，大部分多元化，例如性别多元化、知识多元化、文化多元化等对创新行为的促进作用已经得到普遍认可，但是员工价值观的多元化对创新而言不是好事。组织可以对员工进行定期的多元化梳理，跟踪员工群体多元化的动态变化，招聘时主动吸引，在同等水平下对候选人进行选择以调整不同多元化属性员工的比重，同时，注意考察候选人的价值观，选择那些和组织价值观一致的员工。在日常管理中，注意宣传多元化的好处，领导者以身作则，鼓励员工发出不同的声音，鼓励对不同的观点展开讨论。

首先，倡导平等文化。所有人为划分等级的文化，例如差序文化、刻板印象、歧视、辱虐管理几乎都对创新有破坏作用。其次，在涉及资源分配的决策上，尤其要注重公平，例如，为有前途的项目机会、重要岗位的机会等设置竞争指标，通过公开竞争的方式去决定归属；对于与创新无关的错误，做到一视同仁，按照事先制定的规则处理。最后，提倡文明管理，既禁止职场中的体罚或是用语言对下级进行人身攻击，又防止职场冷暴力。

保持组织文化的内外一致性。组织对待员工与内部事务以及对待市场和社会事务的态度并不总是一致的，这就和一个人对家人和对外人不一样类似。个人的区别对待会产生认知失调的危险，组织的区别对待也会使员工产生认知上的混乱，不利于形成共同的愿景，削弱创新动机。即使不考虑认知失调的问题，周念华等的研究也表明企业以员工为对象的对内社会责任和以社会为对象的对外社会责任具有独立的员工创新促进作用。① 当企业将两种责任同时承担起来，内部整合和外部适应都处于高水平的组织文化中的员工创新行为是最多的，因此，组织在支持、包容、平等地对待员工的同时，也应将这种风格运用于组织外部事务的处理上，主动承担企业社会责任，愿意通过创新推动社会发展，将人民的美好生活作为组织努力的方向，使组织文化内外保持一致，以发挥两种责任在员工创新促进时的协同力量。

（五）协调工作家庭关系

对于工作家庭关系的研究为我们揭示了工作与家庭之间的冲突，对于员工创新行为总体上以负面效果为主，冲突的严重程度因人而异，工作与家庭的边界也并非铜墙铁壁，而是存在社会资源、心理资源交换渗透的巨大可能。因此，在工作家庭关系的处理上，管理者主要把握三个原则：首先，尽量维护员工工作与家庭的平衡，不因工作问题过多侵占家庭要求；其次，重点关注那些潜在冲突巨大的员工；最后，将家庭视作员工工作的后援，放大家庭对员工创

---

① 周念华等：《感知的企业社会责任对员工创新行为作用机制的实证研究》，《研究与发展管理》2021 年第 6 期。

新的支持性作用。

在工作对家庭的冲突和家庭对工作的冲突中，对员工创新有明显威胁的是前者，这提醒管理者尤其要关注工作对家庭要求的侵占。在具体做法上，如果工作性质允许，组织可以通过弹性工作制来提高员工协调时间的能力；可以设置 AB 岗，由员工根据家庭重要事项的需要，提前做出岗位轮空的计划，通过合理的轮岗安排保证工作不断档；对于员工因工作缺席重要家庭事项提供一定的补偿；等等。尽管家庭对工作的冲突影响不大，然而，这种冲突仍然是对员工及其家庭的消耗。因此，组织也应当调查家庭工作冲突的主要内容、主要员工群体、主要时间特征等，将其纳入员工福利管理，例如，采取员工支持、休闲假期和家庭关怀等多种手段，通过工作家庭平衡型的人力资源管理实践来减少家庭矛盾，提高员工家庭幸福感，减少家庭对工作的冲击，在提高福利管理效率的同时减轻员工的实际负担。

研究表明，性别、工作性质、家庭条件会影响冲突与创新的关系。女性、对环境的依赖性不高的工作、困难的家庭条件预示着成为工作家庭冲突受害者的高概率。因此，如果组织难以兼顾所有员工工作家庭的平衡，那么上述员工就是管理者需要关注的重点人群。组织对于那些曾经表现出较强创造力的女性员工、科研工作者或者其他无须在特定场合才能工作的员工，多子女、家庭负担重的员工可以适当倾斜，减少分配给他们的工作，待他们解决工作家庭危机后再恢复工作强度。

管理者要更全面地认识家庭对于员工创新的作用——家庭不是工作的负担，家庭也可以成为创新的强大后盾。有配偶的员工整体上的创新水平要比单身员工更高，原本不具有强烈创造性人格的员工从幸福的家庭生活中可以汲取创新所必须的心理资源从而也可以开展创新。因而管理者要做的不仅是提高员工的家庭幸福感，更具组织导向的思路是设法发挥家庭在员工创新中的积极作用。研究表明，员工直接主管的支持能够加强家庭工作增益对员工创新的正向影响，主管支持的手段包括向上推荐、口头表扬、提供启发、直接帮助等。主管要及时了解员工的家庭情况，帮助员工分析家庭可能带来的助力，对于员工家庭提供的支持进行及时的认可和宣传，鼓励员工积极思考如何实现家庭和工作的和谐共处，互相促进。

四 发挥员工与家庭在生态系统改善中的作用

员工及其家庭可以从员工的创新行为中获益，因而，我们也将员工及其家庭列为创新行为生态系统改善的责任主体。

(一) 员工及其家庭在生态系统改善中的作用特点

员工和家庭在改善生态系统的作用上具有与组织和国家不同的特点。员工作用的特点体现在员工不仅可以主动对系统进行改造，还可以控制近端过程从而改变生态系统发挥作用的方式。家庭作用的特点则体现在约束的弱化上。尽管员工幼年时期家庭教育的影响重大，但不属于本书研究的范畴，本部分讨论的家庭主要是指员工成年后的核心家庭。此外，家庭对员工的要求是多方位的，创新只是满足家庭需要的多种路径中的一条，因此，我们并不能对家庭提出过多要求，只是为那些希望成员能在工作中创新的家庭提供一点建议。

(二) 发挥家庭的积极作用

家庭对员工创新的促进作用是通过情感和资源支持实现的。对成员创新的期待是经过实证检验的有效情感，因此，如果希望自己的配偶能在工作中有所创新，不妨公开地表达出来，也可以列举配偶在家庭生活中表现出来的创造力，以此增强配偶的创新效能感。家庭在发挥支持作用时，不仅可以用到配偶本人的资源，也可以调用配偶的外部资源，激活外系统的作用。研究发现，那些不以交换为前提，也不以肉体吸引为前提的、利他导向的、在感情里表现出怜悯或感激特征的夫妻往往更容易将外系统的积极作用传递给自己的配偶。这一结论提示家庭成员间应当相互体贴，减少功利思维，用文明的方式解决争端。家庭成员应学会以家庭为单位进行时间管理，以夫妻双方均认同的方式分担家庭事务，尽力减少家庭对工作资源的争夺。

(三) 发挥员工的积极作用

发挥员工在生态系统中的积极作用可以从两个方面着手：一是主动改善生态系统，特别是微系统、中系统以及历时系统；二是有意识地调整自己的动机与态度，影响生态系统作用的方向与力度。

1. 改善生态系统

员工本身就是微系统和历时系统的主体，具有改造所在环境的主观能动性的作用。

前文提到宽敞的工作环境、复杂而自主的工作、公平支持的文化、发展性的管理能够帮助员工创新，是组织管理改进的方向。然而，员工并不只是管理制度的被动接受者，也可以是推动者。一方面，员工可以向组织建言，加快组织对工作场所微系统的改善；另一方面，员工也可以自己进行小范围的生态系统改善，例如对办公空间进行科学打理，改善空间在视觉上的感受，结合自己的兴趣对目前从事的工作进行重塑，寻找工作激情点，学习向上管理、同事管理和向下管理，主动建立与管理者、同事的友好关系。在家庭微系统上，以及工作与家庭的互动中，员工也可以有所作为。例如，一些员工将家庭和工作视作对立面，回避在家庭中谈论工作，这就封闭了家庭对工作可能的支持渠道。实际上，员工不必对家庭工作边界的渗透过于敏感，在不涉密的情况下不妨与家人分享工作经历，听取家人对自己工作的建议，将工作中的压力向家人倾诉，主动寻求家庭的支持，即使家庭不能给创新提供认知上的帮助，家庭在情感抚慰上的作用也是毋庸置疑的，而愉悦的情感同样有助于创造力心流状态的产生。又如，一些员工认为组织安排的与家庭有关的活动或者福利没有意义，不告诉家人活动信息，自己也不积极参加，组织对干扰家庭的补偿，员工领取后也不告知家人。这样的做法容易加深家庭与组织的隔阂，家庭会误以为配偶所在组织只懂索取，对配偶及其工作单位都心生怨恨，使家庭微系统以及家庭与工作中系统的良性互动都遭受破坏。因此，员工作为家庭和工作微系统的共同主体，应承担起组织政策传递的责任。例如，员工有必要充分了解组织的家庭友好政策并转告家人，也应当及时将组织的善意传递给家人，帮助组织获得家人的理解，减少工作侵占家庭资源时家人的不良感受，积极参加组织安排的各种家庭团建活动，促成家庭和工作的良性互动。

员工个人同样可以根据科学规律对自己的经历提前做出规划。从专业规划看，大学阶段是一生事业的起点，大学所学专业知识也是之后工作的重要知识保障，研究表明，对于大部分普通人，只有在一个专业方向上持之以恒，不断积累才能夯实创新所需的深厚基础。因此，每个人在大学志愿填报的时候要尽可能地慎重，思考自己是否愿意在选择的专业领域中长期耕耘、是否对这个专业感兴趣，并将这些作为专业选择的重要依据。即使将来希望转换专业，也要尽可能转换到那些可以沿用原来专业知识的专业，避免学科大类的转变。从学习经历看，在读书期间，我们要让自己的学习生活和社会生活更加丰富多彩，主动参加不同种类的学习和社会活动，提高自己学生时代经历的多样化水平。例如，在学习上，除了认真听课以外，还可以听讲座、参与课堂讨论、积极参加或承担学术课题、参加学术会议、写作论文、设计作品等；在社会活动上，除了实习实践和学校的社团活动外，也可以关注社会组织的招募信息，尝试外部的志愿服务、学生交流活动等。通过多样化的活动拓宽自己的思维，演练融入社会网络的技能，增加未来的可能。

2. 自我调整以影响生态系统的作用

生态系统影响员工的创新行为必须通过近端过程才能实现，因此，当员工不能改变所处环境时，就要设法充分利用生态系统的有利因素，而对于那些对创新有潜在危害的环境因素，则可以尝试自我调整来减弱环境的影响。例如，我们已经知道不同的留学经历中对创新起作用的因素是不同的。短期留学经历很难帮助我们融入另一个学术圈层，它对创新的主要好处是获得多元文化视角；长期留学经历对创新的主要好处则是帮助留学人员获得社会资本和先进知识积累。因此，我们应当根据留学经历的时间长短决定自己提高认知的方向，如果是短期交流则主要扩大交流的广度，而长期留学则要加强交流的深度。

我们也知道工作家庭冲突会破坏创新，工作和家庭之间的冲突主要发生在时间资源的争夺上。因此，首先，员工可以主动学习如何更有效地管理时间以缓解二者之间的冲突，减少系统对创新行为的负面影响。如果通过时间管理仍然无法解决冲突，那么员工就要设法从冲突中有所得，转变视角，学会从威胁和非同寻常的事件中发现机会。例如，某些工作的职责就是应对冲突，家庭冲突为员工认识冲突、解决冲突提供了单纯工作无法获得的全新的知识与经验，员工可以反思自己在工作家庭冲突中的表现，总结经验教训并将其应用于工作，这实际上也是一种创新。员工也可以以冲突为契机，重新认识自己的工作，以管理者的角度审视工作，寻找改变工作的可能。其次，员工要提高对恶劣环境的抵御能力，通过认知改变、情绪管理、行为纠正等方式保护自己的创造力。例如，当员工感知到压力开始起坏作用时，员工可以分析压力的来源，然后询问自己这些压力来源是真实存在的还是自我臆想出来的？分析自己对事态严重性的判断是否合理？自己对后果的承受能力和压力感是否匹配？通过逐层评估使脱轨的认知回到正常轨道中来。在遭遇沮丧、挫败、失望、愤怒、痛苦等负面情绪时，员工也可以尝试情绪管理的技巧，例如呼吸调整、运动、转移关注点、催眠、自我表达等帮助自己从环境引发的不良情绪中尽快走出来。

创新是我国社会发展的第一动力，实施创新驱动发展战略要求我们不断完善创新行为生态系统。员工是创新的终端，无论是政府、组织还是员工个人都是创新的受益者，政府、组织和员工个人在影响生态系统方面也各有所长，员工的创新行为生态系统建设需要也必须发挥政府、组织和员工三方的作用。员工的创新行为归根结底是一种特殊的行为，符合人类行为的一般规律，以动机和态度为前因。因此，从动机和态度近端过程出发，发挥政府、组织和员工多种主体对员工创新行为生态系统不同层次的作用是循证的做法，也是合乎逻辑的做法。

参考文献

一 中文文献

（一）著作

特蕾莎·阿马比尔：《情境中的创造力》，刘艳、付晗晓译，四川人民出版社，2016。

谢德荪：《源创新：转型期的中国企业创新之道》，五洲传播出版社，2012。

约瑟夫·熊彼特：《经济发展理论——对于利润、资本、信贷、利息和经济周期的考察》，何畏、易家详等译，商务印书馆，1990，第73~75页。

（二）期刊论文

白景坤等：《薪酬制度退耦会影响员工创新行为吗?》，《经济与管理研究》2020年第1期。

蔡翔等：《基于团队氛围的知识共享与服务创新互动关系研究》，《技术经济与管理研究》2010年第2期。

陈超等：《领导—领导交换对团队创新的链式中介效应研究》，《管理评论》2021年第6期。

陈超、刘新梅：《团队—成员交换差异对团队创新影响机理研究》，《科技进步与对策》2022年第16期。

陈浩：《工作要求与创新工作行为关系的研究》，《技术经济与管理研究》2011年第1期。

陈劲、李飞：《基于生态系统理论的我国国家技术创新体系构建与评估分析》，《自然辩证法通讯》2011 年第 1 期。

陈锐等：《农业职业经理人创业创新行为及其影响因素研究》，《四川农业大学学报》2020 年第 4 期。

陈威豪：《创造与创新氛围主要测量工具述评》，《中国软科学》2006 年第 7 期。

陈卫旗：《组织创新文化、组织文化强度与个体员工创新行为：多层线性模型的分析》，《心理科学》2013 年第 5 期。

成良斌：《论文化传统对我国技术创新政策的影响》，《科技管理研究》2007 年第 9 期。

仇勇等：《团队断层会阻碍员工创新吗?》，《科学学研究》2019 年第 5 期。

戴万亮等：《心理所有权、知识分享与团队成员创新行为——同事间信任的跨层次调节作用》，《科研管理》2020 年第 12 期。

邓玉林等：《基于制度逻辑的不同上下级关系对员工创新行为的差异化影响机制研究》，《中国管理科学》2021 年第 9 期。

丁贺等：《基于优势的心理氛围对创新行为的影响机制研究》，《南开管理评论》2018 年第 1 期。

丁绒、罗军：《内生的力量：技术型创业者与企业创新》，《云南财经大学学报》2022 年第 6 期。

董艳等：《用户创新的条件和范式研究》，《浙江大学学报》（人文社会科学版）2009 年第 4 期。

杜旌等：《集体主义的确阻碍创新吗? ——一项基于情景作用的实证研究》，《科学学研究》2014 年第 6 期。

杜旌等：《中庸抑制创新吗? ——一项多层次实证研究》，《科学学研究》2018 年第 2 期。

杜旌、汤雪莲：《集体主义对个人创新影响的理论探索》，《科技进步与对策》2013 年第 2 期。

杜鹏程等：《雇员敌意与员工创新行为：情绪劳动策略与冲突管理方式的作用》，《科技进步与对策》2017 年第 12 期。

杜亚灵、查彤彤：《PPP 项目中面子顾虑对商业模式创新行为的影响研究：项目获取途径的调节作用》，《管理工程学报》2022 年第 2 期。

方世建、秦正云：《2006 年度瑞典创业与小企业研究奖获得者——柯兹纳的企业家发现理论述评》，《外国经济与管理》2007 年第 3 期。

冯根福、温军：《中国上市公司治理与企业技术创新关系的实证分析》，《中国工业经济》2008 年第 7 期。

高波：《文化、文化资本与企业家精神的区域差异》，《南京大学学报》（哲学·人文科学·社会科学版）2007 年第 5 期。

葛淳棉等：《强制分布评价制度对员工创新绩效的影响研究》，《中国人力资源开发》2022 年第 3 期。

龚晓瑾：《金融危机对组织冗余和企业技术创新的影响探析》，《现代财经（天津财经大学学报）》2009 年第 9 期。

顾建平、王相云：《绩效薪酬、创新自我效能感与创新行为关系研究——基于江苏高新技术企业研发人员的实证分析》，《科技管理研究》2014 年第 16 期。

顾远东等：《研发人员的成败经历与创新行为的关系研究》，《科研管理》2017 年第 7 期。

顾远东等：《组织创新氛围、成败经历感知对研发人员创新效能感的影响》，《研究与发展管理》2014 年第 5 期。

郭梦瑶等：《领地性对员工创新行为的影响机制——以知识隐藏和不信任为连续中介》，《经济管理》2020 年第 5 期。

韩明、姜洋：《银行金融产品创新的特征与趋势》，《中国金融》2012 年第 17 期。

韩翼、杨百寅：《真实型领导、心理资本与员工创新行为：领导成员交换的调节作用》，《管理世界》2011 年第 12 期。

贺立龙等：《民营企业家创新行为障碍探析》，《科技管理研究》2009 年第 8 期。

胡树华：《国内外产品创新管理研究综述》，《中国管理科学》1999 年第 1 期。

胡文安等:《"新员工悖论困境"破解:双元领导动态协同过程及化解路径研究》,《南开管理评论》2021年第4期。

胡志坚、冯楚健:《国外促进科技进步与创新的有关政策》,《科技进步与对策》2006年第1期。

黄海艳:《非正式网络对个体创新行为的影响——组织支持感的调节作用》,《科学学研究》2014年第4期。

黄海艳:《交互记忆系统与研发团队的创新绩效:以心理安全为调节变量》,《管理评论》2014年第12期。

黄曼慧、谢康:《用户创新与IS绩效:基于部门层面的跨层交互模型》,《管理评论》2017年第6期。

黄秋风、唐宁玉:《团队冲突与员工创新行为的元分析研究》,《现代管理科学》2015年第10期。

黄叶苨、龙玉:《外部技术约束对中国企业创新租值影响研究——来自美国"301调查"的证据》,《亚太经济》2022年第4期。

黄致凯:《组织创新气候知觉、个人创新行为、自我效能知觉与问题解决型态关系之研究——以银行业为研究对象》,硕士学位论文,中山大学(台湾)人力资源管理研究所,2004。

贾冀南等:《差错管理氛围对新生代员工创新行为影响研究》,《科研管理》2020年第9期。

简兆权等:《吸收能力、知识整合对组织创新和组织绩效的影响研究》,《科研管理》2008年第1期。

姜诗尧等:《资源保存理论视角下领导-成员交换对员工创新行为的影响》,《首都经济贸易大学学报》2019年第6期。

姜雨峰:《退缩还是创新:受年龄歧视影响的员工行为解析》,《上海财经大学学报》2017年第6期。

孔祥西等:《顾客参与对员工创新行为的影响——创造性自我效能和内部动机的链式中介模型》,《软科学》2020年第1期。

蓝丽娇、卢晓东:《后疫情时代我国拔尖创新人才要继续"走出去"——基于对院士留学经历的分析》,《高校教育管理》2021年第1期。

李贵卿等：《人际间社会支持对创新行为与绩效的影响——中美传统工作伦理比较》，《贵州社会科学》2018 年第 6 期。

李海等：《如何激励多样化的知识员工？——基于一个分类框架和差异激励模型》，《科学学与科学技术管理》2016 年第 10 期。

李辉：《工作资源对员工创新行为的影响研究：基于资源保存理论的视角》，《南京工业大学学报》（社会科学版）2018 年第 6 期。

李静芝、李永周：《组织创新氛围、网络嵌入对员工创新行为的影响》，《科技进步与对策》2022 年第 12 期。

李楠：《民营企业家创新行为的本质分析》，《商业经济与管理》2008 年第 4 期。

李倩、孙锐：《企业员工社会交换关系、知识分享与创新行为研究》，《科学学与科学技术管理》2015 年第 10 期。

李锐、凌文辁：《工作投入研究的现状》，《心理科学进展》2007 年第 2 期。

李新建、李懿：《双元工作要求与员工创新行为：技能延展力的中介作用》，《科学学与科学技术管理》2017 年第 11 期。

李兴光等：《创新人格特质的基本理论及研究述评》，《现代管理科学》2018 年第 11 期。

李醒民：《科学精神与科学家精神　从民国时期的相关讨论说起》，《科学文化评论》2022 年第 6 期。

李醒民：《什么是科学精神》，《民主与科学》2012 年第 2 期。

李艳、顾建平：《企业家灵性资本对员工创新性行为的影响研究》，《华东经济管理》2019 年第 8 期。

李渊等：《变革型领导力与员工创新行为模式：基于促进定向的中介作用》，《中国软科学》2019 年第 7 期。

李苑凌等：《企业家创新行为现状的调查研究》，《重庆大学学报》（社会科学版）2010 年第 4 期。

李云新、刘然：《环境-制度-行为分析框架下中国社会创新的动力机制研究》，《学习与实践》2021 年第 9 期。

李正、尹海燕：《工作对家庭的冲突如何影响员工创新行为——组织认同调节下的中介作用模型》，《西华大学学报》（哲学社会科学版）2021年第4期。

梁彦清、刘伟鹏：《领导-成员交换一致性与员工创新绩效——基于多项式回归与响应面的分析》，《技术经济与管理研究》2020年第3期。

廖冰、董文强：《知识型员工中庸思维、组织和谐与个体创新行为关系研究》，《科技进步与对策》2015年第7期。

林新奇等：《优势心理氛围对员工创新行为的影响——一个有调节的中介模型》，《企业经济》2021年第4期。

刘冰、李逢雨：《上下级代际冲突对90后员工主动创新行为的影响机制研究》，《东岳论丛》2021年第9期。

刘春英、万利：《劳动关系氛围对员工创新行为的影响：情绪劳动的中介作用检验》，《经济与管理研究》2018年第6期。

刘德文等：《挑战还是阻断？顾客参与对员工双元创新行为的影响》，《外国经济与管理》2020年第7期。

刘德文、高维和：《顾客参与对员工创新意愿的影响机制研究》，《管理学报》2019年第1期。

刘钝：《科学史、科技战略和创新文化》，《自然辩证法通讯》2000年第1期。

刘利等：《沟通技术平台支持的高校科研团队创新行为影响因素研究——团队领导支持的跨层调节作用》，《科技进步与对策》2018年第10期。

刘露、郭海：《规范性创新期望如何影响员工创新？一个基于"我想"、"我能"的中介效应研究》，《中国人力资源开发》2017年第7期。

刘宁等：《组织创新奖酬对研发人员创新行为影响机制的实证研究》，《科研管理》2019年第1期。

刘佩、邓承月：《基于中小企业自主创新激励的知识产权政策体系构建》，《求索》2016年第2期。

刘平青等：《家和万事兴：家庭—工作增益对员工创新行为的影响》，《北京理工大学学报》（社会科学版）2019年第6期。

刘倩、李志：《组织容错会影响公务员创新行为吗？——自我效能感和公共服务动机的链式中介作用》，《公共行政评论》2021 年第 3 期。

刘文洋：《技术创新：一个应当重视的研究领域》《科学学研究》1989 年第 4 期。

刘翔宇等：《学习实践社群参与对员工创新行为的影响研究——论反馈寻求倾向和组织支持感知的调节作用》，《科技管理研究》2016 年第 20 期。

刘效广、马宇鸥：《管理者亲社会违规对员工创新行为的影响》，《科技进步与对策》2021 年第 5 期。

刘义昆、赵振宇：《新媒体时代的新闻生产：理念变革、产品创新与流程再造》，《南京社会科学》2015 年第 2 期。

刘蕴：《团队成员交换与工作绩效的关系——工作投入的中介作用与集体主义的调节作用》，《企业经济》2019 年第 4 期。

刘志铭、邹文：《数字创业生态系统：理论框架与政策思考》，《广东社会科学》2020 年第 4 期。

刘智强等：《组织支持、地位认知与员工创新：雇佣多样性视角》，《管理科学学报》2015 年第 10 期。

龙静等：《政府支持行为对中小企业创新绩效的影响——服务性中介机构的作用》，《科学学研究》2012 年第 5 期。

卢小君、张国梁：《工作动机对个人创新行为的影响研究》，《软科学》2007 年第 6 期。

伦蕊：《从模仿到自主：中原地区大型企业创新行为的文化渊源与演进方向》，《科技进步与对策》2008 年第 9 期。

马灿等：《家庭支持对员工创新的影响——工作投入的中介和生涯规划清晰的调节作用,》《软科学》2020 年第 1 期。

马璐、谢鹏：《工作场所地位对员工越轨创新的影响：能力面子压力与地位关心水平的作用》，《科技进步与对策》2021 年第 3 期。

马庆国、杨薇：《创新文化、人格特征与非正式创新网络》，《科学学研究》2007 年第 4 期。

马伟、苏杭：《差序氛围感知对员工创新行为的影响》，《科技进步与对策》2020 年第 21 期。

马闻远等：《品牌社群成员资源禀赋对企业双元创新的作用机理》，《山东大学学报》（理学版）2020 年第 1 期。

马占杰：《多元化氛围对知识型员工创新行为影响的跨层次研究》，《管理学刊》2020 年第 4 期。

毛占洋：《生态系统理论视域下我国农村老年人体育锻炼影响因素分析》，《山东体育科技》2014 年第 3 期。

梅红等：《目标定向、多样性经历对个体创新行为的影响——基于陕西省 8 所高校的实证研究》，《复旦教育论坛》2017 年第 4 期。

门贺等：《工作强化对员工创新行为的双刃效应研究》，《软科学》2021 年第 12 期。

穆林等：《产业技术人员创造力影响因素分析》，《河北经贸大学学报》2015 年第 2 期。

齐蕾等：《职场排斥对员工创新绩效的"双刃剑"效应研究》，《管理学报》2020 年第 8 期。

钱艳俊等：《留学经历对科研人员至关重要吗？——以高被引国际论文为例》，《情报资料工作》2018 年第 5 期。

钱月圆、韦雪艳：《中小学差错管理氛围与教师创新教学行为的关系研究》，《教学与管理》2017 年第 12 期。

曲如杰等：《领导对员工创新影响的综述》，《管理评论》2012 年第 2 期。

曲如杰等：《组织创新重视感与员工创新：员工创新期待与创新人格的作用》，《管理评论》2019 年第 12 期。

任峰、李垣：《市场导向与技术创新的关系研究》，《中国软科学》2003 年第 6 期。

申宇等：《创新的母校印记：基于校友圈与专利申请的证据》，《中国工业经济》2017 年第 8 期。

沈涵：《经济型酒店的产品创新与市场细分》，《旅游学刊》2007 年第 10 期。

沈伊默等：《仁慈领导与员工创新行为：内部人身份感知的中介作用和领导-部属交换关系差异化的调节作用》，《心理学报》2017 年第 8 期。

沈勇、何斌：《人际信任与组织创新氛围交互效应下的员工创新》，《江海学刊》2012 年第 6 期。

盛洪：《外部性问题和制度创新》，《管理世界》1995 年第 2 期。

盛亚、孔莎莎：《中国知识产权政策对技术创新绩效影响的实证研究》，《科学学研究》2012 年第 11 期。

时方方、郭云贵：《领导成员交换对员工创新行为的影响：一个链式中介模型》，《西部经济管理论坛》2021 年第 2 期。

时鹏程、许磊：《论企业家精神的三个层次及其启示》，《外国经济与管理》2006 年第 2 期。

宋嘉艺等：《知识型员工工作家庭双向冲突对创新行为的影响机制》，《管理评论》2020 年第 3 期。

苏敬勤、耿艳：《政策作用下创新意愿转化为创新行为的机理研究》，《科学学与科学技术管理》2014 年第 5 期。

苏敬勤、林海芬：《管理创新研究视角评述及展望》，《管理学报》2010 年第 9 期。

苏岚岚、孔荣：《社会网络、风险偏好与创业农民创新绩效研究——基于创新能力的中介效应分析》，《农林经济管理学报》2020 年第 2 期。

苏涛等：《职场排斥的"四宗罪"：中国情境下的一项元分析》，《南开管理评论》2021 年第 6 期。

苏伟琳等：《核心自我评价对员工创新行为的影响机制——工作投入的中介作用》，《软科学》2018 年第 7 期。

苏新华、陈为德：《基于生态系统理论的大学生创新创业培育环境优化探析》，《理论导刊》2019 年第 9 期。

孙灵希：《职场排斥与创新团队 EVLN 行为》，《财经问题研究》2015 年第 10 期。

孙龄波等：《基于改进 TAM 的无人驾驶出租车接受度研究》，《铁道科学与工程学报》2022 年第 6 期。

孙锐等：《中国企业领导成员交换、团队成员交换，组织创新气氛与员工创新行为关系实证研究》，《管理工程学报》2009 年第 4 期。

唐于红等：《领导-成员交换差异对团队创新绩效的影响——团队成员交换与团队政治氛围的作用》，《财经论丛》2020年第5期。

唐玉洁等：《中层管理者动机、高管团队情境特征及其交互效应对创新绩效的影响》，《科技管理研究》2016年第13期。

田方萌：《中国模式与创新绩效：科技"大跃进"的多重成因》，《公共行政评论》2017年第6期。

童洪志：《政策工具组合对高校科研人员创新行为的影响机制研究》，《现代教育管理》2019年第6期。

屠兴勇：《批判性反思视角下前摄型人格对员工创新的影响》，《社会科学》2016年第10期。

汪丁丁：《制度创新的一般理论》，《经济研究》1992年第5期。

汪洪艳：《绩效考核政治对员工创新行为的影响：领导成员交换关系差异化的作用》，《当代经济管理》2017年第10期。

王高峰等：《国内外创新生态系统研究演进对比分析：理论回溯、热点发掘与整合展望》，《科技进步与对策》2021年第4期。

王国保：《面子意识与知识共享、员工创造力关系的实证研究——以组织沟通氛围为调节变量》，《科技管理研究》2014年第17期。

王弘钰等：《冲突视角下新生代员工越轨创新行为的影响因素研究——独立型自我建构和组织创新氛围的调节作用》，《现代财经（天津财经大学学报）》2018年第7期。

王弘钰、于佳利等：《组织创新氛围对越轨创新行为的影响机制研究》，《软科学》2019年第2期。

王静、范秀成：《社会排斥与创造力：被忽视与被拒绝的差异》，《经济管理》2018年第4期。

王娟茹、张渝：《环境规制、绿色技术创新意愿与绿色技术创新行为》，《科学学研究》2018年第2期。

王陵峰等：《并购中组织的LMX，TMX对员工创新影响的实证研究——基于威胁刚性理论的视角》，《科学学与科学技术管理》2011年第6期。

王宁等：《差序格局视角下个体反馈寻求行为对创新绩效的影响研究》，

《软科学》2021 年第 8 期。

王庆金等：《职场排斥对员工创新行为的影响——组织承诺与组织认同的双重中介作用》，《科技进步与对策》2020 年第 22 期。

王三银等：《家庭支持型领导如何驱动员工的创新行为——自我概念的链式中介效应》，《科学学与科学技术管理》2019 年第 3 期。

王喜刚：《组织创新、技术创新能力对企业绩效的影响研究》，《科研管理》2016 年第 2 期。

王雪冬、董大海：《商业模式创新概念研究述评与展望》，《外国经济与管理》2013 年第 11 期。

王永丽、叶敏：《工作家庭平衡的结构验证及其因果分析》，《管理评论》2011 年第 11 期。

王玉峰等：《差序氛围感知对员工创新绩效的影响研究——个体学习和隐性知识共享的作用》，《科技管理研究》2022 年第 5 期。

王忠诚、王耀德：《伦理型领导、知识共享与员工创新行为》，《求索》2016 年第 6 期。

王忠诚、王耀德：《员工创新行为的概念厘定、测量及影响》，《技术经济与管理研究》2016 年第 4 期。

王忠诚、杨建锋：《伦理型领导、心理安全与员工创新行为的关系研究》，《东岳论丛》2018 年第 8 期。

卫旭华等：《职场负面八卦对员工创新行为的影响：多重中介效应模型》，《兰州大学学报》（社会科学版）2019 年第 4 期。

魏钧、张德：《中国传统文化影响下的个人与组织契合度研究》，《管理科学学报》2006 年第 6 期。

吴贵生、谢姝：《用户创新概念及其运行机制》，《科研管理》1996 年第 5 期。

吴金南等：《技术入侵生活对员工创新行为的影响：以工作满意和工作焦虑为中介变量》，《中国管理科学》2016 年第 S1 期。

吴金希：《创新文化：国际比较与启示意义》，《清华大学学报》（哲学社会科学版）2012 年第 5 期。

吴湘繁等：《与同事多打交道会增强员工创造力吗？——一个被调节的中介模型》，《预测》2016 年第 4 期。

吴欣桐等：《刻板印象：女性创新者在技术创新中的威胁抑或机会?》，《外国经济与管理》2017 年第 11 期。

吴以桥：《论中国传统文化对我国技术创新的消极影响》，《南京师大学报》（社会科学版）2009 年第 2 期。

吴治国、石金涛：《员工创新行为触发系统分析及管理启示》，《中国软科学》2007 年第 3 期。

夏海鹰等：《学校创新氛围如何影响教师创新行为——基于知识管理理论的实证研究》，《现代教育管理》2019 年第 12 期。

谢荷锋、邹洁：《情绪与创造创新：研究热点、知识演进和理论框架——基于 CiteSpace 可视化分析》，《南华大学学报》（社会科学版）2018 年第 5 期。

谢礼珊等：《服务一线员工创新行为：企业互动导向和顾客价值共创的驱动作用》，《中山大学学报》（社会科学版）2017 年第 2 期。

辛本禄等：《顾客参与对员工服务创新行为的影响研究——信息共享的中介作用和吸收能力的调节作用》，《软科学》2021 年第 2 期。

辛本禄、王学娟：《员工-顾客认同、互动式替代学习与服务创新的机制研究》，《技术经济》2019 年第 9 期。

徐本华等：《领导成员交换与员工主动创新行为：一个被中介的调节模型》，《管理科学》2021 年第 2 期。

徐国兴：《跨学科学习对博士生科研创新能力影响的研究》，《学位与研究生教育》2013 年第 2 期。

徐建中、朱晓亚：《员工前摄行为对团队创新绩效的影响——一个跨层次研究》，《科学学与科学技术管理》2016 年第 11 期。

徐世勇等：《情感型领导对同事关系亲密度与员工创新行为的影响：一个被调节的中介模型》，《科技进步与对策》2019 年第 20 期。

薛捷：《区域创新环境对科技型小微企业创新的影响——基于双元学习的中介作用》，《科学学研究》2015 年第 5 期。

薛新龙等：《创新高地的高等教育组织结构变革研究——以美国旧金山湾

区为例》,《中国高教研究》2021 年第 9 期。

闫春、黄绍升:《组织内人际信任对员工创造力的作用:基于元分析的证据》,《技术经济》2020 年第 11 期。

严姝婷、樊传浩:《支持性组织氛围对科技人员主动创新行为影响研究:自我决定感与分配公平的作用》,《技术经济》2020 年第 5 期。

阎海峰:《中国传统文化与创新精神》,《华东理工大学学报》(社会科学版) 1999 年第 3 期。

杨琛:《科研工作者创造力与弹性工作制关系研究》,《价格理论与实践》2021 年第 5 期。

杨刚等:《论领导成员交换与创造力的关系——基于社会认知理论的元分析研究》,《重庆工商大学学报》(社会科学版) 2020 年第 6 期。

杨刚等:《论领导成员交换与创造力的关系——基于社会认知理论的元分析研究》,《重庆工商大学学报》(社会科学版) 2020 年第 6 期。

杨桂菊等:《被忽视的创新:非研发创新研究述评及展望》,《科技进步与对策》2015 年第 16 期。

杨洁等:《工作场所乐趣对员工创新行为的作用机制研究》,《管理科学》2019 年第 3 期。

杨洁等:《互联网企业玩兴氛围对创新行为的跨层次作用机制》,《心理科学进展》2020 年第 4 期。

杨晶照等:《组织文化类型对员工创新行为的作用机理研究》,《科研管理》2012 年第 9 期。

杨涛等:《新常态下 80、90 后员工的创新驱动力》,《财经科学》2015 年第 5 期。

杨小娜等:《失败经历会促进创业者的创新型创业吗?——基于前景理论的视角》,《研究与发展管理》2019 年第 4 期。

叶芬斌、许为民:《技术生态位与技术范式变迁》,《科学学研究》2012 年第 3 期。

叶勤:《企业家精神的兴起对美国经济增长的促进作用及其启示》,《外国经济与管理》2000 年第 10 期。

宜林：《记一个从"拼盘"工作经历走向"T"型知识结构的人——世界生产力科学院院士原道谋学术生涯传记》，《生产力研究》2006年第3期。

尹润锋、朱颖俊：《绩效考核目标取向与员工创新行为：差错管理文化的中介作用》，《科学学与科学技术管理》2013年第2期。

游静、罗慧英：《基于自我理论的协同知识创新冲突研究》，《科技与管理》2017年第2期。

于维娜等：《价值观异致性会促进创新绩效的产生吗？——支持性组织氛围和反馈寻求行为的被中介的调节效应》，《预测》2015年第2期。

袁凌等：《领导愤怒表达如何影响员工创新过程投入——一个被调节的链式中介模型》，《科技进步与对策》2021年第4期。

曾维和：《当代西方"整体政府"改革：组织创新及方法》，《上海交通大学学报》（哲学社会科学版）2008年第5期。

曾湘泉、周禹：《薪酬激励与创新行为关系的实证研究》，《中国人民大学学报》2008年第5期。

张光曦、古昕宇：《中庸思维与员工创造力》，《科研管理》2015年第S1期。

张惠琴、侯艳君：《基于知识图谱的国内员工创新行为研究综述》，《科技进步与对策》2017年第11期。

张慧、彭璧玉：《创新行为与企业生存：创新环境、员工教育重要吗》，《产业经济研究》2017年第4期。

张建民等：《已婚情境中的企业家精神与创业意愿关系研究》，《西北人口》2020年第6期。

张建平等：《寻求反馈能改善绩效吗？——反馈寻求行为与个体绩效关系的元分析》，《心理科学进展》2020年第4期。

张剑等：《促进还是阻碍：情感对员工创造性绩效的影响》，《心理科学进展》2010年第6期。

张婕等：《前摄性行为视角下的员工创新——前摄型人格、反馈寻求与员工创新绩效》，《南开管理评论》2014年第5期。

张兰霞等：《工作家庭冲突对女性知识型员工创新行为的影响研究》，《科研管理》2020 年第 11 期。

张兰霞等：《女性知识型员工工作家庭平衡对创新绩效的影响——一个跨层次被调节的中介模型》，《东北大学学报》（自然科学版）2019 年第 11 期。

张伶等：《基于工作压力和组织认同中介调节效应检验的家庭亲善政策与创新行为关系研究》，《管理学报》2014 年第 5 期。

张敏：《时间压力下项目创新行为实验研究——基于面子的调节作用》，《科学学研究》2013 年第 3 期。

张琴：《基于创新导向型心智模式的企业研发人员培训研究》，《科学管理研究》2013 年第 2 期。

张世娇、王晓莉：《教师韧性研究的新视角：社会生态系统理论》，《教师教育研究》2017 年第 6 期。

张旭：《文化背景对组织支持和组织公平影响的调节作用》，《经济管理》2013 年第 7 期。

张雪卉：《女性员工刻板印象与创新行为》，《领导科学》2018 年第 14 期。

张雅慧等：《不同薪酬契约对创新行为的影响分析：实验的证据》，《管理工程学报》2015 年第 2 期。

张亚莉等：《技术封锁事件对科研人员颠覆性技术创新投入行为的影响》，《科技管理研究》2022 年第 7 期。

张毅、游达明：《科技型企业员工创新意愿影响因素的实证研究——基于 TPB 视角》，《南开管理评论》2014 年第 4 期。

张勇、龙立荣：《绩效薪酬与团队成员创新行为关系实证研究》，《管理学报》2013 年第 8 期。

张玉利：《创业与企业家精神：管理者的思维模式和行为准则》，《南开学报》2004 年第 1 期。

张振刚等：《主动性人格，知识分享与员工创新行为关系研究》，《管理评论》2016 年第 4 期。

赵斌等：《促进还是抑制：科技人员外部目标追求对创新绩效影响研究》，《管理工程学报》2018 年第 1 期。

赵斌等：《科技人员创新行为产生机理研究——基于计划行为理论》，《科学学研究》2013 年第 2 期。

赵斌等：《员工越轨创新行为与创新绩效关系机理研究》，《科技进步与对策》2020 年第 21 期。

赵放、曾国屏：《多重视角下的创新生态系统》，《科学学研究》2014 年第 12 期。

赵富强等：《工作-家庭平衡型人力资源管理实践对工作绩效的影响：工作-家庭关系的中介作用与心理资本的调节作用》，《中国人力资源开发》2018 年第 11 期。

赵建彬等：《在线品牌社群网络关系对创新行为的影响研究》，《软科学》2016 年第 11 期。

赵书松、张一杰：《绩效考核政治对下级创新行为的影响机制研究》，《管理学报》2019 年第 5 期。

赵秀清、孙彦玲：《职场排斥对员工创新行为的影响——知识共享和消极情绪的作用及互动》，《科技进步与对策》2017 年第 20 期。

赵英男等：《家族适应性影响员工创新行为的作用机制与边界》，《管理学报》2019 年第 4 期。

赵卓嘉：《面子对研发人员创新意愿的影响：个体与集体面子的不同作用》，《财经论丛》2017 年第 2 期。

郑明身：《企业组织创新与竞争力》，《经济管理》2002 年第 11 期。

郑筱婷、李美棠：《女性就业与收入对其配偶创业行为的影响——基于中国家庭追踪调查数据的实证研究》，《南开经济研究》2018 年第 2 期。

郑尧丽等：《国外留学经历与大学工科生创造力的关系研究》，《高等工程教育研究》2013 年第 1 期。

郑烨等：《打开政府支持行为与企业创新绩效关系的"黑箱"——一个研究综述》，《华东经济管理》2017 年第 10 期。

郑烨、吴建南：《政府支持行为何以促进中小企业创新绩效？——一项基于扎根理论的多案例研究》，《科学学与科学技术管理》2017 年第 10 期。

钟声：《金融危机后跨国公司在华技术创新投资行为分析与对策研究》，《理论学刊》2013 年第 5 期。

周劲波等：《刻板印象下女性员工创新行为研究》，《领导科学》2019 年第 10 期。

周念华等：《感知的企业社会责任对员工创新行为作用机制的实证研究》，《研究与发展管理》2021 年第 6 期。

周珊珊：《中西方传统文化比较及对企业技术创新的影响》，《贵州工业大学学报（社会科学版）》2006 年第 5 期。

周引航、陈伽淇：《大学期间社团参与经历对员工创新行为的影响》，《太原城市职业技术学院学报》2022 年第 4 期。

朱陈松等：《用户创新社区建设对企业创新效率提升的实证检验》，《统计与决策》2020 年第 22 期。

朱金强等：《"宽猛相济"促创新——基于阴阳观的视角》，《南开管理评论》2018 年第 5 期。

朱苏丽、龙立荣：《基于企业收益观的组织文化导向对员工创新行为的影响》，《中国地质大学学报》（社会科学版）2009 年第 6 期。

朱苏丽、龙立荣：《组织文化导向对研发人员创新行为影响的实证研究——以积极情感为中介变量》，《科技进步与对策》2010 年第 18 期。

朱永东：《研究型大学学科组织结构创新探析》，《高等工程教育研究》2021 年第 4 期。

诸竹君等：《工业自动化与制造业创新行为》，《中国工业经济》2022 年第 7 期。

卓彩琴：《生态系统理论在社会工作领域的发展脉络及展望》，《江海学刊》2013 年第 3 期。

邹艳春等：《新冠疫情下领导者人际情绪管理对员工创新绩效的影响》，《中国人力资源开发》2020 年第 8 期。

二　英文文献

（一）著作

Bolton, B., and Thompson, J. L., *The Entrepreneur in Focus：Achieve*

Your Potential (Boston: Cengage Learning, 2002).

Bronfenbrenner, U., and Morris, P. A., "The Bioecological Model of Human Development," in Lerner, R., and Damon, W., eds., *Handbook of Child Psychology: Theoretical Models of Human Development* (New York: Wiley, 2007).

Bronfenbrenner, U., "The Ecology of Cognitive Development: Research Models and Fugitive Findings," in Wozniak, R., and Fischer, K., eds., *Development in Context: Acting and Thinking Inspecific Environments* (Hillsdale: Erlbaum, 1993).

Bronfenbrenner, U., *The Ecology of Human Development: Experiments by Nature and Design* (Cambridge: Harvard University Press, 1979).

Curzi, Y., et al., "Performance Appraisal Criteria and Innovative Work Behaviour: The Mediating Role of Employees' Appraisal Satisfaction," in Addabbo, T., et al., eds., *Performance Appraisal in Modern Employment Relations* (Cham: Palgrave Macmillan, 2020).

Feist, G. J., *The Function of Personality in Creativity: The Nature and Nurture of the Creative Personality* (Cambridge: Cambridge University Press, 2010).

Getzels, J. W., Csikszentmialyi, M., *The Creative Vision: A Longitudinal Study of Problem Finding in Art* (Chichester: John Wiley and Sons Ltd., 1976).

Runco, M. A., *Creativity Theory and Themes: Research, Development, and Practice* (Amsterdam: Academic Press, 2007).

Storr, A., *The Dynamics of Creation* (London: Martin Seeker and Warburg, 1972).

Venkatraman, N., Henderson, J., "Four Vectors of Business Model Innovation: Value Capture in a Network Era," in Pantaleo, D., and Pal, N., eds., *From Strategy to Execution: Turning Accelerated Global Change into Opportunity* (Berlin: Springer, 2008).

（二）期刊论文

Abdullah, I., et al., "A Literature Review on Personality, Creativity and

Innovative Behavior," *International Review of Management and Marketing* 6 (2016).

Abdullah, M. I., et al., "The Organizational Identification Perspective of CSR on Creative Performance: The Moderating Role of Creative Self-efficacy," *Sustainability* 9 (2017).

Aiello, J. R., et al., "Crowding and the Role of Interpersonal Distance Preference," *Sociometry* (1977).

Akkermans, J., et al., "Tales of the Unexpected: Integrating Career Shocks in the Contemporary Careers Literature," *SA Journal of Industrial Psychology* 44 (2018).

Aleksić, D., et al., "Interactive Effects of Perceived Time Pressure, Satisfaction with Work-family Balance (SWFB), and Leader-member Exchange (LMX) on Creativity," *Personnel Review* 46 (2017).

Andrews, F. M., and Farris, G. F., "Supervisory Practices and Innovation in Scientific Teams," *Personnel Psychology* 67 (2019).

Andrews, F. M., and Farris, G. F., "Time Pressure and Performance of Scientists and Engineers: A Five-year Panel Study," *Organizational Behavior and Human Performance* 82 (1972).

Andrews, J., and Smith, C., "In Search of the Marketing Imagination: Factors Affecting the Creativity of Marketing Programs for Mature Products," *Journal of Marketing Research* 33 (1996).

Armbruster, H., et al., "Organizational Innovation: The Challenge of Measuring Non-technical Innovation in Large-scale Surveys," *Technovation*, 28 (2008).

Asurakkody, T. A., and Shin, S. Y., "Innovative Behavior in Nursing Context: A Concept Analysis," *Asian Nursing Research* 12 (2018).

Augsdorfer, P., "Bootlegging and Path Dependency," *Research Policy* 34 (2005).

Bachmann, R., and Inkpen, A. C., "Understanding Institutional-based Trust Building Processes in Inter-organizational Relationships," *Organization Studies* 32

(2011).

Baer, M., and Oldham, G. R., "The Curvilinear Relation between Experienced Creative Time Pressure and Creativity: Moderating Effects of Openness to Experience and Support for Creativity," *Journal of Applied Psychology* 91 (2006).

Baer, M., et al., "Intergroup Competition as a Double-edged Sword: How Sex Composition Regulates the Effects of Competition on Group Creativity," *Organization Science* 25 (2014).

Bakker, A. B., et al., "Work Engagement: An Emerging Concept in Occupational Health Psychology," *Work and Stress* 22 (2008).

Barnowe, J. T., "Leadership and Performance Outcomes in Research Organizations: The Supervisor of Scientists as a Source of Assistance," *Organizational Behavior and Human Performance* 14 (1975).

Basadur, M., et al., "Training Effects on Attitudes Toward Divergent Thinking Among Manufacturing Engineers," *Journal of Applied Psychology* 71 (1986).

Benmelech, E., et al., "Military Ceos," *Journal of Financial Economics* 117 (2015).

Beutell, N. J., et al., "A Look at the Dynamics of Personal Growth and Self-employment Exit," *International Journal of Entrepreneurial Behavior & Research* 25 (2019).

Bilderbeek, R., den Hertog, P., "Technology-based Knowledge-intensive Business Services in the Netherlands: Their Significance as a Driving Force Behind Knowledge-driven Innovation," *Vierteljahrshefte zur Wirtschaftsforschung* 67 (1998).

Blader, S. L., et al., "Organizational Identification and Workplace Behavior: More than Meets the Eye," *Research in Organizational Behavior* 37 (2017).

Boekhorst, J. A., et al., "Fun, Friends, and Creativity: A Social Capital Perspective," *The Journal of Creative Behavior* 55 (2021).

Brendtro, L. K., "The Vision of Urie Bronfenbrenner: Adults Who Are Crazy about Kids," *Reclaiming Children and Youth* 15 (2006).

Bronfenbrenner, U., and Ceci, S. J., "Nature-nurture Reconceptualized in Developmental Perspective: A Bioecological Model," *Psychological Review* 101 (1994).

Bronfenbrenner, U., "Ecological Systems Theory," *Annals of Child Development* 6 (1989)

Bronfenbrenner, U., "Ecology of the Family as a Context for Human Development: Research Perspectives," *Developmental Psychology* 22 (1986).

Bronfenbrenner, U., "Toward an Experimental Ecology of Human Development," *American Psychologist* 32 (1977).

Cappelli, P., and Tavis, A., "The Performance Management Revolution," *Harvard Business Review* 94 (2016).

Carmeli, A., and Schaubroeck, J., "The Influence of Leaders' and Other Referents' Normative Expectations on Individual Involvement in Creative Work," *The Leadership Quarterly* 18 (2007).

Carmeli, A., and Spreitzer, G. M., "Trust, Connectivity, and Thriving: Implications for Innovative Behaviors at Work," *The Journal of Creative Behavior* 43 (2009).

Chang, C. P., et al., "The Relationship between the Playfulness Climate in the Classroom and Student Creativity," *Quality & Quantity* 47 (2013).

Chang, W., and Taylor, S. A., "The Effectiveness of Customer Participation in New Product Development: A Meta-analysis," *Journal of Marketing a Quarterly Publication of the American Marketing Association* 80 (2016).

Chen, Y., et al., "High-commitment Work Systems and Middle Managers' Innovative Behavior in the Chinese Context: The Moderating Role of Work-life Conflicts and Work Climate," *Human Resource Management* 57 (2018).

Chen, Y., et al., "Workplace Events and Employee Creativity: A Multistudy Field Investigation," *Personnel Psychology* 74 (2021).

Chi, N. W., et al., "Having a Creative Day: A Daily Diary Study of the Interplay between Daily Activating Moods and Physical Work Environment on Daily

Creativity," *The Journal of Creative Behavior* 55 (2021).

Costa, G. G., "The Power of Balance: Interplay Effects of Exploitative Leadership Style, Work-family Balance and Family-friendly Workplace Practices on Innovation Implementation," *European Journal of Innovation Management* 25 (2022).

Damanpour, F., "Organizational Innovation: A Meta-analysis of Effects of Determinants and Moderators," *Academy of Management Journal* 34 (1991).

De Alencar, E. M. S., and De Brouno, M. F., "Characteristics of on Organizational Environment Which Stimulate and Inhibit Creativity," *The Journal of Creative Behavior* 31 (1997).

Dedahanov, A. T., et al., "Entrepreneur's Paternalistic Leadership Style and Creativity: The Mediating Role of Employee Voice," *Management Decision* 54 (2016).

De Stobbeleir, K. E. M., et al., "Self-regulation of Creativity at Work: The Role of Feedback-seeking Behavior in Creative Performance," *Academy of Management Journal* 54 (2011).

Drori, T., et al., "Nurse Intention to Implement Creative Group Activities among Psychiatric Patients," *Perspectives in Psychiatric Care* 50 (2014).

Eisenberger, R., and Rhoades, L., "Incremental Effects of Reward on Creativity," *Journal of Personality and Social Psychology* 81 (2001).

Fernandez, S., and Moldogaziev, T., "Employee Empowerment, Employee Attitudes, and Performance: Testing a Causal Model," *Public Administration Review* 73 (2013).

Flynn, A., et al., "The Impact of Size on Small and Medium-sized Enterprise Public Sector Tendering," *International Small Business Journal* 33 (2015).

Gadrey, J., et al., "New Modes of Innovation: How Services Benefit Industry," *International Journal of Service Industry Management* 6 (1995).

Gales, L., and Mansour-Cole, D., "User Involvement in Innovation Projects:

Toward an Information Processing Model," *Journal of Engineering and Technology Management* 12 (1995).

George, J. M., and Zhou, J., "When Openness to Experience and Conscientiousness Are Related to Creative Behavior: An Interactional Approach," *Journal of Applied Psychology* 86 (2001).

Gibson, F. W., et al., "Stress, Babble, and the Utilization of the Leader's Intellectual Abilities," *The Leadership Quarterly* 4 (1993).

Glaveanu, V. P., et al., "Advancing Creativity Theory and Research: A Socio-cultural Manifesto," *The Journal of Creative Behavior* 54 (2020).

Gough, H. G., "A Creative Personality Scale for the Adjective Check List," *Journal of Personality and Social Psychology* 37 (1979).

Greenhaus, J. H., and Powell, G. N., "When Work and Family Are Allies: A Theory of Work-family Enrichment," *Academy of Management Review* 31 (2006).

Grzywacz, J. G., and Marks, N. F., "Reconceptualizing the Work-family Interface: An Ecological Perspective on the Correlates of Positive and Negative Spillover between Work and Family," *Journal of Occupational Health Psychology* 5 (2000).

Gu, Q. X., et al., "Tough Love and Creativity: How Authoritarian Leadership Tempered by Benevolence or Morality Influences Employee Creativity," *British Journal of Management* 31 (2020).

Halbesleben, J. R. B., et al., "Awareness of Temporal Complexity in Leadership of Creativity and Innovation: A Competency-based Model," *The Leadership Quarterly* (14) 2003.

Han, G. H., et al., "Nightmare Bosses: The Impact of Abusive Supervision on Employees' Sleep, Emotions, and Creativity," *Journal of Business Ethics* 145 (2017).

Harrison, S. H., and Dossinger, K., "Pliable Guidance: A Multilevel Model of Curiosity, Feedback Seeking, and Feedback Giving in Creative Work,"

Academy of Management Journal 60 (2017).

Hatcher, L., et al., "Prosocial Behavior, Job Complexity, and Suggestion Contribution under Gainsharing Plans," *The Journal of Applied Behavioral Science* 25 (1989).

Hill, E. J., "Work-family Facilitation and Conflict, Working Fathers and Mothers, Work-family Stressors and Support," *Journal of Family Issues* 26 (2005).

Hwang, A., et al., "The Relationship between Individualism-collectivism, Face, and Feedback and Learning Processes in Hong Kong, Singapore, and the United States," *Journal of Cross-Cultural Psychology* 34 (2003).

Isen, A. M., et al., "Positive Affect Facilitates Creative Problem Solving," *Journal of Personality & Social Psychology* 52 (1987).

Janssen, O., and Demands, J., "Perceptions of Effort-reward Fairness and Innovative Work Behaviour," *Journal of Occupational and Organizational Psychology* 73 (2000).

Janssen, O., "Innovative Behaviour and Job Involvement at the Price of Conflict and Less Satisfactory Relations with Co-workers," *Journal of Occupational and Organizational Psychology* 76 (2011).

Joussemet, M., and Koestner, R., "Effect of Expected Rewards on Children's Creativity," *Creativity Research Journal* 12 (1999).

Kachelmeier, S. J., et al., "Incentivizing the Creative Process: From Initial Quantity to Eventual Creativity," *The Accounting Review* 94 (2019).

Kaczmarek, L. D., et al., The Curiosity and Exploration Inventory-II: Validation of the Polish Version (paper represented at the 5th European Conference on Positive Psychology, 2010).

Kang, K. N., and Park, H., "Influence of Government R&D Support and Inter-firm Collaborations on Innovation in Korean Biotechnology SMEs," *Technovation* 32 (2012).

Karatepe, O. M., et al., "Servant Leadership, Organisational Trust, and Bank Employee Outcomes," *Service Industries Journal* 39 (2019).

Karin, S. , et al. , "How to Support Innovative Behaviour? The Role of LMX and Satisfaction with HR Practices," *Technology and Investment* 1 (2010).

Kark, R. , and Carmeli, A. , "Alive and Creating: The Mediating Role of Vitality and Aliveness in the Relationship between Psychological Safety and Creative Work Involvement," *Journal of Organizational Behavior* 30 (2010).

Karwowski, M. , "Creative Mindsets: Measurement, Correlates, Consequences," *Psychology of Aesthetics, Creativity & the Arts* 8 (2014).

Karwowski, M. , "Did Curiosity Kill the Cat? Relationship between Trait Curiosity, Creative Self-efficacy and Creative Personal Identity," *Europe's Journal of Psychology* 8 (2012).

Karwowski, M. , et al. , "Big Five Personality Traits as the Predictors of Creative Self-efficacy and Creative Personal Identity: Does Gender Matter?" *Journal of Creative Behavior* 47 (2013).

Karwowski, M. , et al. , "Measuring Creative Self-efficacy and Creative Personal Identity," *The International Journal of Creativity & Problem Solving* 28 (2018).

Kelly, R. , and McGrath, E. , "Effects of Time Limits and Task Types on Task Performance and Interaction of Four-person Groups," *Journal of Personality and Social Psychology* 49 (1985).

Kirton, J. , and Pender, S. , "The Adaption-innovation Continuum, Occupational Type, and Course Selection," *Psychological Reports* 51 (1982).

Klein, A. , and Speckbacher, G. , "Does Using Accounting Data in Performance Evaluations Spoil Team Creativity? The Role of Leadership Behavior," *The Accounting Review* 95 (2020).

Kleysen, R. F. , and Street, C. T. , "Toward a Multi-dimensional Measure of Individual Innovative Behavior," *Journal of Intellectual Capital* 2 (2001).

Lebuda, I. , and Csikszentmihalyi, M. , "All You Need Is Love: The Importance of Partner and Family Relations to Highly Creative Individuals' Well-being and Success," *The Journal of Creative Behavior* 54 (2020).

Lee, A., et al., "Leadership, Creativity and Innovation: A Meta-analytic Review," *European Journal of Work and Organizational Psychology* 29 (2020).

Lettl, C., et al., "Users' Contributions to Radical Innovation: Evidence from Four Cases in the Field of Medical Equipment Technology," *R & D Management* 36 (2006).

Li, M., and Hsu, C., "Customer Participation in Services and Employee Innovative Behavior: The Mediating Role of Interpersonal Trust," *International Journal of Contemporary Hospitality Management* 30 (2018).

Li, M., and Hsu, C., "Linking Customer-employee Exchange and Employee Innovative Behavior," *International Journal of Hospitality Management* 56 (2016).

Liao, H., et al., "Looking at Both Sides of the Social Exchange Coin: A Social Cognitive Perspective on the Joint Effects of Relationship Quality and Differentiation on Creativity," *Academy of Management Journal* 53 (2010).

Link, A. N., and Bozeman, B., "Innovative Behavior in Small-sized Firms," *Small Business Economics* 3 (1991).

Liu, D., et al., "Motivational Mechanisms of Employee Creativity: A Meta-analytic Examination and Theoretical Extension of the Creativity Literature," *Organizational Behavior and Human Decision Processes* 137 (2016).

Luo, X., and Du, S., "Exploring the Relationship between Corporate Social Responsibility and Firm Innovation," *Marketing Letters* 26 (2015).

Madjar, N., et al., "There's No Place Like Home? The Contributions of Work and Nonwork Creativity Support to Employees' Creative Performance," *Academy of Management Journal* 45 (2002).

Mainemelis, C., "Stealing Fire: Creative Deviance in the Evolution of New Ideas," *Academy of Management Review* 35 (2010).

Martin, L. L., et al., "Mood as Input: People Have to Interpret the Motivational Implications of Their Moods," *Journal of Personality and Social Psychology* 64 (1993).

Maslow, A. H., "Cognition of Being in the Peak Experiences," *The Journal *of Genetic Psychology* 94 (1959).

Mathisen, G. E., and Bronnick, K. S., "Creative Self-efficacy: An Intervention Study," *International Journal of Educational Research* 48 (2009).

Matthews, R. A., et al., "Work Hours and Work-family Conflict: The Double-edged Sword of Involvement in Work and Family," *Stress and Health* 28 (2012).

Mishra, P., et al., "How Work-family Enrichment Influence Innovative Work Behavior: Role of Psychological Capital and Supervisory Support," *Journal of Management & Organization* 25 (2019).

Mulligan, R., et al., "Inspiriting Innovation: The Effects of Leader-member Exchange (LMX) on Innovative Behavior as Mediated by Mindfulness and Work Engagement," *Sustainability* 13 (2021).

Mumford, M. D., et al., "Leading Creative People: Orchestrating Expertise and Relationships," *The Leadership Quarterly* 13 (2002).

Nelson Laird, T. F., "College Students' Experiences with Diversity and Their Effects on Academic Self-confidence, Social Agency, and Disposition Toward Critical Thinking," *Research in Higher Education* 46 (2005).

Nonaka, I., and Konno, N., "The Concept of 'Ba': Building a Foundation for Knowledge Creation," *California Management Review* 40 (1998).

Nurfaizal, Y., et al., "Psychological Capital as Mediation between Family Support and Creative Behavior in Handicraft Sector SMEs," *International Journal of Entrepreneurship* 22 (2018).

Osterwalder, A., The Business Model Ontology-A Proposition in a Design Science Approach (Ph. D. diss., University Lausanne, 2004).

Owens, B. P., and Hekman, D. R., "How Does Leader Humility Influence Team Performance? Exploring the Mechanisms of Contagion and Collective Promotion Focus," *Academy of Management Journal* 59 (2016).

Packer, D. J., and Chasteen, A. L., "Loyal Deviance: Testing the Normative Conflict Model of Dissent in Social Groups," *Personality and Social Psychology*

Bulletin 36（2010）.

Paolillo, J. G., and Brown, W. B., "How Organizational Factors Affect R&D Innovation," *Research Management* 21（1978）.

Parisi, M. L., et al., "Productivity, Innovation and R&D: Micro Evidence for Italy," *European Economic Review* 50（2006）.

Perry-Smith, J. E., "Social Yet Creative: The Role of Social Relationships in Facilitating Individual Creativity," *Academy of Management Journal* 49（2006）.

Petelczyc, C. A., et al., "Play at Work: An Integrative Review and Agenda for Future Research," *Journal of Management* 44（2018）.

Pierce, J. L., and Delbecq, A. L., "Organization Structure, Individual Attitudes and Innovation," *Academy of Management Review* 27（1977）.

Proyer, R. T., "Examining Playfulness in Adults: Testing Its Correlates with Personality, Positive Psychological Functioning, Goal Aspirations, and Multi-methodically Assessed Ingenuity," *Psychological Test and Assessment Modeling* 54（2012）.

Puente-Díaz, R., "Creative Self-efficacy: An Exploration of Its Antecedents, Consequences, and Applied Implications," *The Journal of Psychology* 150（2016）.

Radas, S., et al., "The Effects of Public Support Schemes on Small and Medium Enterprises," *Technovation* 38（2015）.

Reynolds, J., "In the Face of Conflict: Work-life Conflict and Desired Work Hour Adjustments," *Journal of Marriage and Family* 67（2005）.

Richards, R., et al., "Assessing Everyday Creativity: Characteristics of the Lifetime Creativity Scales and Validation with Three Large Samples," *Journal of Personality & Social Psychology* 54（1988）.

Scott, S. G., and Bruce, R. A., "Determinants of Innovative Behavior: A Path Model of Individual Innovation in the Workplace," *Academy of Management Journal* 37（1994）.

Seers, A., "Team-member Exchange Quality: A New Construct for Role-making Research," *Organizational Behavior and Human Decision Processes* 43 (1989).

Seibert, S. E., et al., "Even the Best Laid Plans Sometimes Go Askew: Career Self-management Processes, Career Shocks, and the Decision to Pursue Graduate Education," *Journal of Applied Psychology 98* (2013).

Shalley, C. E., and Oldham, G. R., "Competition and Creative Performance: Effects of Competitor Presence and Visibility," *Creativity Research Journal* 10 (1997).

Shalley, C. E., "Effects of Productivity Goals, Creativity Goals, and Personal Discretion on Individual Creativity," *Journal of Applied Psychology* 76 (1991).

Shalley, C. E., et al., "The Effects of Personal and Contextual Characteristics on Creativity: Where Should We Go from Here," *Journal of Management* 30 (2004).

Shamir, B., "Calculations, Values, and Identities: The Sources of Collectivistic Work Motivation," *Human Relations* 43 (1990).

Shekhar, J., "The Great Tech Rivalry: China vs. the U. S.," *Science Diplomacy Review* 3 (2021).

Shih, H. C., et al., Facilitating the Creative Performance of Mechanical Engineering Students: The Moderating Effect of Creative Experience (Paper Represented at the TALE Convention, Wellington, December 2014).

Shockley, K. M., and Singla, N., "Reconsidering Work-family Interactions and Satisfaction: A Meta-analysis," *Journal of Management* 37 (2011).

Shu, C., et al., "Firm Patenting, Innovations, and Government Institutional Support as a Double-edged Sword," *Journal of Product Innovation Management* 32 (2015).

Simons, T. L., and Peterson, R. S., "Task Conflict and Relationship Conflict in Top Management Teams: The Pivotal Role of Intragroup Trust," *Journal of Applied Psychology* 85 (2000).

Snyder, H. T., et al., "The Creative Self: Do People Distinguish Creative Self-perceptions, Efficacy, and Personal Identity?" *Psychology of Aesthetics, Creativity, and the Arts* 15 (2021).

Stollberger, J., et al., "Sharing is Caring: The Role of Compassionate Love for Sharing Coworker Work-family Support at Home to Promote Partners' Creativity at Work," *Journal of Applied Psychology* 107 (2022).

Suahsti, A., and Sudarma, K., "The Role of Mediation in Increasing Intellectual Capital Based Innovative Behavior," *Management Analysis Journal* 8 (2019).

Sunder, J., et al., "Pilot CEOs and Corporate Innovation," *Journal of Financial Economics* 123 (2017).

Sung, S. Y., and Choi, J. N., "Do Organizations Spend Wisely on Employees? Effects of Training and Development Investments on Learning and Innovation in Organizations," *Journal of Organizational Behavior* 35 (2014).

Tang, Y., et al., "Good Marriage at Home, Creativity at Work: Family-work Enrichment Effect on Workplace Creativity," *Journal of Organizational Behavior* 38 (2017).

Tangirala, S., et al., "In the Shadow of the Boss's Boss: Effects of Supervisors' Upward Exchange Relationships on Employees," *Journal of Applied Psychology* 92 (2007).

Tierney, P., and Farmer, S. M., "Creative Self-efficacy: Its Potential Antecedents and Relationship to Creative Performance," *Academy of Management Journal* 45 (2002).

Tierney, P., and Farmer, S. M., "The Pygmalion Process and Employee Creativity," *Journal of Management* 30 (2004).

Tierney, P., et al., "An Examination of Leadership and Employee Creativity: The Relevance of Traits and Relationships," *Personnel Psychology* 52 (1999).

Tu, M., et al., "Spotlight on the Effect of Workplace Ostracism on Creativity: A Social Cognitive Perspective," *Frontiers in Psychology* 29 (2019).

Valente, T. W., "Social Network Thresholds in the Diffusion of Innovations," *Social Networks* 18 (1996).

van Dierendonck, D., and Mevissen, N., "Aggressive Behavior of

Passengers, Conflict Management Behavior, and Burnout among Trolley Car Drivers," *International Journal of Stress Management* 9 (2002).

van Dyne, L., and Jehn, K. A., Cummings, A., "Differential Effects of Strain on Two Forms of Work Performance: Individual Employee Sales and Creativity," *Journal of Organizational Behavior* 23 (2002).

van Gelderen, M., and Jansen, P., "Autonomy as a Start-up Motive," *Journal of Small Business and Enterprise Development* 13 (2006).

Vélez-Agosto, N. M., et al., "Bronfenbrenner's Bioecological Theory Revision: Moving Culture from the Macro into the Micro," *Perspectives on Psychological Science* 12 (2017).

von Hippel, E., "The Dominant Role of Users in the Scientific Instrument Innovation Process," *Research Policy* 5 (1976).

Wadsworth, L. L., and Owens, B. P., "The Effects of Social Support on Work-family Enhancement and Work-family Conflict in the Public Sector," *Public Administration Review* 67 (2007).

Walsh, W. B., "Person-environment Congruence: A Response to the Moos Perspective," *Journal of Vocational Behavior* 31 (1987).

Wang, Z., et al. "How Work-family Conflict and Work-family Facilitation Affect Employee Innovation: A Moderated Mediation Model of Emotions and Work Flexibility," *Frontiers in Psychology*, 12 (2022).

Wharton, A. S., and Blair-Loy, M., "Long Work Hours and Family Life: A Cross-national Study of Employees' Concerns," *Journal of Family Issues* 27 (2006).

Yang, J., et al., "Servant Leadership and Employee Creativity: The Roles of Psychological Empowerment and Work-family Conflict," *Current Psychology* 38 (2019).

Yang, J., "Leveraging Leader-leader Exchange to Enrich the Effect of Leader-member Exchange on Team Innovation," *Journal of Management & Organization* 26 (2020).

Yao, X. , et al. , "Moderating Effect of Zhong Yong on the Relationship between Creativity and Innovation Behavior," *Asian Journal of Social Psychology* 13 (2010).

Yu, C. , et al. , "Knowledge Sharing, Organizational Climate, and Innovative Behavior: A Cross-level Analysis of Effects," *Social Behavior and Personality: An International Journal* 41 (2013).

Zacher, H. , et al. , "Ambidextrous Leadership and Employees' Self-reported Innovative Performance: The Role of Exploration and Exploitation Behaviors," *The Journal of Creative Behavior* 50 (2016).

Zhang, M. , et al. , "Work-family Conflict on Sustainable Creative Performance: Job Crafting as a Mediator," *Sustainability* 12 (2020).

Zhang, X. , et al. , "Playing It Safe for My Family: Exploring the Dual Effects of Family Motivation on Employee Productivity and Creativity," *The Academy of Management Journal* 63 (2019).

Zhang, Y. , and Begley, T. M. , " Perceived Organisational Climate, Knowledge Transfer and Innovation in China-based Research and Development Companies," *The International Journal of Human Resource Management* 22 (2011).

Zhang, Y. , et al. , "Impact of Environmental Regulations on Green Technological Innovative Behavior: An Empirical Study in China," *Journal of Cleaner Production* 188 (2018).

Zhang, Z. , et al. , "Examining the External Antecedents of Innovative Work Behavior: The Role of Government Support for Talent Policy," *International Journal of Environmental Research and Public Health* 18 (2021).

Zhang, Z. S. , et al. , "Social Environmental Factors and Personal Motivational Factors Associated with Creative Achievement: A Cross-cultural Perspective," *The Journal of Creative Behavior* 55 (2021).

Zhou, J. , and George, J. M. , " Awakening Employee Creativity: The Role of Leader Emotional Intelligence," *Leadership Quarterly* 14 (2003).

Zhou, J., et al., "Customer Cooperation and Employee Innovation Behavior: The Roles of Creative Role Identity and Innovation Climates," *Frontiers in Psychology* 3 (2021).

Zhou, J., "When the Presence of Creative Coworkers Is Related to Creativity: Role of Supervisor Close Monitoring, Developmental Feedback, and Creative Personality," *Journal of Applied Psychology* 88 (2003).

图书在版编目（CIP）数据

员工创新行为生态系统研究 / 马灿著 . --北京：
社会科学文献出版社，2024.5
（中国社会科学院大学文库）
ISBN 978-7-5228-3484-9

Ⅰ.①员… Ⅱ.①马… Ⅲ.①企业创新-创新管理-
研究 Ⅳ.①F273.1

中国国家版本馆 CIP 数据核字（2024）第 073075 号

中国社会科学院大学文库
员工创新行为生态系统研究

著 者 / 马 灿

出 版 人 / 冀祥德
责任编辑 / 王晓卿
文稿编辑 / 王 敏
责任印制 / 王京美

出 版 / 社会科学文献出版社·文化传媒分社（010）59367004
地址：北京市北三环中路甲 29 号院华龙大厦 邮编：100029
网址：www.ssap.com.cn
发 行 / 社会科学文献出版社（010）59367028
印 装 / 三河市龙林印务有限公司

规 格 / 开 本：787mm×1092mm 1/16
印 张：16.75 字 数：275 千字
版 次 / 2024 年 5 月第 1 版 2024 年 5 月第 1 次印刷
书 号 / ISBN 978-7-5228-3484-9
定 价 / 88.00 元

读者服务电话：4008918866